U0817425

乡村振兴背景下环境审计与乡村旅游协同发展研究

何瑞铧　朱灵通　廖金锋　著

中国农业出版社
农村设物出版社
北　京

目　录

第1章　绪　　论

习近平总书记在党的十九大报告中指出我国社会主要矛盾已经转化为人民日益增长的美好生活需要和不平衡不充分的发展之间的矛盾，同时指出“我们的工作还存在许多的不足，也面临着不少的困难和挑战”。这些困难和挑战之中，最为突出的就是“发展不平衡不充分的一些突出问题尚未得到解决”，这样的发展不平衡与不充分在目前我国的现实国情中是普遍存在的，其中最为突出的就是城乡发展之间的不平衡，而乡村振兴战略的提出，正是为了全面振兴乡村的发展进而缩小城乡之间的发展差距。城乡之间的发展差异是全面的，涉及政治、经济、文化、治理等各个方面，同时乡村又有它自身不同于城镇的特殊性，所以乡村振兴一定要是全面的振兴，要严格按照乡村振兴战略“产业兴旺、生态宜居、乡风文明、治理有效、生活富裕”的总目标，全面、切实地实现乡村振兴。乡村振兴战略的提出，为解决我国乡村地区发展不平衡不充分的问题提供了国家层面的战略支撑和一系列的政策支持，为我国目前乡村地区的发展注入了强大的动力，是全面实施乡村振兴的总纲领。

本书关注的焦点是乡村旅游业以及乡村环境审计，出发于产业兴旺这一乡村振兴的根本性问题，再由乡村旅游业发展所引发的乡村环境问题引申出狭义的环境审计，即单独针对乡村生态环境的审计，再由狭义的环境审计扩展到广义的环境审计，即从单一的生态环境扩展到全面的政治环境、经济环境、治理环境以及文化环境，从而全面覆盖乡村振兴的各个方面。

产业兴旺是乡村振兴的根本和基础，乡村振兴战略必须以发展乡村产业为首要任务。而鉴于当前我国乡村地区的产业基础以及资源条件，结合当前旅游市场的市场诉求，乡村旅游业成为当前我国乡村产业发展的必然选择。乡村旅游业作为推动乡村振兴发展的重要抓手，能通过其自身的发展为乡村带来多方面的价值，对促进乡村发展起到了重要作用。目前我国乡村旅游业在经过了一定时期的发展之后，已日渐成熟，未来我国乡村旅游业的发展趋势也日渐清晰。

而与此同时，乡村旅游业的发展又不能以牺牲乡村良好的生态环境为代价，必须按照生态宜居的要求，促使旅游业与生态相互促进、相辅相成，发挥乡村旅游业经济价值的同时，必须重视乡村旅游业的生态价值，要将产业发展与生态环境保护相结合。在产业发展与生态环境保护的结合中，乡村旅游业和环境审计是两个重要主体，与此同时乡村旅游业与环境审计还是乡村振兴战略大系统中的两个重要子系统。发展乡村旅游业具有比较优势，能产生产业叠加效应和连锁效应，是实施乡村振兴战略的重要举措，同时乡村旅游业又必须在乡村振兴战略的统驭下发展，应按照“产业兴旺、生态宜居、乡风文明、治理有效、生活富裕”的总体要求来发展乡村旅游业，即乡村旅游业的发展在振兴乡村产业的同时不能与乡村振兴的其他方面产生冲突，但是在发展乡村旅游业的过程中对生态环境产生的破坏又不可避免，因此就产生了产业发展与生态环境之间的矛盾，也间接产生了狭义乡村环境审计的需求。

乡村环境审计是乡村治理的一部分，为推动乡村“治理有效”，乡村环境审计对象就要扩展到乡村经济环境、政治环境、文化环境和社会环境，亦即产生广义乡村环境审计需求。乡村环境审计由狭义扩展到广义，既是乡村环境审计作为治理工具职能的拓展，也是乡村振兴战略五位一体总要求下的应有之义。

乡村振兴战略是解决我国社会主要矛盾的重大战略，也是弥补乡村治理短板从而推进整个国家治理能力和治理体系现代化的重要举措。国家审计是国家治理的重要工具，因此，国家审计要为乡村振兴战略服务是应有之义，同时也是利用审计手段，更好地解决当前乡村存在的各类问题的现实要求。在乡村旅游业不断发展的过程中，乡村旅游业对我国当前的环境审计机构、审计依据、审计技术和方法、审计人员等提出了新的挑战和需求，为此，环境审计必须进行供给侧改革：一是构建既多元合作又权责明确的环境审计机构体系；二是健全完善环境审计依据；三是运用大数据、高科技审计技术方法；四是建立一支数量充足又质量过硬的环境审计人才队伍。

环境审计作为一项重要的环境管理工具，对提升我国的环境治理能力有重要意义，因此，有必要对环境审计进行进一步深入的研究。希望通过梳理我国环境审计的发展以及相关历程，并结合国外有关环境审计研究的先进成果，能够明确未来我国环境审计研究在环境审计理论框架、研究领域扩展、研究深度提升以及开展环境审计实证研究等方面的进一步研究方向。

1.1 研究背景

1.1.1 政策背景

党的十八大以来，以习近平同志为核心的党中央领导集体高度重视“三农”领域，将“三农”问题作为全党工作的重中之重，在党的十九大报告中习近平同志提出实施乡村振兴战略这一伟大的战略构想。乡村振兴战略的提出，是我国开始全面建设乡村地区的冲锋号角，在深入推动实施乡村振兴的过程中，党和国家高度重视乡村旅游业的发展，2018 年 1 月 2 日中共中央、国务院发布的《关于实施乡村振兴战略的意见》中提出“实施休闲农业和乡村旅游精品工程，建设一批设施完备、功能多样的休闲观光园区、森林人家、康养基地、乡村民宿、特色小镇”。2018 年 9 月中共中央、国务院印发的《乡村振兴战略规划（2018—2022 年）》中提出“合理利用村庄特色资源，发展乡村旅游和特色产业”。在以上两份关于实施乡村振兴战略的纲领性文件中，党中央和国务院都指出要在乡村地区大力发展乡村旅游业，可见发展乡村旅游的重要性，与此同时，党和政府相继出台了一系列促进乡村旅游业发展的有关政策和指导意见，促进我国乡村旅游业的发展，将发展乡村旅游业作为推动实施乡村振兴战略的重要抓手。

与此同时，自党的十八大提出要大力推进生态文明建设，并且明确指出“美丽中国”是我国生态文明建设的总体目标以来，习近平总书记多次对美丽中国与生态文明建设做出重要指示。从福建到浙江，“绿水青山就是金山银山”逐渐形成，从党的十八大到党的十九大，“绿水青山就是金山银山”理念更加深入人心，随着党的十九大着重强调“两山理论”，如今“两山理论”已经成为我国生态文明建设的指导思想。习近平总书记还对打造“美丽中国”做出许多的明确指示和形象描述，提出“要打造美丽乡村，实现美丽经济，要让城市融入大自然，要让居民看得见山、看得见水，记得住乡愁[①]。”

① 张孝德、余连祥，2020. 新时代乡村生态文明十讲——从美丽乡村到美丽中国［M］. 北京：红旗出版社。

从政策层面而言，建设“美丽中国”推进我国生态文明建设，以及乡村振兴战略生态宜居要求的政策着力点都在乡村。推进乡村生态环境保护和治理，已成为“美丽中国”建设的必由之路，同时更是中国特色社会主义生态文明建设思想，以及习近平新时代中国特色社会主义思想指引下的必然要求。

1.1.2 现实背景

乡村振兴，必须按照产业兴旺、生态宜居、乡风文明、治理有效、生活富裕的总要求，发展乡村旅游业在促进乡村产业发展、促进乡村居民增收的同时，也会引发一定的环境污染问题，这是所有产业发展进程中都不可避免的矛盾，也是当前乡村旅游业发展进程中需要解决的最大的现实矛盾。从生态环境保护的视角来看，在当前全面推进生态文明建设，建设“美丽中国、美丽乡村”的战略背景之下，生态环境保护已成为乡村发展和治理的重要一环。

同时考虑到我国当前乡村地区现实的生态环境情况，以及发展乡村旅游业过程中所产生的一些特殊的生态环境问题，解决好产业发展与生态环境之间矛盾就至关重要。乡村要发展，需要依靠乡村旅游业这样一个具有多方面带动意义的产业抓手，但是发展产业决不能以破坏生态环境为代价。乡村美丽的自然生态资源，是乡村旅游业重要的产业自然依托，但是也会在产业发展过程中受到破坏。因此在发展乡村旅游业的过程中，必须厘清二者之间的关系，以乡村优良的自然生态环境作为资源依托发展乡村旅游业的同时，做到乡村旅游业与乡村生态文明建设和谐发展，相互促进。要想做到这一点，需要更为有效的乡村治理，需要更多能够发挥环境治理职能的国家治理工具，而环境审计正好能够扮演这样一个角色。

1.1.3 学术背景

乡村振兴战略对乡村旅游业发展和环境审计究竟会产生怎样的影响？在实施乡村振兴战略中乡村旅游业发展与环境审计的关系又将如何变化呢？这些都是值得研究的问题。目前对于这些问题的相关研究主要集中于以下三个方面：

一是乡村旅游业发展的研究。张莉、邵俭福（2019）认为，乡村旅游精准扶贫具有重要意义，要以品牌意识打造特色旅游资源、以精准思维进行识别和帮扶、以协调战略处理开发与保护以及以联动机制促进外部扶贫与内部脱贫的互动。韩伟宏、李建军（2018）认为新型乡村旅游打破了运输业、服务业、花卉业等产业的界限，促进了农业产业结构调整，加快了美丽乡村建设。吴蓉、施国庆（2019）提出，如果缺乏合理认知与干预策略，乡村旅游对于乡村秩序影响的负效应将大于正效应，为此须借助合理的外力干预措施整合乡村公共空间，从而在乡村旅游发展下形成以情感协作、共生发展为特征的乡村秩序。王平安、杨可（2020）提出乡村旅游业发展与乡村振兴密切相关，二者之间相互渗透、相互包含、互相促进、互为联动，实施乡村振兴战略与乡村旅游业融合发展已势在必行。何瑞铧、朱灵通（2019）从乡村振兴视角下乡村旅游业发展的生态环境问题出发，提出乡村振兴“五位一体”要求统御下环境审计助力乡村旅游业与乡村生态文明建设以及乡村治理协调发展。

二是环境审计的研究。曾昌礼、李江涛（2018）实证研究发现，政府环境审计确实有助于改善环境绩效。徐薇、陈鑫（2018）认为，在生态文明建设战略背景下政府环境审计的发展路径应聚焦于强化环境责任审计理念、创新环境审计技术方法、完善环境审计法规体系和加强环境审计国际合作等方面。吴勋、武月（2017）通过对 2004—2015 年审计结果公告分析，发现环境审计实践显著滞后于生态文明战略部署，提出要扩大绩效审计范围，规范环境绩效评估；加强责任审计力度，构建环境问责机制；强化环境审计治理功能，落实审计整改反馈机制。何瑞铧、廖金锋、朱灵通（2020）从环境审计的治理价值出发，提出乡村环境作为国家治理工具，从狭义与广义介入两个视角出发，指出环境审计在乡村经济、文化、生态、社会等领域的治理价值。葛世龙、李晗（2020）提出村环境治理是实施乡村振兴战略的重要举措，实施农村环境治理绩效审计是推进环境治理体系和治理能力现代化建设的重要内容之一，基于农村环境治理全流程，把农村环境治理绩效审计的主要内容分为农村环境政策审计、农村环境资金审计、农村环境项目审计和农村环境监管审计。

三是旅游环境审计研究。吴国琴（2015）认为旅游业发展中出现了环境问题，应加强环境审计。孟秋莉、任斐（2018）认为，我国旅游生态环境审计面临的问题是未形成完善的理论体系、环境审计法律法规不健全、环境审计主体的单一化和环境审计人员的素质有待提高。慈建华（2018）分析了我国生态旅游环境审计中存在的问题，认为应该从完善相关立法体制和审计准则、提升人员素质、改变审计方式和内容、构建更细化的评价指标体系等方面改进生态旅游环境审计。谭凤云（2019）提出旅游环境审计存在的节点滞后、内容盲点、标准模糊、审计效能较低等体制和实务问题，提出创新审计制度体系，明确旅游环境审计内容，推动旅游环境审计方法水平，注重协调联动机制等路径，以提升和优化我国旅游环境审计质量和效能。杨晓峰（2020）提出在乡村旅游业发展过程中经济与生态的矛盾不容忽视，需要借助环境审计来解决相关问题，分析了乡村生态旅游高质量发展中环境审计的重要作用，指出环境审计面临的不利因素，并提出环境审计的实施路径。杜江（2021）提出从金融审计、企业审计和环境审计三方面探索旅游业高质量发展路径，希望能够充分发挥国家审计引导、规范、监督等作用，带动旅游业的健康发展。

上述相关研究文献阐述了乡村振兴战略背景下发展乡村旅游业对于乡村振兴战略的推进作用；环境审计在当前乡村生态环境治理中存在的问题并提出了相应的解决路径；乡村旅游业发展进程中出现的生态环境问题以及环境审计作为国家治理工具介入乡村旅游环境审计发挥自身监督、环境监督职能的路径与价值。这些研究为我们的进一步深入研究提供了非常重要的参考和启迪。乡村振兴的战略背景，是当前我国乡村领域最为重要的战略背景，乡村振兴战略提出“五位一体”全方位发展总要求，从而统御乡村旅游业发展以及乡村生态文明建设各个环节。

乡村旅游业不同于一般的旅游业，既有旅游业的共性又有其个性，其中非常重要的一个特征就在于乡村旅游业以自然优良的生态环境为依托，但是同时又会对乡村生态环境产生一定的负面影响，而与乡村生态文明建设产生冲突。环境审计作为国家生态环境治理的有效治理工具，服务乡村生态文明建设是应有之义，乡村旅游业的发展则为乡村环境审计提供了一个更为具体的治理效能切入点。目前，人们对于乡村振兴战略、乡村旅游业发展、乡村生态文明建设以及旅游环境审计等领域均做了相应的研究并取得了相当的成果。但基本上都是将这几个领域单独研究或者是部分结合在一起，对于这四个领域内在互动关系和协调发展路径的研究有所欠缺。同时鉴于乡村旅游业以及乡村环境审计的特殊性，以往的研究侧重于旅游业及其环境审计的共性问题，缺乏对于乡村振兴战略背景下的乡村旅游业的发展及其环境审计这一个性问题的关注。本书的研究目的就是在乡村振兴战略以及乡村生态文明建设两大战略背景的统御下，着力于乡村旅游业以及乡村环境审计问题的特性，综合探究在乡村振兴背景下乡村旅游业与环境审计的协调发展，旨在抛砖引玉，为学界提供更多的研究视角。

1.2　研究内容与架构

1.2.1　全方位解读乡村振兴战略，分析乡村旅游业发展

乡村振兴战略作为一项推进我国乡村发展的重要战略，为我国未来的乡村发展做出了全方位战略规划、提出了“五位一体”的总体要求。本书第2章将结合目前我国乡村发展现状，从国家未来发展规划、乡村产业转型发展、乡村文化建设、乡村生态文明建设等方面，以乡村振兴的视角，分析乡村振兴战略对于乡村各个领域发展的重大意义以及各领域所面临的具体问题。乡村旅游业为什么在乡村振兴战略中的地位如此重要？乡村旅游业对于推进乡村振兴有哪些具体价值？乡村旅游业目前处于怎样的一种发展现状，以及未来乡村旅游业会有怎样的发展趋势？本书第三章根据目前乡村旅游业的发展现状和学界对于乡村旅游业的研究成果，并结合笔者自身的思考，简要地分析和回答以上三个问题。

1.2.2　乡村振兴战略与环境审计

本书的第4、5章，简要梳理了环境审计服务乡村振兴战略的作用路径以及积极意义，同时对于我国当前的乡村生态环境以及生态环境保护现状进行了详细的分析。与此同时，结合乡村振兴战略“五位一体”的总要求，以及全面脱贫攻坚接续全面乡村振兴的新形势下，环境审计的主要治理价值，将环境审计分为广义环境审计和狭义环境审计两个部分，分析其对于各自领域的积极价值以及具体的作用路径。重点分析了狭义环境审计——即对生态环境的审计，狭义环境审计对于乡村环境保护工作的重要价值，其对于乡村环境保护工作会产生怎样的补充和促进。

1.2.3　乡村旅游业的生态环境问题以及环境审计的介入路径

本书第6、7、8章分析了乡村旅游业发展带来的一系列新的环境问题，

着重论述乡村旅游业在资源环境开发、旅游交通、旅游餐饮等具体环节具有自身产业特性的具体问题。并以这些问题为基础，提出环境审计介入相关环节发挥自身监督效能的可行路径。同时这些问题的存在提出了对于环境审计新的挑战，环境审计作为环境治理的相关责任主体和有效工具，必须直面这些挑战并找到积极的应对措施。

第 2 章　解读乡村振兴战略

乡村振兴战略、乡村旅游业发展与环境审计关系图如图 2－1 所示：

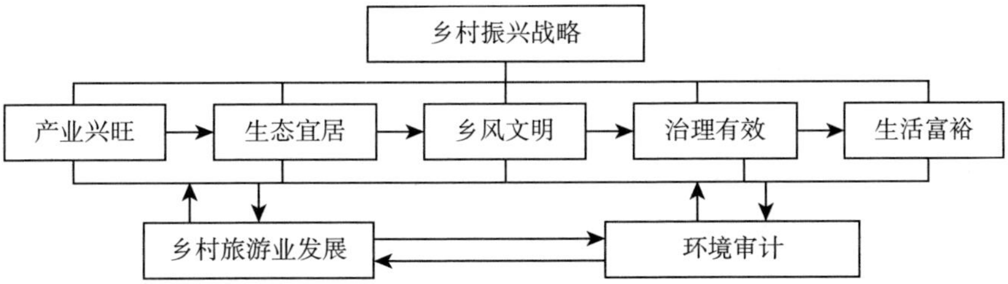

图 2－1　乡村振兴战略、乡村旅游业发展与环境审计关系图

2.1　非平衡发展下的乡村振兴

党的十九大明确提出，中国特色社会主义进入了新的历史阶段，进入了中国特色社会主义新时代，同时，我国社会的主要矛盾也由人民日益增长的物质文化需要同不平衡不充分发展的矛盾转化为人民日益增长的美好生活需要和不平衡不充分的发展之间的矛盾。而当前中国社会存在的最大的发展不平衡不充分，就是我国广大乡镇与农村的发展不平衡不充分。与此同时，党的十九大也提出了实施乡村振兴战略的重大历史任务，这在我国“三农”发展进程中具有划时代的里程碑式的重大历史意义。

当前我国经济的最大特征就是经济发展的不平衡，这种不平衡主要体现在区域与区域之间的发展不平衡、各类产业之间的不平衡、城乡发展的不平衡等。不平衡是我国经济的阶梯型发展所造成的，从沿海到内陆、从城镇到乡村，这种阶梯式的发展结构造成了当前我国经济发展的极度不平衡，其中尤其以城乡发展的不平衡最为突出。经过改革开放四十多年来的建设，我国的经济发展取得了历史性成就，从总体和外部视角来看，中国的经济水平已经达到了世界领先的水平，但是从中国内部的视角来审视这四十年的经济发展。我们会发现，中国广大的乡村地区似乎并未深度参与这四十年的经济高速发展，成了边缘化的区域，甚至由于城市经济发展造成的对农村劳动力的巨大“虹吸效应”，使农村成了被抽空的对象。与城市地区的高速发展相比较，乡村地区发展的不平衡，是从地域、时间到经济发展、产业结构、社会治理、人口结构等方面的全面不平衡。

2.1.1 乡村振兴战略助力发展天平“再平衡”

实施乡村振兴战略，在党的十九大报告中正式被提出，被列为决胜全面小康社会所必须坚定执行的七大战略之一。2018 年 1 月，国务院发布的《关于实施乡村振兴战略的意见》中指出“实施乡村振兴战略，是党的十九大做出的重大战略部署，也是决胜全面建成小康社会、全面建设社会主义现代化国家的重大历史任务，是新时代‘三农’工作的总抓手。”从国务院发布的《关于实施乡村振兴战略的意见》中这段关于实施乡村振兴战略的总描述中不难看出，提出乡村振兴战略的大背景是为当前全面决胜小康社会、全面建成社会主义现代化国家的国家战略服务。

在党的十九大报告中，还提出了关于我国社会主要矛盾转变为人民日益增长的美好生活需求和不平衡不充分的发展之间的矛盾。而当前我国发展不平衡不充分的矛盾在乡村表现得最为突出。所以决胜小康社会和全面建成社会主义现代化国家的关键在于我国乡村地区的发展，而实施乡村振兴战略既是解决人民日益增长的美好生活需求和不平衡不充分发展之间的必然要求，也是全面建成小康社会，全面建成社会主义现代化国家，实现“两个一百年”奋斗目标，实现全体人民共同富裕的必然要求。

国务院《关于实施乡村振兴战略的意见》中指出我国乡村发展的不平衡不充分主要表现在：“农产品阶段性供过于求和供给不足并存，农业供给质量亟待提高；农民适应生产力发展和市场竞争的能力不足，新型职业农民队伍建设亟待加强；农村基础设施建设和民生领域欠账较多，农村环境和生态问题比较突出，乡村的整体发展水平仍有较大提升空间；国家支农体系相对薄弱，农村金融改革任务繁重，城乡之间要素合理流动机制亟待健全；农村基层党建存在薄弱环节，乡村治理体系和治理能力亟待强化。”从《关于实施乡村振兴战略的意见》中关于乡村发展的不平衡不充分主要表现的描述中可以看出，当前我国乡村地区发展的不平衡不充分，是政治、经济、文化等的全方位的不平衡。而乡村振兴战略的提出，正是基于解决乡村地区全方位的发展不平衡不充分问题这一出发点。

与乡村地区全方位的发展不平衡不充分相对应的，正是乡村振兴战略“产业兴旺、生态宜居、乡风文明、治理有效、生活富裕”的总要求。党的十九大以来习近平总书记在多个场合多次提及乡村振兴战略。从2017年11月开始，习近平总书记首先是在旅游系统推进“厕所革命”工作取得重要成效并做出重要指示时指出“厕所问题不是小事情，是城乡文明建设的重要方面，不但景区、城市要抓，农村也要抓，要把这项工作作为乡村振兴战略的一项具体工作来推进，努力补齐这块影响群众生活品质的短板。”；2017年12月，习近平总书记在徐州考察时又指出“实施乡村振兴战略不能光看农民口袋里票子有多少，更要看农民的精神风貌怎么样。”；2018年2月，习近平总书记在四川考察时再一次强调：“党的十九大提出实施乡村振兴战略，这是加快乡村发展、改善农民生活、推动城乡一体化的重大战略，要把发展现代农业作为实施乡村振兴战略的重中之重，把生活富裕作为实施乡村振兴战略的中心任务，扎扎实实把乡村振兴战略实施好。”；2018年4月，习近平在湖北考察时再一次对乡村振兴战略做出重要指示，指出“乡村振兴不是坐享其成，等不来、也送不来，要靠广大农民奋斗。村党支部要成为帮助村民致富、维护农村稳定、推进乡村振兴的坚强战斗堡垒。”

自党的十九大正式提出实施乡村振兴战略以来，习近平总书记在多个不同场合多次对深入实施乡村振兴战略做出重要指示。其中既有对乡村产业发展、农民致富这样的根本性问题的重要意见，也有对乡村精神文明建设以及基层自治组织建设的关切。从习近平总书记历次考察中我们不难得出，乡村振兴是全方位的振兴，涵盖经济、政治、精神文明和生态建设的方方面面，能够全方位的促进乡村发展，补齐乡村发展的各方面短板，从而促成未来我国发展天平的再平衡。所以深入实施乡村振兴战略是促进我国发展天平向广大乡村地区倾斜的重要砝码，是促进我国发展天平再平衡的重要举措。

2.2　乡村振兴战略与国家未来发展规划的时空逻辑

解读乡村振兴战略，不能就事论事，“要将其置于一定的时间和空间条件之中，同时高度重视在特定历史时期下乡村社会变迁的宏观背景和时空条件。”

乡村振兴的宏观时空条件，主要是指不同时间阶段和空间环境下我国乡村发展的现实状况以及我国乡村发展历程中的各个重要时间节点与空间环境变化。而发展现状以及时空条件的变化通常都是以国家的重大政策和战略的调整或出台为标志。当前乡村社会发展的宏观背景和时空条件主要政策或战略标志通常意义上是指目前我国在基于现有国情的基础上结合目前乡村现实发展状况下所实施的乡村振兴战略，以及目前同步实施的区域协调发展战略。在这两个战略中，乡村振兴战略特指乡村区域，区域协调发展战略虽然没有固定的空间指代，但也隐含了空间范围的界限，二者虽然有所不同但都有相似的空间逻辑，而在时间逻辑上，二者都与我国未来发展的重要时间节点存在契合之处，综合二者，可以说乡村振兴战略有其深刻的宏观背景和时空条件。

2.2.1 乡村振兴战略与未来国家发展战略的时间一致性

从时间视角上来看，乡村振兴战略从提出到完成各项目标任务时间线，都与我国未来发展的各个重要时间节点存在契合之处，由此不难看出，乡村振兴战略是一项关乎我国未来发展的重要战略举措。

乡村振兴战略在党的十九大这一伟大的历史节点上被提出，在时间节点上的意义就不可谓不重大。党的十九大是我国社会主义建设的新的历史起点，在政治、历史、理论、时间等多个方面都有其重大历史意义，乡村振兴战略在这个时间节点上被提出，其重大意义可见一斑。同时，其重大意义与党的十九大的历史意义和实践意义存在共同之处。党的十九大的重大历史意义就在于这次大会是在全面建成小康社会的决胜阶段、中国特色社会主义建设进入新时代的关键时刻召开的一次十分重要的大会。与此同时，与全面建成小康社会、中国特色社会主义进入新时代相对应的关键是当前我国社会主要矛盾的变化，而全面建成小康社会的路径就是要缓解乃至解决当前我国社会的主要矛盾，而乡村振兴战略的重大意义就是通过促进乡村发展进而解决当前我国社会的主要矛盾所体现的。

党的十九大的实践意义在乡村振兴战略上体现的则更加明显。党的十九大的实践意义在于这次大会为我国未来的发展确定了奋斗目标、明确了党和国家的历史使命、对我国步入新时代发展的伟大事业和伟大工程做出了全面部署等，更为重要的是党的十九大科学、全面且合理的规划了我国未来发展的各项时间表、路程图和战略实施方案。为什么说党的十九大的实践意义在乡村振兴战略身上体现得更加明显呢？因为无论是新时代的奋斗目标、历史使命还是各项伟大的事业和工程都无法绕开乡村这一重要领域，所以实施乡村振兴战略在某种层面上可以看作是党的十九大的具体实践，这一实践虽然特指乡村领域，但实际上涉及党的十九大实践部署的各个方面，是党的十九大精神在时间层面的最好体现。

乡村振兴战略在各个时间节点上的阶段性目标与目前我国的一些现行政策有相当程度的对接和延伸，同时还与党在十九大上提出的决胜全面建成小康社会、分两个阶段实现第二个百年奋斗目标的未来战略规划的各个时间节点相契合。

党的十九大报告提出 2020 年到 2035 年在全面建成小康社会的基础上再奋斗十五年基本实现社会主义现代化，到本世界中叶，则在基本实现现代化的基础上，再奋斗十五年，把我国建设成为富强、民主、文明、和谐、美丽的社会主义现代化强国。与之对应的是国务院在《关于实施乡村振兴战略的意见》中指出，乡村振兴战略在 2020 到 2035 年再到 2050 年的阶段性目标分别是“乡村振兴取得重要进展，制度框架和政策体系基本形成”“乡村振兴取得决定性进展，农业现代化基本实现”“乡村全面振兴，农业强、农村美全面实现”。

从 2020 年到 2035 年再到 2050 年，这是三个重要的时间节点。首先是 2020 年，对于乡村振兴战略而言这一时间节点的阶段性目标是“完成乡村振兴的制度框架和政策体系建设”，2020 年是一个重要时间节点，因为这一年是我国精准扶贫政策的收官之年，经过数年的精准扶贫建设，乡村的基础设施建设和经济基础与之前相比有明显提升，而在这一时间节点上完成乡村振兴战略的制度框架和政策体系建设配合上此前精准扶贫政策打下的基础，能为乡村振兴战略进一步深入实施提供坚实的基础。

其次是 2035 年，这个时间节点乡村振兴战略的阶段性目标是“乡村振兴战略取得重要进展，农业现代化基本实现”。也就是说从 2020—2035 年乡村振兴的重点是推进农业现代化，考虑到农业作为我国乡村产业的重点，以及粮食生产的重要性，将农业发展作为乡村振兴战略实施前一阶段的重点来抓毫无疑问是正确的，而2020年正好是现行《全国农业现代化规划2016—2020》的收官之年，能为2020—2035年这一阶段的农业现代化建设提供宝贵的经验和其他基础性条件。除了基于对农业本身以及粮食安全重要性的考量之外，农业发展能为乡村带来从经济到文化到生态环境的一系列积极效应也是将农业现代化作为乡村振兴战略前一阶段的重点来抓的重要原因。产业兴旺是乡村振兴战略的根本，是因为农业作为乡村的主要产业关系到乡村的各个方面，重点推进农业现代化能为乡村发展带来多方面的辐射影响，而在农业现代化的基础上，再重点推进乡村精神文明和生态文明等方面的建设往往能起到事半功倍的效果。

最后一个节点是2050年，这个时间节点乡村振兴战略的阶段性目标是“乡村全面振兴，农业强、农村美全面实现”。2050年是我国国家建设的“结果”之年，在这个时间节点上，我们需要完成国家在政治、经济、社会、文化以及生态文明等多方面的现代化建设，这个目标与乡村振兴战略在2050年要达到的阶段性目标基本一致，尤其是农村不仅要强，更要美，这与建设美丽中国的战略构想高度一致。

从未来我国国家建设各个时间节点的阶段性目标与乡村振兴战略在各个时间节点的阶段性目标契合度上不难看出，乡村振兴战略是一项配合我国全面建成小康社会实现第二个百年奋斗目标的重大战略，在每一个重大的时间节点都有与之相配合的阶段性任务，而这就是乡村振兴战略在未来我国国家建设上的时间一致性。而这样的时间一致性或者说是时间逻辑，一定程度上也从侧面反映出乡村地区的发展对我国实现全面建成小康社会以及实现第二个百年奋斗目标的重要意义。

2.2.2 乡村振兴战略中的空间协调发展逻辑

自1998年实施西部大开发战略以来，到2003年党的十六届三中全会正式提出区域协调发展战略，再到党的十九大上习近平总书记对区域协调发展战略做出了进一步深入的指示，区域协调发展已经成为我国发展进程中的一个重要命题。

由于不同区域发展所面对的资源条件各不相同，所以必然会出现发展的不平衡，这是世界上绝大多数国土面积相对较大的国家都需要面对的问题。造成区域发展不平衡的根本性因素是不同区域之间自然地理条件的差异，并且自然地理条件的差异往往又会导致气候环境和人口分布等多个方面的差异。在人类发展更多依靠大自然的农业文明时代，地理条件的好坏往往决定了一个地区的发展。山地高原地区和平原地区相比，平原就意味着更多的耕地、更好的水资源条件、更好的交通状况，并且港口运河等发展商业的有利条件也往往位于平原地区。在农业文明时代，自然地理条件的差异可以说是造成区域发展不协调的最重要原因。农业文明时代，在自然地理条件优越的地区往往因为发达的农业生产能够提供更多的粮食，从而吸引更多人口的聚集，而更多的人口，又成了商业发展的有利条件，所以这种自然地理条件的差异在区域发展进程中会通过其他方式一直延续下去。而当人类由农业文明时代步入工业文明时代之后，自然地理条件优越的地区由于在农业生产、劳动力资源、资本积累方面的良好基础，自然也会成为工业文明发展的优先区域。工业革命在欧洲的发展，无一不是在自然地理条件优越地区的良好发展基础条件之上所建立的。

这种自然地理条件的差异在我国表现得尤为明显，由于我国幅员辽阔且地势呈现阶梯式的分布，各个不同区域之间的自然地理条件和气候条件差距十分巨大，这是长久以来我国发展历程中区域发展不平衡的主要原因。在我国农业文明发展进入成熟阶段之后，我国的区域发展状况就一直是东部沿海平原地区凭借自然地理条件上的优势一直领先于其他地区。而这种基于自然地理条件不平衡所导致的区域发展不平衡，又成了近代以来我国发展不平衡的又一个原因——不同区域的发展基础差距。

这种自然地理条件的差异除了地形地势和气候条件这种大方面上的差异之外，在人类进入工业文明时代之后，区域之间自然资源——多指矿产资源状况的差异也成了区域发展不平衡的一个重要自然条件。进入工业文明时代以来，以石油和煤炭资源为代表的自然矿产资源造就了一大批国家和城市的发展，中东的众多石油大国就是最典型的例子。这种有丰厚矿产资源的国家和地区，往往能够依靠自身的矿产资源优势在一定历史时期内实现快速发展，从而造成区域发展的不平衡。在中国也存在许多这样依靠丰富的矿产资源而获得快速发展的城市，例如依靠石油资源的黑龙江大庆、依靠煤炭资源的山西大同、河南平顶山，甚至可以说东北地区的重工业优势在很长的一段时间里都是依靠其区域内丰富的矿产资源，这些依靠矿产资源实现快速发展进而导致的区域发展不平衡，一般都是呈现出点状分布——即在一个区域内有一个点的发展水平远远超出其他点的发展水平，或者一个区域内有一个或多个点的发展水平落后于同区域其他点的发展水平。这种点状的发展不平衡相比区域性的大面积发展不平衡而言，既有更加明确的形成原因，同时也相对更加容易解决。

自然地理条件的先天性不同，会让不同地区产生基于农业生产能力上的发展不平衡，这种不平衡直接影响的就是在下一个发展阶段中不同地区所拥有的发展基础不同，而这种发展基础的不同，在之后的发展进程中又会以国家政策和资本投入等的形式延续，从而造成更大的发展不平衡。这种自然地理条件的差异以及基于自然地理条件差异所造成的发展基础的差异可以看作是目前我国城乡发展不平衡的深层次历史原因，而改革开放之后，我国城乡发展水平的差距在这种城乡发展的原始不平衡基础上越来越大。

区域协调发展战略是促进不同发展状况的区域之间平衡发展的一项重要战略措施，乡村振兴战略是针对所有乡村地区的，并没有强调其中的空间性的协调发展，但实际上乡村振兴战略中蕴含了深刻的区域协调发展的逻辑，尤其是在城乡融合发展这一方面。乡村振兴战略本身即是一项带有明确空间指向的发展战略，明确地将发展区域的重点限定为我国广大的乡村地区。考虑到我国目前现实的城乡发展差距，这样利用政策手段集举国之力集中、高效的促进乡村地区的发展水平本身就是在促进区域之间的协调发展，只不过不同的是这个“区域协调发展”不像“西部大开发”“中部崛起”战略那样带有明确的地理意义上空间指向性，而是更多强调城市与乡村这样两个相对的发展水平不一致的空间区域之间发展水平的协调。

而在乡村振兴战略推进实施的过程中，城乡融合发展作为促进乡村发展助力乡村振兴的重要手段，深刻体现出乡村振兴战略中的区域协调发展元素。在我国过往的发展经验中，有一个重要的问题或者说误区就是我国过往的发展中城市思维太严重，过分相信城市工业化、资本化的发展经验，这种用城市发展的视角来审视乡村发展的视角往往会有严重的认知偏差，以至于在过往的乡村建设中出现了许多不考虑乡村实际情况一味照搬城市发展经验的问题，其中典型性的问题就是不考虑乡村地区的实际情况，盲目的在乡村创办各类工业企业，并且其中的绝大多数最后都以失败告终。我国过往对于城乡发展相互关系的表述主要可以归纳为第一阶段的“乡村城市服务发展”——即乡村为城市提供发展所需的一系列资源，具体表现为乡村为城市发展提供一系列的初级产品、劳动力并作为城市产品的重要消费市场；第二阶段可以总结为“城市带动乡村发展”——即当城市发展到一定的水平之后，利用城市在工业化、资本方面的优势帮助乡村发展，具体表现为城市资本到乡村投资、改善乡村基础设施建设水平等。而在乡村振兴战略中，追求的是城乡之间的融合发展，不再有相互之间的不对等关系，是一种相互促进的关系，而城乡融合发展中的“融合”就是城乡之间区域协调发展的最好体现。

城市与乡村作为人类文明发展过程的两极，必然存在巨大的差异，这种差异一方面可以被看作是城市区域和乡村区域之间发展的不平衡，而从另一方面来看这种差异却正是城乡之间相互融合发展的空间。在中国过往以城市为中心的发展历程中，城市开放、竞争、创新、自由、理性等的理念已经深入人心，成为被普遍认可的公共价值观。与城市理念相对应的是乡村保守、稳定、传承、约束、共生等的乡村传统价值观念，这样的理念在城市文明与乡村文明产生激烈碰撞的今天往往不被大多数人认可。以城市工业文明的视角来审视城市的发展理念，这些发展理念当然是对的，但是城市与乡村之间一定是非黑即白的吗？显然不是。

乡村与城市，作为人类文明发展过程中所形成的两种不同的文化和经济分区，虽然二者在经济功能、社会功能、文化功能、演化特性以及公共价值上存在巨大的差异，但是将这样的差异看作城乡之间对立的起点，不如将其视为城乡融合发展的一种互补空间。比如说双方在发展理念上的融合互补，尤其是城市对立排斥的竞争环境以及相对较弱的可持续性与乡村包容共生以及相对较强的可持续性之间的互相融合。从发展理念的互补上就能明显看到城乡之间融合发展的巨大空间，城市需要乡村发展的包容、稳定以及可持续性，以增加自身发展的多样性、稳定性和可持续发展能力；而乡村发展也需要借鉴城市发展的进取和创新精神，避免自身发展的停滞不前。

在过往的发展进程中，我们沉浸在城市的工业文明思维中，很容易将乡村树为发展的对立面，而不是互相融合吸取其有价值的部分以促进城乡之间的融合发展。城市工业文明的视角当然没错，因为事实证明了要想获得快速发展就必须依靠城市工业文明，而在 21 世纪的今天，在我们的城市工业文明已经发展到了相当发达程度的今天，当我们站在时代的、历史的高度，撇开城市工业文明的已有视角，重新审视我们的城市与乡村时，或许会有不一样的发现。

乡村振兴战略本身其实也可以归类为区域协调发展的一种战略，只不过与传统的区域协调发展相比，乡村振兴战略并没有那么突出的地理意义上的“空间”意义，因为乡村与城市的空间概念一直以来并没有严格意义的空间划分而是一个相对的概念。乡村振兴战略在区域协调发展上的意义，更多体现在城乡之间发展水平的协调，而乡村振兴战略中的城乡融合发展思想，更是区域协调发展理念的一个典型范例。城乡之间融合发展的逻辑，不再仅仅局限于过往不同发展水平的区域之间由发展水平较高的区域带动发展水平较低的区域，或是借助国家的力量缩小两个区域之间的发展差距。而是直接在发展水平不相同的两个区域上，以互相的融合发展来达到相互之间协调发展的目的，可以说这是乡村振兴战略中最深刻的区域协调发展思想，也是乡村振兴战略得以深入推进实施的一个重要原因。

2.3 乡村振兴战略下的乡村产业转型升级与产业融合发展

2.3.1 乡村产业的困境

乡村振兴，产业兴旺是基础，但目前以农业为主导的乡村产业面临着农业发展质量和效益较低、乡村各类产业基础相对薄弱以及各类产业内部同质化严重等突出问题，这些问题给乡村产业发展造成了极大阻碍，是制约我国广大乡村地区发展的重要原因。

农业生产的困境，是当前乡村所面对困境的一个缩影。当前乡村所面对的主要困境，可以总结为以下几个方面，首先物质条件未能得到满足；其次是青壮年人口流失，乡村空心化问题严重；最后是在传统与现代的碰撞之中乡村文化的衰落。这三个涉及乡村经济发展水平、乡村社会以及乡村文化的问题实际上都在当前的农业生产上有所反映，可以说当前农业生产所面临的困境是整个乡村发展所面临的困境的一个真实缩影。

在经历了相当长的发展阶段之后，我国农业发展不断进步，取得了很大的成就，不仅解决了我们国家的温饱问题，也为我国的粮食安全奠定了坚实基础，但在农业发展所取得的成就背后，依旧存在以农业生产收益低为代表的许多现实性问题亟待解决。目前我国的农业生产虽然总体上创造了很大的经济价值，但实际上农业生产所创造的经济价值与我国农村地区接近 6 亿人口的经济需求相比，实际上是远远不够的，同时与农业产生的收益相比，当前乡村地区的劳动力在经历全国统一的劳动力市场之后，通过进城务工所能够获得的经济收益要远高于从事农业生产所获得的收益，而这也就不可避免地导致了农村青壮年劳动人口大量地流入城市而导致乡村的空心化。

人多地少，是我国农业发展所面对的基础性矛盾。在我国城市化率不断提高的今天，依旧有 2 亿多户农民，有 6 亿多人生活在农村地区，有接近 2 亿的农业劳动力，这样的数字与农业生产所创造的价值总量相比也无疑是巨大的。与农村人口相对的是目前农业在国民生产总值中的占比连 10%都不到，这种农业人口与农业经济产值不对等的现实状况，决定了乡村发展所需的物质经济条件是无法依靠农业来得到满足的。虽然目前世界上绝大多数发达国家农业占总 GDP 的比例普遍都处于相对较低的状态，但是不同的是发达国家的农业经济产值已经达到了最大化的开发，已经无法开发出更多的农业经济价值，而目前我国农业经济的产值和效益还有很大的开发空间，农业生产所能创造的经济价值远远没有达到可开发的极限。虽然依靠农业来获得较高的经济收益以满足社会发展的物质条件需求在工业文明时代并不是一个高效的方式，但是在缺少发展其他产业基础的乡村地区，农业生产依旧是重要的经济来源，而目前我国农业生产的投入与产出比率显然还有很大的提升空间。

我国总体农业收益较低既是市场化竞争的体现，也是国家出于对粮食安全考量而对农业生产进行管控的结果。农业生产的第一要务是保障国家粮食安全，尤其是在我们这样一个 14 亿人口的大国，更要把粮食安全放在首要地位。粮食作为农业生产最主要的产品，也是保证人生存的基础性需要，国家需要做的是让粮食成为一种每个人都有能力消费的“公共产品”，所以政府对于农业生产的要求是能够提供数量充足、安全、价格低廉的农产品，农业生产出来的农产品不仅要数量充足甚至稍有过剩，还要保证相对较低的价格。很显然这样的目标与从事农业生产的农民的目标是不符合的，因为农民从事农业生产的目标是尽可能地获得更高的收益，而在生产规模有限和有价格上限管控的条件之下，这样的目标显然较难达成。即便在过去的农业发展历程中我们不仅取消了对农业的税收，还增加了耕地补贴和农业机械补贴等各类农业补贴，但我国还是无法扭转农业生产收益相对较低的现实，这是由我国当前的国情所决定的。这样的现实状况虽然对从事农业生产的农民不利，但是考虑到国家发展的需要，其实也是一种合理的管控手段，更何况我国农业生产在我国最低收购价政策的支持下农业收益并没有那么低，只是相对而言还存在很大的上升空间，并且在国家大力推进农业现代化的背景之下农业产业收益在未来肯定能得到应有的提升。

除了大背景下的国家对农业生产的管控因素之外，造成我国农业收益相对较低的原因还有很多，其中以农业生产无法形成规模化效应、农业产业链单一、农业生产成本上涨过快等三个原因最为突出。在进入工业化时代以来，绝大多数产业要想获得更高的产业收益都需要走规模化发展这条道路，以获得规模化的收益，欧美发达国家的农业生产绝大多数都是通过规模化的大农场模式来提升农业生产的收益。而在我国农业生产要想实现规模化，首先面对的就是人多地少的基础性矛盾。加上我国土地所有制对土地流转所造成的困难，以及农村青强壮人口的流失所造成的农业规模化生产缺少人才及劳动力支撑。在这样的困境之下我国农业生产无法通过规模化经营以获取规模化的收益似乎也可以理解。

我国目前已经形成了完整的农产品产业链，从基础农产品的生产到农产品的深加工再到农产品的销售，有一套完整的产业链条。而在这样的情况下为什么我们还要说当前的农业产业链过于单一呢？因为实际上在繁荣的农业产业链背后，是农民作为产业链底端供应者无法参与更高一级的产业利益分配的无奈，也就是说农民在交出自己生产的农产品之后这些农产品后续所产生的价值农民实际上是无法参与分配的，只能获取原始农产品销售环节的收益。而出售原始农产品的收益往往是农业产业链环节中收益最低的一环，所以在整个的农业产业链中，农民在出售完农产品之后就与整个产业链分离了，二者实际上是处于一种割裂状态。这样的产业价值分配参与的状态，也是当下越来越多的乡村要建立专业的农业生产合作社的原因——为了更加深度地参与到农业产业链之中，获得更多的农业产业收益。

农业生产成本的上升是农业现代化过程中不可避免的“副作用”。农业生产必须走向现代化，而在走向现代化的过程中必然会经历一些曲折，农业生产成本的上升以及生态环境的污染就是目前农业现代化带来的最大曲折。

农业生产现代化所带来的成本上涨可以分为两个部分，一个是绝对成本的上涨，一个是相对成本的上涨。绝对成本是指在农业生产中需要投入的具体投资，比如种子、化肥农药、农业机械、劳动力成本等显性的刚性成本。

农业现代化的浅层表现就是科技元素更多参与到农业生产之中，而科技元素的参与往往就意味着成本的上升，比如化肥农药成本以及农业机械成本的上升。虽然科技元素的参与能提高农业生产的效率，但这样生产效率的提高能不能实在的转化为产业收益是存在疑问的。首先我国农业生产绝大多数都是以家庭为单位的小规模生产，而小规模的生产就意味着无法依靠大的规模来摊薄这部分上升的成本，同时农产品价格尤其是粮食价格的相对稳定意味着农产品价格的增长未必能跑赢生产成本的增长。农业生产明面上的各项绝对成本的提升，是伴随着我国农业现代化进程的提升而提升的，在农业生产收益相对稳定的情况下，这样的成本上升就意味着收益将进一步被压缩，而这就是为什么我国农业收益相对较低，且农民从事农业生产的积极性相对较低的一个实际性原因。

农业生产绝对成本的上升是一个缓慢上升的过程，并且国家也一直都在采取各种相应的补贴措施以抵消这一部分上升的生产成本对农业产业收益的侵占。而实际上真正上升的且对农业生产有重大影响的是从事农业生产而放弃其他收入渠道带来的相对成本也就是隐性成本。这个隐性成本里发挥主要作用的是从事农业生产的机会成本，以及包含环境成本在内的其他隐性成本。农业生产所需要付出的机会成本的上升，在越来越多的乡村青壮年劳动力选择放弃农业生产走向城市从事其他产业的过程中表现得特别明显。在乡村从事农业生产所获得的经济收益要明显落后于进入城市从事其他产业所带来的经济收益，这是目前从事农业生产所需要付出的最大的机会成本。也是为什么会有那么多的乡村青壮年劳动力选择进入城市成为输出劳动力的重要原因。除了从事不同产业带来的经济收益差距之外，农业生产所带来的环境破坏也是一种无形的成本，而当环境污染积累到一定程度之后，乡村居民必然需要付出极大的代价去弥补。

农业生产所带来的经济收益无法满足乡村发展所需的物质经济条件，脱离农业走向其他产业寻找农业收益以外的产业收益就成了一种必然。所以为了获得更多的经济收益以满足更好的物质条件需求，农民脱离农业是一种必然，而大量的劳动人口脱离农业之后的走向不可能是乡村，因为除了农业以外乡村薄弱的产业基础不可能具备吸纳那么多劳动力的能力。

从以上我国农业存在的问题不难看出，农业的问题是我国乡村问题的一个根源。农业生产较低的效益回报，远远无法满足目前乡村居民的经济需求。而这又进一步的导致了大量的乡村人口因为经济因素而外流，成了乡村空心化问题的根源。而现代化的农业生产方式对传统农业生产方式的取代，也标志着现代化的工业文明对传统农业文明的挑战，显然传统的农业生产文化是无法应对现代工业文化所带来的挑战的。目前存在的乡村问题或多或少的都存在一定的农业根源，这些问题的产生不仅是农业自身的困境，更是整个乡村问题的缩影，而农业也自然成为整个乡村所面对的各式问题的关键所在。

乡村薄弱的产业基础，除了农业的粮食生产能力之外，农业的其他方面、第二产业以及第三产业的产业基础都处于一种全方位的薄弱状态。农业是目前我国乡村各项产业中产业基础最为牢固的一部分，尤其是农业的粮食生产部分，但是在粮食生产之外的部分，诸如畜牧业、林业、渔业等其他农业部门以及和农业相关的产业，也都存在与农业相似的问题，在产业基础上也都存在不同程度的缺失。

以畜牧业中最典型的禽畜养殖为例，目前我国的乡村地区尤其是南方地区的乡村，存在大量小而散的禽畜养殖场，这些数量庞大的养殖企业在数量上已经发展到了相当大的量级，但实际上都存在产业基础方面的缺失。首先是技术基础的不足，禽畜养殖尤其是规模化的养殖是一项技术含量相当高的工作，尤其是针对禽畜疾病方面的有关技术，目前在我国乡村地区有大量由乡村居民自发建立的禽畜养殖企业，其中有相当的一部分存在专业技术上的缺失，这对于禽畜养殖业的发展而言是极为不利的。

而除了技术基础之外，乡村养殖业在政策基础、资本基础、市场基础等方面也都存在不同程度的缺失。在政策上国家总体上是支持乡村居民自主创业从事禽畜养殖的，但由于禽畜养殖业往往会对生态环境产生严重的污染，尤其是一些乡村居民自营的小型养殖企业，污染排放和污染处理完全不符合相关环保政策的规定，造成了严重的环境污染，而在国家严峻的环境保护形势之下，这一部分造成严重环境污染的乡村养殖企业无可避免地要面对被关停的命运。从事乡村养殖业需要前期投入大量的资本进行厂房建设以及种苗的引进，并且由于禽畜需要一定的养殖周期，同时在养殖过程中需要投入大量的基础性成本，禽畜养殖业是一个需要大量资本投入的行业，而在自发从事乡村养殖业的这部分乡村居民中，大部分实际上都不具备十分强大的资本基础，并且较难获得银行以及其他渠道的融资支持，很容易因为无法承担后期资本投入的压力而导致整个崩盘。2019 年的这一场非洲猪瘟几乎将我国广大乡村地区尤其是南方地区的生猪养殖企业一网打尽，这些乡村地区零散分布、规模不是那么大的农民自发建设的养殖企业是我国生猪市场的重要供给，在这场非洲猪瘟中，乡村养殖企业风险承受能力低、融资渠道单一的问题就充分暴露。在非洲猪瘟中遭受巨大损失的乡村养殖户中的相当一部分都被这样一场瘟疫打垮，失去了继续从事生猪养殖的能力，而这也是目前我国猪肉价格一直居高不下的一个重要原因，即原来重要的生猪市场供应主体——乡村养殖企业破产数量过大，要想恢复到之前的市场供应水平仍然需要一个较长的周期，让原先破产的养殖户完成新一轮的资本累积后重新投入到生猪养殖中，或者是原来不从事生猪养殖的农民在市场行情的驱动下进入生猪养殖业，但是无论是前者还是后者，目前来看都需要一个较长的周期。市场基础的不稳定也是乡村禽畜养殖业所面对的一大困境，由于乡村居民自主从事的养殖业普遍规模较小，且乡村居民自身进行自主市场开发能力的相对不足，乡村禽畜养殖业的市场渠道实际上是存在一定的不足的，再加上禽畜产品市场的产品价格波动较大，乡村禽畜养殖业的市场基础实际上也是比较薄弱的。

以上分析的乡村禽畜养殖业在产业基础上所存在的不足，只是农业在畜牧业领域所存在的具体问题，受限于篇幅以及内容不再对农业的其他产业环节的产业基础所存在的问题进行进一步具体的分析。但上文提到的乡村禽畜养殖业在技术基础、资金基础、市场基础等方面存在的缺失在其他农业产业领域也都不同程度的存在。事实证明我国农业要想取得进一步的发展，尤其是要想实现农业现代化的这个目标的话，还有很长的路要走，重要的是在各个农业领域的相关产业基础急待得到夯实。

而除了农业的产业基础外，乡村地区的第二产业和第三产业的产业基础同样薄弱。在学界一直存在着一种这样的声音，认为乡村不适合发展第二产业，第二产业应当由城市来发展，在乡村发展第二产业不仅是对乡村资源的浪费，更是一种对城市第二产业资源的低效侵占。这是基于对乡村发展第二产业在产业基础上的缺失，以及城市发展第二产业所具备的优势而得出的结论。虽然有一定的合理性，但实际上是以城市经济的视角片面地看待乡村的第二产业，没有看到乡村发展第二产业在原材料获取、劳动力、土地等方面所存在的一些独特优势。但即便乡村发展第二产业存在一定的优势，也不能忽视当前乡村发展第二产业在产业基础上的严重缺失。为什么城市是发展第二产业的“主阵地”？因为与乡村相比，城市在基础设施、技术、资本、市场等多个方面都存在巨大优势，但这并不意味着乡村就真的不适合发展第二产业，只要能有更好的产业基础支持，并且发挥乡村独有的一些优势，乡村的第二产业实际上大有可为。退一步而言，将来那些因为城市相对较高的生产成本而无法在城市生存的制造业企业要转移生产力，乡村也必然是他们最好也是最后的归属。最典型的例子就是我国的珠三角地区的广大农村承接了大量从城市中退出的工业企业。所以乡村实际上是可以发展第二产业的，即使现在一些产业基础上依旧薄弱，但是只要有正确的引导和建设，乡村实际上还是可以根据自身优势条件发展一定的第二产业的。所谓乡村不适合发展第二产业实际上只是说乡村不适合大规模地发展第二产业，倘若有相关的产业能够精准地抓住在乡村发展的优势条件，因地制宜，实际上第二产业在乡村仍然是有广阔的生存空间的。

而乡村的第三产业，除了部分为满足乡村居民基本生活需求以及比较浅层次的精神需求而产生的第三产业之外，乡村的第三产业发展可以说还处于一个相对较为初级的阶段，而这样的产业发展现状，可想而知其产业基础的不足。

乡村第三产业基础的最大薄弱在于市场基础的薄弱。在乡村居民经济条件相对较差的年代，乡村居民的消费和服务需求还相对基础，主要集中在满足基本生活需求的物质消费。对于服务性消费而言，除了少数必需的服务，乡村居民并不具备支撑更多服务性消费的经济条件。加上我国乡村服务产业发展的滞后，即便当前我国农村居民的经济条件有了明显改善，农村居民对于服务需求的消费能力和消费意愿也显著提升，但乡村的第三产业市场在供给端仍无法满足这种需求。除此之外，乡村地区相较于城市，有更加深厚的文化传统，而中华传统文化中一直蕴含着一种“自给自足”的思想，这样的传统文化一定意义上也抑制了乡村居民对于服务产品的需求。

第三产业与第一产业和第二产业相比，对于基础性产业条件的要求相对较低，但是对于市场条件的要求却更加苛刻。服务产品很多都是非实物的产品，不像工业产品或者农业产品那样可以在不同地域之间流动同时不影响自身的使用价值。当服务产业不能在所在地区获得足够的市场支持时，就很难在该地区得到生存和发展。乡村地区第三产业受制于长久以来我国乡村居民经济收入的相对不足，市场基础不仅规模不足，同时也缺少必要的稳定性。但结合过往我国乡村第三产业的发展状况以及未来的发展趋势来看，过往我国的乡村服务业的产业规模与我国乡村居民对于服务产品的需求规模相比总体上是匹配的，并且二者的发展轨迹也较为一致。而随着近些年来乡村的不断发展，乡村居民的消费需求的转型升级是必然的，乡村第三产业必然能伴随着未来乡村服务产业市场需求的发展而发展。

乡村产业的发展困境，主要原因是乡村产业在乡村地区自身现实产业基础条件的不足，而除此之外，乡村各类产业在发展过程中的混乱无序也是造成乡村产业发展困境的一个重要原因，其中最突出的表现就是乡村产业的同质化问题。

产业同质化，在产业发展初期可以看作是正常的市场行为，而当产业发展进入中后期之后，产业同质化往往会带来严重的问题，阻碍产业的正常发展。乡村地区的产业发展无论是第一产业、第二产业还是第三产业，只要能够在产业发展初期获得可观产业收益，就会产生强大的市场跟随效应，无论是当地政府、企业还是乡村居民，都会出于某个产业在产业发展初期所展现的产业发展潜力进而进入该产业的发展，并且往往是在短时间内大规模地投入到其中。这样的发展方式，一方面体现出乡村发展对于产业驱动力的迫切需求，另一方面也体现出乡村地区产业发展进程中的无序状态以及缺少科学的产业发展指导这一现实情况。

当前乡村产业发展进程中的同质化问题，在农业和乡村旅游业领域表现得最为突出。农业领域的产业同质化，是长期以来困扰我国农业发展的一个问题，我国的农业产业发展到今天，依旧需要面对特色农产品缺乏，农产品生产同质化严重的问题。目前我国农产品的生产基本实现了市场主导，虽然市场主导有市场主导的好处，但在市场条件下生产端很容易出于对短期利润的追逐而大量生产市场表现好的农产品，这样的生产端调整在短期内确实能够为生产端获得更多的利润，但是当投入的生产资源达到了一定程度之后，很容易造成产品同质化，当这样的同质化农产品数量越来越多的时候，整个农业产业也会陷入产业同质化的困境。与此同时，农业生产端对于生产资源投入的调整相对于市场的变化来说往往存在一定的时间滞后，一定程度上也是造成农产品生产同质化的一个重要原因，而这样生产端调整的滞后体现的是目前我国农业生产中农户获取市场信息的滞后，而这样的滞后在积累到一定程度之后又会造成叠加的同质化农产品与市场需求不对称，进而导致农业产业收益的下降使农民遭受损失。

如果说农业领域农产品同质化体现的是我国农业生产的市场化机制所存在的不足，乡村旅游产业同质化严重体现的则是乡村旅游业整体开发能力的严重不足。在乡村旅游业成为乡村产业发展的一个重要风口之后，乡村旅游产业在短时间内获得了极为迅速的发展，而这种短时间内大规模的产业扩张虽然在短时间内促进了乡村旅游业的快速发展，但这种快速的发展往往在质量上不能得到保障，这种跟风式的快速扩张所带来的产业同质化问题就是最好的证明。

产业的快速发展必须要有一定的产业基础作为支撑，否则在这个快速发展的过程中肯定会出现大量的基础性问题，但乡村旅游业近年来的快速发展实际上已经有了较为良好的产业基础作为支撑。一方面是政府高度重视乡村旅游业的发展，将发展乡村旅游业作为推进乡村振兴战略的一个重要抓手，出台了一系列促进乡村旅游业发展的有关政策，带来了强大的政策推动力；另一方面是近年来随着我国居民旅游消费的转型升级，乡村旅游业的市场需求不断扩大，所以近年来的政策和市场条件优势为乡村旅游业的发展注入了强大的动力。与强大的发展动力相对应的，是目前我国乡村旅游产业相对偏弱的产业综合开发能力，而这种产业开发能力和产业发展需求的错位，正是造成目前我国乡村旅游业同质化问题严重的一个重要原因。

就旅游业本身的产业基础而言，由于是建立在不同类型的旅游资源基础之上，所以一般而言旅游业并不存在产业同质化的基础性根源。我国广大的乡村地区可供开发的旅游资源种类多样、类型丰富，乡村旅游业的发展完全可以依托这些丰富多样的旅游资源开发出各种各具特色的旅游项目，但是较弱的产业开发能力和部分基层政府“急功近利”想要快速发展本地区乡村旅游业的心态，只能让乡村旅游业的发展走上一条“模式化”的发展道路。一旦出现了一个成熟、稳定开发模式，马上就会跟风式的出现相当数量的按照相同模式发展的旅游项目。这种模式化的、盲目的旅游开发带来了严重的产业内部的同质化问题，不仅不利于乡村旅游业的发展，还会对乡村的旅游资源造成一定的开发性伤害，因为它们原本应当得到更加科学合理的开发利用。

总的来看，目前乡村产业的发展依然需要面对许多的问题，除了以上提到的农业生产整体收益偏低、乡村产业基础薄弱以及乡村产业内部的同质化问题之外，乡村产业的发展还需要解决许多其他各方面的问题。乡村的发展，产业兴旺是基础，深入推进乡村振兴战略，首先应当振兴的就是乡村产业，我国乡村的产业发展确实还有很多的潜力可挖，而乡村产业这一部分尚待挖掘的发展潜力毫无疑问地也会成为未来乡村振兴的最大推动力。

2.3.2　乡村振兴战略下的乡村产业转型与产业融合发展

产业兴旺是乡村振兴的基础，乡村产业能否在未来获得突破性发展，是乡村能否实现真正振兴进而扭转长期以来我国城乡二元背离发展的关键所在。在以往的乡村建设中，乡村产业并没有实现自身的快速发展，产业发展的带动效应在乡村地区并不显现，在过往的乡村产业建设中，更多的是依靠一些政策性、资金性的短时刺激来推动乡村产业的向前发展，在实际的产业建设上没有形成市场化、高效化、持续化的产业发展格局，因此也无法形成较强的产业驱动效应带动乡村发展。

在乡村振兴战略的大背景下，通过实现乡村产业的转型升级以及产业之间的融合发展为乡村振兴提供产业驱动力已成为共识。党的十九大明确提出："要促进农村一二三产业融合发展，支持和鼓励农民就业创业，拓宽增收渠道。"乡村一二三产业的融合发展在未来的乡村产业发展中已经是大势所趋，所以在乡村振兴中必须加快构建现代化的农业产业体系，突破以往乡村产业等于农业的局限，在国家大力推动农业现代化建设以及农业供给侧结构性改革的背景之下，加快转变乡村产业的发展方式，促进乡村一二三产业融合发展。

以往我们有一个误区，认为乡村一二三产业的融合发展就是单纯的通过延长农业产业链，由单纯的种植农业走向农产品加工业。实际上这样的产业融合与产业链的延长除了少数由村集体办理能够让农民获得更加多的收益之外，大部分的农产品深加工并未真正地让农民获得更多的收益。农产品的深加工实际上是一种资本主导以及市场主导的行为，市场资本进入农产品加工领域之后，会带走绝大多数的农产品加工收益，所以农产品深加工从来就不是一个简单的农产品来源问题，而是一个市场化、资本化的问题。资本参与到农产品深加工的产业链当中，它就必须建立一个更加高效也更加利于市场操作的现代工业体系，所以这就要求这些农产品深加工企业尤其是规模以上的农产品加工企业就一定会选择在离城市较近的地方，并且一定要按照现代化的市场化的规则去运转，而这样一来的话，从农业延伸出的延长产业链实际上就成了城市的产业，并不是农村的产业，除了加工原料来自农村之外，与农村已无太大的关系。农民将自己的剩余农产品出售之后，并不能再继续从中获得收益，如果要在这样的加工厂务工获得劳务收入的话，又因这些加工企业在空间上远离乡村，农民实际上还是需要脱离农村。

乡村产业的转型与产业融合发展，现代化的农业产业体系是根本。农业作为乡村产业的主要内容，是整个乡村产业的基础，如何实现农业现代化是乡村产业在转型升级与融合发展过程中应当率先回答的问题。

从传统农业到现代农业，首先要厘清二者的概念以及存在何种差异。过往我国的现代农业发展存在许多认识上的误区，片面地认为现代农业是大农场式的规模化农业生产、是现代科技元素在农业生产中的应用不断累加、是农业组织取代以家庭经营为主的生产单位、是单纯地把新品种新技术当作所谓的特色农业。这样的认识误区，造成在过往的现代农业建设中，部分地区不考虑现实情况，为了追求规模化生产强制农民“流转”耕地，农业生产脱离原有的家庭化模式，走向资本化。并且在农业生产中不考虑实际成本和环境污染，过分使用现代化农业机械以及化肥农药。特色农业的发展也因为对特色的具体内涵存在认知偏差而走进狭隘的误区。这样的“现代农业”只是徒有一层“现代”的外表，不但不具备现代农业的实际内涵，还一定程度上违背了我国农业生产的客观规律。伴随着现代农业的不断发展，“现代农业”实际上一直是一个发展的和不断变化的概念，它并不是一个单纯的概念，而是农业发展进程中一个体现了某些具体特点的历史阶段。

西方对于农业现代化的定义，主要包括农业生产物质条件以及生产技术的现代化，即实现农业生产的机械化、电气化、信息化、生物化和化学化；农业生产组织管理的现代化，即实现生产专业化、社会化、区域化和资本化。而我国对于农业现代化的定义与西方国家之间存在一定的差异，根据国家科学技术委员会先前所发布的有关农业科学技术政策，现代农业的内涵被划分为三个具体的阶段，分别是产前阶段、产中阶段以及产后阶段。三个阶段对应的农业现代化领域分别是农业机械、农业化学科技、水利设施等物质领域；种植业、林业、畜牧业和水产业等具体的产业领域；农产品的加工、储存、运输、营销以及进口的产业延伸领域。虽然我国和国外对于农业现代化的内涵定义存在一定的差异，但是这并不影响我们走适合我们自身发展的农业现代化道路，所以实现农业现代化首先要做的就是形成对现代农业的正确认识，摒弃片面地认为现代农业就是单纯追求农业生产的规模化、机械化、标准化、专业化、资本化等并不符合我国现代农业发展特点的单一标准。

家庭经营是我国农业经营的基本形式，家庭化经营（家庭联产承包责任制）既是我国农业文明长期以来形成的历史特点，也是一项符合我国农业生产现状并且长期实行的农业政策（家庭联产承包责任制）。家庭经营自古以来就是我国农业生产的主要形式，这是由我国农业生产对象的生物性以及农业生产的地域性、季节性和周期性所共同决定的，因为农业生产需要的责任感、自觉性、高度的灵活性正好与家庭的特点相吻合，所以家庭经营自古以来就是我国农业生产的基础。而为了现代化的规模化经营否定家庭在农业生产中的重要地位显然是错误的。

家庭经营并不是意味着与规模化经营相对立，实际上近年来党中央一直都在鼓励农业的适度规模化，这个适度规模化在家庭经营和农村土地三权分置的基础上，具备了相当的强科学性和可操作性。实际上随着近年来乡村人口不断的城镇化，加上农村土地三权分置政策的不断完善，我国的农业生产已经具备了一定的规模化基础。但是这个规模化并不是欧美农业那样的规模化，而是依旧建立在家庭经营的基础之上，通过建立家庭农场扩大家庭单位的生产面积，进而达到规模化生产的目的。这样的家庭农场的生产规模没有具体的可量化的规模指标，而是根据不同家庭的生产能力，不同家庭经营能力所能达到的最大规模水平确定，这样的经营模式恰好也与党中央提倡的农业适度规模经营相吻合。

土地制度作为农业生产的根基，是影响农业现代化发展的基础性因素，关系到我国能否顺利推进农业现代化。在整个农业现代化的进程中，土地政策是影响最大的因素。近年来，我们一直在对农村土地改革进行不断的探索，并初步形成了农村土地所有权、承包权和经营权的三权分置格局。从 2011 年国土资源部开始的农村土地确权工作，到 2016 年 10 月国务院办公厅印发《关于完善农村土地所有权承包经营权分置办法的意见》，再到 2017 年党的十九大报告明确提出“保持土地承包关系稳定并长久不变，第二轮土地承包到期后再延长三十年”。

从 2011 年土地确权工作开始至今，我国农村的土地政策改革一步一个脚印，形成了目前的农村土地三权分置体系。农村土地的三权分置，在确保了土地集体所有农户享有承包经营权的同时，放活了农村土地的经营流转。土地经营权流转的进一步放活，是乡村生产要素市场化配置改革的重大举措，土地作为最重要的生产要素，其市场化配置程度的提升，不仅能让土地作为生产要素流动得更加具有市场指向性，同时还能让附着在土地上的其他有关生产要素也进入市场流动。以农村土地经营权的流转来撬动整个乡村的生产要素市场化配置，其意义不单单在于为农业发展解决土地的问题进而促进整个农业现代化发展，对于整个乡村振兴战略乃至未来整个国家的发展都有重要意义。

土地政策的不断改革促进了以土地为主的各种有关的农业生产要素的市场化流动，为农业现代化发展提供了坚实的基础和强劲的动力，而当农业具备了良好的生产要素条件之后，如何利用这些生产要素来实现更好的发展就成了未来农业现代化发展的关键。

产业要素的配备一般是产业发展的先决条件，而当具备了良好的产业要素条件之后，如何通过经营手段来发挥产业要素的最大效用就成了产业发展的关键因素。未来的现代农业发展，要在高效、市场化的要素配置的基础之上，努力实现物质技术条件的科技化、信息化，产业经营的组织化和一体化，产业功能的多元化以及产业利益分配的市场化。

技术条件的科技化和信息化是当下现代农业发展的基础性条件。我国在现代农业的发展过程中应当提高对农业科技的重视，相关的农业科研企业和机构以及有关高校应当发挥自身的作用，不断加强农业科技的自主创新，努力实现科技因素在农业产业链中的全覆盖。同时更加重视农业科技在实际生产中的运用效果，农业科技不仅要有、要强，更要在现实的生产实践中发挥出应有的作用。而农业经营的组织化和一体化是克服我国农业家庭化经营缺点的有效手段，农户、村集体以及当地政府应当重视农业经营生产组织的建设，利用“组织”的优势帮助那些零散的、生产条件较差的农户获取更多的农业生产利益。

农业产业功能的多元化是未来现代农业发展的关键，在整个世界的范围内，都将农业功能的多元化发展作为重新构建现代化农业体系的基础，与此同时，农业产业功能的多元化发展，也是农业与其他产业融合的关键。农业生产要摆脱单一的农产品生产功能的局限，在实施农业供给侧改革以提升农产品供给能力和质量的基础上，更多拓展和发挥自己在社会建设、生态文明建设、文化建设等方面的非经济性功能，并以此为依托，将农业与其他产业相结合，尤其是注重农业与旅游业和文化产业的结合。

农业发展的第一受惠人，应当是从事农业生产的一线农民，所以农业产业利益的分配应当建立更加市场化的利益分配体系以保障农民的有关利益能够得到保障。以往的农业产业利益分配中，存在许多非市场化的因素，存在政府和企业争夺农民利益的现象，农民不仅处于整个产业供给链条的底端，在产业利益的分配中也处于弱势的地位。发展现代农业，根本还是维护农民的利益，确保农民能获得更多的农业产业收益，所以必须建立市场化的利益分配体系。与此同时，要特别注意那些农业弱势群体的利益分配，特别是要确保那些耕地细碎化且耕地质量较低，同时主要劳动力严重老龄化、兼业现象严重、信息手段相对较弱的弱势小农户群体。要用市场化的手段建立各种农业经营主体与小农户之间的利益分配机制，切实维护农户的利益，让农民不仅参与到现代农业的建设中来，更要让农民真实享受到现代农业的发展成果。

农业现代化的发展重点，大致就是以上所提到的首先要正确认识现代农业的内涵；然后要在农村土地三权分置的基础上促进各类农业生产要素的市场化流转；同时在具体产业环节加强科技因素在生产手段中的应用、发展组织化和一体化的农业生产经营、产业功能的多元化发展以及建立市场化的利益分配体系。未来的农业现代化发展，大致就是根据这个路径实现农业的转型升级发展，建立现代化的农业产业体系。并且在促进农业现代化发展的进程中，同步推进农业与其他产业的融合发展，让二者互相促进。

农村产业融合发展的本质，是在仅仅依靠扩大农业生产规模、提升生产技术所能获得的产业收益相对有限的情况下，在农业生产的基础上，通过与第二产业和第三产业的结合，来延长产业链条调整产业结构，从而获得更多的产业收益。

农村一二三产业的融合发展，首先要明确产业融合的产业主体是农业，因为促进农村产业融合发展的根本是要将产业融合发展所获得的收益增长留给农民，所以产业融合发展的根本是要以农业为依托。无论是走延伸农业产业链条的第一产业与第二产业融合发展的路径，还是走拓展农业功能的第一产业与第三产业融合发展的路径，农业都是产业融合的基础。具体的路径就是要在转变农业发展方式推动现代农业发展的基础之上，依托特色农产品、特色养殖、传统手工业以及有关的农业文化，引入农产品精深加工业、休闲农业、体验农业、文化产品等其他方面上的产业延伸。其中重点是依托特色农产品提升农业的初始产出价值，同时依托农业文化、农业景观开发相关的农业乡村旅游项目。

农业和第二产业的融合发展，走农产品精深加工的路线，关键是农业领域要有特色的高质量农产品。并且这样的农产品精深加工不能脱离农村走向城市。对一般意义上的缺少特色的农产品进行工业化的深加工实际上在我国已经发展的相对完善，但是实际上的产业融合效果很一般。因为这样的农产品二产化加工实际上农业与工业二者之间是相割裂的，虽然将农业产业链延长了，但是这个延长的产业链中间是断裂的。农业只是简单地为第二产业提供原始的生产原料，二者之间并没有进一步深入的联系和融合，并且这样的结合在产业收益上的提升空间并不大，并且都集中在了加工的环节，农业环节所获得的收益实际上非常有限。特色农产品与一般农产品相比有更高的附加值，本身的市场价值也更高，能够获得更高的收益，并且从供给和市场关系来看，市场对于高质量、有特色农产品的需求在未来很长的一段时间都处于一种供不应求的状态。在这样的背景之下，特色农产品是农业与第二产业融合发展的新的增长点，所以在农业供给侧结构性改革、在未来的农业发展进程中有极其重要的地位，更加市场化、特色化的农产品供给不仅是发展现代农业的要求，也是农业与其他产业融合发展的重要基础。

从历史上我国乡村产业的发展轨迹不难看出，即使经历了多次产业转型以及农业改革，从农业 1.0 时代走到了农业 4.0 时代，我国农业的发展依旧处于层次较低的“一产化”阶段。而当前我国的“一产化”农业存在突出的供给结构问题，大面积的普通农产品生产过剩。中国人民大学农业与农村发展学院温铁军教授曾提出“农业过剩数据”① 的概念，并列出了一系列相关调查数据，通过这些数据与国家的标准以及国外的相关数据作对比，发现我国在蔬菜生产、水产以及肉禽养殖方面存在严重的产能过剩。以蔬菜生产为例，我国拥有全世界 80%的塑料蔬菜大棚，生产出全球 67%的蔬菜，人均蔬菜产量 500 多千克，远多于国家规定的人均蔬菜需求 140 千克的标准。传

① 温铁军、张俊娜、罗士轩．时空变换背景下的中国农业发展［J］．中共浙江省委党校学报，2016（6）：5－12。

统农业产品的供给过剩的另一方面是我国居民整体消费升级，对农产品有了更加高质量、更加多元化的需求。而在消费升级、农业转型发展、农村产业融合发展等多重背景之下，我国农业目前的产品供给结构和供给质量显然是无法满足未来农业的发展需求，所以进行农业供给侧结构性改革，发展特色农业、改善农产品供给结构、提升农产品供给质量是事关未来乡村发展的一项重要举措。

发展特色农业，是农村产业融合发展的一个路径基础，无论是以农业与第二产业融合发展的延伸农业产业链的路径，还是以农业与第三产业融合发展拓展农业产业功能的路径，特色农业都是基础性因素。

发展特色农业，首先要对特色农业的本质有清晰正确的认识。特色农业，关键就在于这个“特”字，突出体现就是产品的稀缺性，也就是不可替代和不可复制性，正是因为少，所以才能显出产品的“特”来。而稀缺性背后的是特色农产品的特色资源环境，比如自然环境和文化环境，没有特殊的资源环境，就不会有特色的农产品。按照学界对特色农产品的定义就是“在特定的地理环境之下，凭借独特的资源优势所形成的具有独特产品特质的以及特定消费市场的特殊农业类型。”而过往我们一些乡村和地区发展的所谓特色农业，就是简单的推广一些存在地区或者品种差异的简单农产品。比如把正常的红心西瓜变成白心西瓜、把正常大小的辣椒放大数倍、满世界种植原产于秘鲁的玛卡等并没有多少实际价值的“特色”农业。这些并不是真正的特色农业，充其量只能称其为“特色产品”。这种简单的、偷换概念式的特色农业并不能称其为产业，并且这样的发展方式并不能为当地带来规模化、长期性的产业收益，因为它并没有触及特色农业、特色资源、特色产品、特色受众的本质。所以发展特色农业一定要抓住特色农业的本质，正确评估自身的资源特色以及产品受众，做到真正的特产特色。

将农业与旅游业以及其他第三产业相结合的本质，是以农业多元价值为基础发展其他产业的一种体现。农业观光、休闲农业、农业文化体验，是农业功能多元化最突出的体现，将农业由原有的单一生产功能，开发为旅游吸引功能、体验功能以及文化功能等多种功能，与此相对应的是以这些功能为依托发展起来的乡村旅游业、乡村文创产业等第三产业。发展乡村旅游已经成了乡村振兴的一个重点，而乡村旅游业的发展，实际上也是乡村产业融合发展的一种体现，虽然旅游业是一个内涵丰富的独立产业，但是在乡村这一特定的空间区域内，旅游业的开展会更加依赖其他产业的支持。乡村旅游业之所以能获得那么高的地位，与农村产业融合发展是密不可分的，在不考虑乡村旅游业发展的其他驱动因素情况下，作为产业融合发展的主要路径，农业功能多元化这一路径的主要指向就是乡村旅游业。

党的十九大提出“促进农村一二三产业融合发展，支持和鼓励农民就业创业，拓宽农民增收渠道”。由此不难看出，乡村振兴必须构建新的农业产业体系，突破乡村“一产化”农业的限制。过去我国农业产业一直追求规模化、机械化生产，并希望以此提升农业生产效率，进而提升农业的产业附加值，但实际上这种模式的带动能力非常有限，并且从当前的实际情况来看，目前我国绝大多数从事农业生产的家庭都只能在农业中获得能够维持生活的收入，但是我国目前的农业现状又不可能支持我国农业立刻实现规模化。所以在乡村振兴战略的大背景下农村产业转型不应当再局限于传统的农业产业，在保证粮食安全以及农产品供应的前提下，广大乡村地区应当积极拓展产业边界，应当探索乡村旅游业、乡村文创产业、乡村休闲教育产业等新的产业领域。

只有更多产业形式融合发展才能产生更大的融合集聚效应。以往的农村产业转型都未能突破“乡村产业就是农业”的固有模式，认为农村的产业转型就是农业的转型。随着我国经济的发展，城镇居民对于广大乡村的需求供给不再局限于初级农产品的供给，而是有了更多旅游休闲和精神文化方面的需求。

需求的多样化为乡村拓展更多产业领域提供了市场条件，同时也对当前的乡村产业转型提出了新的挑战，能否在乡村振兴的大背景下根据自身条件找到适合自己的产业发展方向，对我国广大乡村来说是能否实现乡村振兴的关键。与此同时，乡村产业转型也对我国广大乡村地区的基层政府以及村民自治组织提出了新的要求，在新的历史条件下，广大乡村的基层治理能效已成为乡村振兴的关键性因素，基层政府必须提供更多的政策支持、更多的资金投入以及更多的专业指导，为乡村产业转型提供更加强劲的外部驱动力。

《乡村振兴战略规划 2018—2022》已为我国乡村的产业转型提供了明确的方向及意见，乡村振兴战略背景下的乡村产业转型是对乡村社会经济的全面重构，只有实现了产业的振兴，才能有实现其他振兴的基础，故而乡村振兴的本质就是乡村产业的振兴，通过产业发展的强带动效应进而推动乡村经济、社会、文化、环境的全面发展。

2.4　乡村振兴战略下乡村文化的继承与发展

文化视角下的乡村振兴，需要赋予乡村文化更强的生命力，是一场乡村的“新文化”运动。乡村作为一个生产单位、一个生活社区、一个文化载体、一个生态系统，是中华传统农耕文化的承载实体，在城市文化转轨的今天，乡村成了继承和弘扬中华优秀传统文化的“主战场”。但当前我国乡村地区的文化发展也面临着极大的困境，如优秀传统文化遭遇传承危机、乡村传统道德失范、陈规陋习摒弃依旧任重道远、科学教育事业仍存在许多问题。因此，乡村振兴不仅仅要在经济上振兴，更要在文化上振兴，没有文化做支撑，乡村就失去了灵魂。

2.4.1　乡村文化的危机

林峰在其著作《乡村振兴战略规划与实施》一书中提出“乡村文化是指乡村区域的村民在生产、人际交往过程中，为满足生存、生活的需要，共同创造、集体享有的人类创造物的总和。既包括物质产品、符号表征等物化层面的创造物，也包括价值体系、语言、行为方式等非物化层面创造物①”。依据此条件下乡村文化的定义，我们可将乡村文化细分为物态文化、制度文化、行为文化、精神文化。

当前这几种乡村文化均面临不同程度的危机。物态文化方面，乡村古建筑以及历史文化遗迹的保护已经刻不容缓，鉴于乡村地区文物保护意识较为薄弱，相关的官方机构介入就非常的有必要，不仅需要给予资金支持，还要提供专业的人才队伍给予专业的意见指导，考虑到我国乡村地区文物保护事业发展相对落后，这样的政策红利只有在乡村振兴战略的大背景下才有可能得以实现。

相较于物态文化，非物化的文化危机则更加令人担忧。乡村传统文化经过了几千年的历史积淀，具备了相当的稳定与惯性，这种稳定和惯性一方面有利于文化的传承和保护，而另一方面则是传统文化面对各种“新文化”的冲击缺少必要的适应和创新能力，往往会不适应新的社会经济条件以及文化

① 林峰，等．乡村振兴战略规划与实施［M］．北京：中国农业出版社，2018 年版第 166 页。

环境。加之当下乡村空心化严重，留守老人和留守儿童群体成为乡村的常态主体，考虑到老年人群体相对保守的思想以及儿童思考能力的相对欠缺，这对于破除陈规陋习以及推动移风易俗造成了一定的阻碍。同时作为输出劳动力的农村青壮年群体长期在城市文化环境下生活，对传统文化以及乡村的行为道德规范难免会有所背离，这对乡村文化中传统的道德规范以及价值准则造成了极大的挑战，这也直接造成了当前我国乡村地区广泛存在的非理性消费、社会关系失衡、道德底线下降、价值失准等问题。出身乡村但作为输出劳动力长期生活在城市的人群面临着严峻的文化与精神困境，一方面是对传统道德规范和行为准则的背离，另一方面是传统文化心理下的自我谴责，输出劳动力群体能否重拾对优秀传统乡村文化的自信，以及能否坚持传统的道德规范及行为准则，是当前乡村文化建设不容忽视的一个问题。

目前来看，乡村文化层面存在的典型性问题有消费层面的不合理消费问题、人情层面的不合理人情往来问题、农民闲暇时间过于空虚的问题等。

关于农村不合理的消费问题，早在20世纪就已经存在，很多乡村村民的收入增长速度赶不上消费水平的增长速度，近年来这样的不合理消费问题越发突出。农村之所以会大规模的出现不合理的消费，首先一个很重要的原因是农村封闭的环境和熟人社会的状态助长了农民的攀比心理，在这样的一个环境里自己左邻右舍的消费情况都是透明的，这样的一种透明加上乡村的舆论环境跟农民的竞争心理很容易引发村民的攀比心理，进而进行攀比消费，一个典型的例子就是一个村民小组一旦有一户条件稍好但又不超出周围人太多的人购买了轿车的话，那么马上就会有其他条件一样甚至条件稍差的村民也跟风购买轿车。

除了这样的基本的在购物上的消费攀比之外，另外一个重要的攀比就是人情往来的攀比，尤其是在红白喜事办酒席上的攀比，菜式、烟酒、请演出队演出都成为攀比的对象，在江浙的农村，农民红白喜事办酒席一次花费十几万已经成为常态，这样的消费水平让许多生活不富裕的村民几乎不堪重负，以至于即便自己需要办红白喜事也不敢办酒席。

除了这样的消费之外，农村最大的消费支出是建设房屋的支出，以及为子女尤其是为儿子结婚的支出。很多农民从他们成家开始，就积攒积蓄为建房做准备，一部分条件比较好的村民则用一生的积蓄在城市买房落户，村民在农村建房的过程中也存在一定的攀比消费，部分村民不仅会攀比各家房子的占地面积，还会攀比装修的豪华程度，而这样的攀比，到最后的结局就是很多村民不仅要将自己多年的积蓄全部投入到建房中，其中相当的一部分还需要举债。而用于为子女成家的支出则主要集中在彩礼支出上，在我国的某些乡村，天价彩礼的问题相当突出，最近十年来，彩礼的价格从 5 万元左右飞升到了 20 万至 30 万元，并且除了彩礼之外，很多女方的家庭还要求男方要有房有车、要购买价格昂贵的“三金”首饰、还要额外给女方自己一笔 3 万到 5 万元的费用，同时结婚也需要大摆酒席宴请宾客，也是一笔非常重要的支出。这样一套程序下来，江西农村地区的适龄青年结婚的花费在 25 万～35 万元，这样一个数字对于绝大多数的农村家庭而言都是巨大的，即便大部分有儿子的家庭在儿子还在上初中时就开始为其积攒结婚所需要的费用，但是绝大多数的农村家庭仍然需要举债结婚，并且在目前的农村相亲市场中，男方父母由于担心自己的子女错过适婚年龄之后再难寻找到合适对象，一旦自己的子女相亲成功或者自己恋爱寻找到了合适的对象，他们作为家长无论是否能够负担得起这样一笔费用都会义无反顾的花光自己毕生的积蓄并举债为自己子女成家。目前这样一种畸形的天价彩礼仍然在继续水涨船高，目前已经有许多的适龄青年因为高额的彩礼而无法结婚，并且在当前的农村地区，一旦男方的年龄超过了 28 岁，往往就需要在彩礼上多付出一些，而这样的大龄男青年一旦获得了可以结婚的机会，无论彩礼多高都会义无反顾的结婚。在我国的一些乡村，结婚已经从一件喜事成了笼罩在每一个有儿子的家庭上空的阴影，所有的父母都担心自己的子女无法在合适的年龄成家，而这样的担心更加助长了女方家庭在索要彩礼时的底气，一些又有女儿又有儿子的家庭，如果为儿子结婚花费了 25 万元彩礼，那么等到他们的女儿出嫁时，他们索要的彩礼也基本上不会低于为他们儿子成家时所付出的彩礼。彩礼，已经成为一个农村婚恋市场无法绕过的话题，天价彩礼造成的问题包括但不限于让普通家庭因结婚返贫、导致家庭条件一般的男青年因彩礼无法结婚、早婚现象普遍等。农村的彩礼价格还在上涨，并且这个上涨的速度要远远高于一般农民的收入增长速度，这样的一种不良风气已经对乡村产生了十分深刻的影响，并且目前看来广大乡村地区即便是已经推行了相当长时间的移风易俗活动，但对于乡村的天价彩礼问题并没有产生任何的实质性效果，并且目前来看依靠强制的政策措施来限制这样一种天价彩礼也并不可行，在未来相当长的一段时间里彩礼问题仍然会是农村消费层面的一个突出问题。

农村是一个熟人社会，在这样一个熟人社会之中，一方面是会有跟自己血缘亲近的同宗本家，另一方面是农村封闭的人居环境更稳定的传承关系会带来良好的、紧密的邻里关系。在这样的一个熟人社会中，村民之间的相互关系除了族谱上确定的血缘关系之外，最外显的体现方式就是村民在婚丧嫁娶等重大活动中的互相往来和互相帮助，这个互相往来既包括金钱上红包的往来，也包括实际参与到活动中的参与往来。

在农村，婚丧嫁娶这样的大事一般是需要很多人参与到其中的，一个家庭举办这样的大事，往往就是考验这个家庭在村庄这样一个熟人社会中地位跟人缘的时候，因为农村不像城市，婚丧嫁娶也已经有了专门的服务行业会为你解决一切，并且由于农村的婚丧嫁娶在仪式以及程序上较烦琐，所以非常依赖熟人的互相帮忙。这样的一种帮忙是互相且无偿的，在互相帮助中，每一户家庭都会形成一个“自己人”群体，那些在婚丧嫁娶这样的大事中愿意来给自己帮忙的人，往往都是主家的“自己人”，“自己人”越多，就说明这一户人家在村庄里的人缘越好，威望越高，反之如果一户人家缺少这样的“自己人”，就会被认为是不会做人、人缘不好。所以在农村的这样一个熟人社会，熟人之间的“自己人”认同成了一种隐性的资本，并且提高了农村家庭应对自然风险和社会风险的能力，并且这样的认同对于完成村庄中一些集体行动时也会有帮助，因为这样的认同会增加村民之间的情感以及集体行动的协同性。

在过往很长的一段时间里，熟人社会是维护农村社会生活秩序稳定的一个重要因素，但是近年来，农村熟人社会的“人情”已经有了变质的风险。

在湖南、湖北、东北以及其他一些地区的农村，很多农村的人情往来已经变味，人情成为敛财的工具，人情往来成为很多地方农民的“不能承受之重”。在中国的农村，婚丧嫁娶等大事办酒席是一直以来就有的传统，一开始这样的酒席对于参与酒席的人而言并不需要收取礼金，是主家为了表示对前来帮忙的人的一种答谢，再到后来，参与婚丧嫁娶仪式活动的人越来越多，举办的酒席规模也越来越大，承办酒席的主人已经无力承受，于是参与酒席的人开始向举办酒席的主家奉送礼金，是熟人之间对于那些举办人生大事的本家以及熟人的一种善意的经济支持。在过往由于举办各种酒席都比较朴素，并没有那么多的攀比以及各种不必要的支出，所以收取的人情礼金会多于成本，这就产生了一个差价。而现在的农村，尤其是江浙地区的农村，婚丧嫁娶等人生大事所举办的酒席排场越来越大，攀比也越来越严重，举办酒席的成本就越来越高，而举办酒席的家庭为了不让自己出现亏损，就只能不断提高礼金的金额。在江浙的一些农村，参与酒席者需要交纳的礼金已经高达上千元，对于那些条件一般的家庭而言，如果一年多参加几次这样的酒席，礼金的支出就是一笔不小的开支。与江浙地区高额礼金的压力不同，湖南、湖北地区农村人情往来的困境则主要集中在出现了许多名目繁多、理由荒诞的原本不存在的酒席。出现这样问题的根源一是举办酒席所收取的礼金与所需要付出的成本之间的差价确实让举办酒席有利可图；二是举办酒席的机会是随机的，很多家庭可能连续几年没有举办过酒席，但是却在这几年中花费了大量的金钱去参与这样的酒席，进而产生一种不平衡，于是为了举办酒席，有些村民开始打破以往婚丧嫁娶升学才能办酒席的默契，开始寻找其他各种各样的理由来举办酒席，然而实际的目的却是为了通过办酒席收礼金敛财。一旦这样的界限被打破，就会有越来越多的村民有样学样，最后导致的结果就是各种名目繁多的酒席越来越多，甚至有的地方不需要任何的理由都可以办酒席，美其名曰“无事酒”。这样不合理的酒席越来越多，村民不仅需要付出高额的礼金，还需要付出很多的时间亲自参与到自己熟人关系所举办的酒席中去，逐渐的就会让一些村民不堪重负。

实际上在这样的人情往来中，乡村的居民面临的是一种两难的境地，一方面是高额乃至无意义的人情支出，另一方面是退出这种人情往来所需要付出的高昂代价。对于一位乡村居民而言，退出这样的人情往来，实际上就等同于公然宣告自己对于传统人情关系以及熟人圈子的背叛，而这样的背叛对于需要长期在村庄相对封闭的环境下继续生活的村民而言无异于是宣告自己的社会性死亡，因为在乡村的生活环境下，退出传统的人情圈子以及熟人圈子几乎就无法再继续生存。所以对于乡村居民来说，这样的不合理、不健康的人情往来是他们不愿意承受但又无法摆脱的困境。整治乡村不合理的人情往来，目前看来必须要有强制的行为规范性力量介入，强制性地对一些不合理、不健康的人情往来叫停，让农村的人情往来回归健康与纯粹。

过往，我们对于农村居民的担心是他们长期从事重体力劳动，无法获得足够的休息以及闲暇时间，但是目前伴随着农业机械化效率的提升以及化肥农药的广泛使用，农业生产的效率已经得到大幅度提升，农民已经基本上从高强度、长时间的重体力劳动中解放出来了，农民有了大量的闲暇时间。

除了农业劳动强度的下降之外，还有几个当前乡村居民能够获得大量闲暇时间的重要原因。首先是农村生活条件的改善，在以往农村生活条件相对较差的年代，农民除了从事主要农作物的生产之外，还要花大量时间采集燃料，也就是上山捡拾柴火，现在农村日常生活基本上已经不用再使用过往的柴火灶了，所以农民不用再像过去那样花大量的时间去获取木质燃料。生活水平的提升还体现在副食供应的极大丰富上，以往的乡村副食供应远不及今天的水平，农民需要在种植主要的粮食作物之外，花费很多的精力去种植花生、玉米、黄豆、西瓜等作物为自己的家庭提供更多的副食品，或者是利用这些带有经济作物性质的作物换取经济报酬间接的去获取副食品。

其次整体上农村的人口结构也决定了农村的长住居民中有相当一部分是不具备劳动能力以及不需要劳动的人口，这一部分人本就具备大量的闲暇时间。我们分析一下当前的人口结构就会发现，除了那些正值青壮年的劳动力人口之外，农村的主要人口就是不具备劳动能力的年纪较大的老人和小孩，还有一部分是年纪没那么大但是在家承担着帮下一代照顾子女任务的老人。这些老人虽然还依然具备劳动能力，但是由于他们负担着照料孙辈的任务，他们的子女一般会为他们提供生活的保障，所以他们一般也不用从事太多的劳动，也会有大量的闲暇时间。即便是青壮年劳动人口，也因为劳动技术的上升以及劳动方式的改变而获得了更多的闲暇时间。

以往的问题是担心因为需要长期从事劳动而无法获得属于自己的闲暇时间，而目前又因为农民获得了太多的闲暇时间，而这些时间没有得到恰当的利用而走向虚无和无意义，这个问题由一个极端走向了另一个极端。

与城市生活相比，城市生活的丰富性要远远高于农村，同时，城市居民业余生活的丰富程度相对而言也要远远高于农村居民，所以与乡村居民相比城市居民并不会面对过多的闲暇时间不知道如何支配的困境，而之所以要关注农村居民的闲暇生活，是因为在当前农民获得了大量闲暇时间的背景下，如果不能合理健康的利用，而让这些时间走向虚无和无意义的话，会极大地影响乡村居民的生活质量。

而在当前农民获得了大量闲暇时间的情况下，丰富农民的业余生活以及精神世界就成了一项非常有必要且紧迫的任务，因为从目前的情况来看，已经有一些低俗的文化以及不健康的活动开始侵入，长此以往，将对农村的风气产生巨大的负面影响。

我们可以将新中国成立后的时间分为四个时间段，在这四个时间段里我们具体分析每一个时间段农村居民获得闲暇时间的情况以及闲暇时间的使用情况。

第一个时间段是新中国成立后到实行家庭联产承包责任制之前。在这个时间段里，我国农村的农业生产力水平相对较低，加上之前实行的各种农村体制的改革，农民要长时间高强度的参与各种农业劳动，在这个时间段里农闲的时间很少，基本就是一些节庆性的时间能够闲下来，而这些节庆时间无论是传统节庆还是社会性节庆，都充斥着大量的传统的或者是社会性的活动，农民实际上无法获得真正的休闲，并且在这段时间里，国家进行四个现代化建设，大量征集农民在农闲时间参与各类水利工程以及农村基础设施工程的建设。所以总的来说，这段时期的农民实际上是没有太多的空闲时间的，有那么一点空闲时间也需要参加各式各样的集体活动，并没有获得真正的空闲。

第二个时间段是从家庭联产承包责任制实行到20世纪末。在这段时间里，由于家庭联产承包责任制刚刚实行，农民刚刚拥有自己的土地，拥有极高的生产积极性，愿意将大量的时间投入到各类农业劳动中去，并且虽然这一时期农民开始获得属于自己的闲暇时间，但是这些闲暇时间不至于让农民不知道要用来干什么，农民自己可以合理地安排利用好这些闲暇时间。

第三个时间段是21世纪的第一个十年。在这十年里，我国的农业机械化水平以及农药化肥的使用率大幅提升，农业劳动的生产效率相较此前有了大幅度的提升，农民的绝对劳动强度也开始大幅下降，农业的劳动力吸纳能力开始下降，农民不仅不需要再像以往那样高强度的劳动了，反而出现了许多留在农村无事可做的局面。也就是在这个十年里，出现了我国的农民工进城浪潮，农村居民闲暇时间无意义的问题也开始凸显。在这个时间段里，是电视刚刚普及到广大农村的时间，电视以及各种DVD播放的音像制品成了广大农民渡过闲暇时间的重要方式。但是在这个时间段里，农村居民闲暇时间过多所导致的各类问题也已经开始出现，诸如赌博和地下宗教就是在这个十年里开始侵害我国农村地区的文化肌体的，但是总体上来说，这一时期虽然已经开始出现了各种因闲暇时间过多而出现的问题，但是总体上这些问题都处于一个萌芽阶段，农民的闲暇时间依靠电视、少量的集体活动等也能得到相对合理的安排。

时间来到了最近的这个十年，在这个十年里，农村的居民获得了前所未有的闲暇时间，而闲暇时间不能合理健康的安排使用而走向无意义的问题也愈发凸显。在最近的十年里，虽然农民获得了大量的闲暇时间，但是农村居民业余生活以及精神世界的丰富程度仍然不能满足农村居民闲暇时间的消遣。这几年，智能手机基本上走进了每一个农民家庭，为农民提供了另外一种重要的消遣方式，但是从另外一面看，长时间的沉迷于网络的虚拟世界实际上本身就是一种无意义的、不健康的行为。同时，在这个十年里，尤其是前五年里，赌博的不良风气愈演愈烈，农村经常有一大批人每天都聚集在一起打麻将，此外一些地下的非法宗教也将魔爪伸向了农村地区，将目光对准那些农村的孤寡老人以及一些文化程度比较低的群体，其他的各类迷信活动也大行其道，各种没有必要的人情活动，各种以感官刺激为基础的低俗文化大行其道，严重损害了农民的精神世界跟闲暇时间的健康生活。

除了精神、文化层面的担忧之外，闲暇时间过多还让农村居民的患病概率尤其是患心血管疾病的概率相比以往有所提升，在过往闲暇时间不那么多的时候，农民保持一定的劳动强度对其身体健康是有一定好处的，但是近年来尤其是近二十年来，农村地区尤其是中老年人群体，心脑血管疾病及其他各类慢性疾病的发生率相较于20世纪呈现出明显的上升趋势，这其中一个很重要的原因就是在绝对劳动强度下降的背景下，农民的身体在闲暇时间中无法得到锻炼，并且农村地区一直以来偏重口味的饮食习惯也不利于中老年人的心脑血管健康。

所以总的来看，农村居民获得的闲暇时间过多，农民无法对其进行合理、健康利用的问题已经对农村居民的生活质量产生了极大的影响，如果不及时加以引导，为农村居民合理健康地利用自己闲暇时间提供更多的支持和帮助的话，农村居民的生活质量和农村整体的文化环境都会遭到极大的破坏。

2.4.2 乡村振兴战略背景下对优秀乡村文化的继承和发展

传统乡村文化有其自身存在的自洽逻辑，其中不乏许多优秀的部分，尤其是在道德规范和价值准则上，很多优秀的部分需要得到传承和保护，故而在乡村文化振兴的过程中不需要进行彻底的文化重构，而是在现有的基础上进行整合创新，找到新的发展路径。同时鉴于乡村的文化传统，取其精华去其糟粕地传承优秀传统文化是首要任务，其次是要在传承传统的基础上进行整合创新，使其更加适应当前的社会经济发展条件以及新的文化环境，最后是探索一条文化可持续发展的路径，继而形成一个完整的可持续的发展闭环。乡村振兴中的文化振兴即需要探索一条传承优秀传统文化的路径，也需要探索文化创新以及文化可持续发展的路径，使得乡村文化在具备传承性的同时也具备一定的创新性和适应能力，进而更加适应当前不断发展变化的文化环境，使得乡村文化形成内在的适应性以及创新机制，从而彻底实现乡村文化的振兴。

当前的乡村文化振兴主要还是集中在传承优秀传统文化以及推动移风易俗方面，对于文化适应性以及创新性机制的探索还相对欠缺。乡村振兴中的文化振兴是一项动态的长时效的工作，因为当前的文化环境的发展创新处于一个相对较短的周期，未来甚至可能更短，如果不能建立起长效的文化适应及创新机制，由于当前文化环境的快速变化，再加上传统文化应对文化冲击的滞后性，乡村文化会在各种文化冲击下始终面临严峻的适应性危机，因此必须加快探索乡村文化的可持续发展机制，乡村振兴不仅要振兴乡村传统文化，更需要赋予乡村文化更加强大的生命力。

2.5　乡村——生态文明建设的核心区域

从党的十八大确立国家生态文明建设的转型方向开始，到五年之后的党的十九大确立与生态文明建设更加匹配的乡村振兴战略，生态文明的建设已经成为全党、全国的共识。与城市相比，乡村的生态环境具备内生的环境优越性，城市遍布钢筋水泥的建筑建设其内核就已经是反生态的存在了，乡村多样性的自然环境，是生态文明建设天生的核心区域。

乡村生态文明振兴是乡村振兴的必然要求，同时生态文明建设也成为我国的一项重要国家战略，是中国特色社会主义事业的重要组成部分，乡村振兴战略中也缊含着生态兴国的战略思想。自 2015 年国务院出台《关于加快推进生态文明建设的意见》以来，党中央、国务院高度重视生态文明建设工作，先后出台了一系列推动生态文明建设的重大决策部署，并取得了积极、富有成效的政策效果，但从整体上来看，我国的生态文明建设依旧任重道远，尤其是广大乡村地区的生态文明建设工作仍然有很多工作需要做。

考虑到乡村以及农业在生态系统中所处的特殊位置，以及我国乡村国土面积广大的同时存在较严重的生态环境问题，广大乡村地区是我国生态文明建设必然的“主战场”。乡村振兴战略对于乡村环境“生态宜居”的总体要求，一方面是对乡村百姓美好生活需求的满足，另一方面则是对于当前我国乡村生态环境问题治理的迫切要求。鉴于乡村生态环境与城市相比的特殊性，乡村环境对于我国生态文明建设以及经济可持续发展有至关重要的作用，在乡村振兴战略的实施过程中，必须将乡村生态文明建设摆在重要位置，必须充分认识到乡村生态环境对于百姓生活乃至国家未来发展的重要性，要争取做到实现生活富裕的同时生态更美。

相较于城市地区，乡村环境治理存在污染范围更广、污染源管控较难、居民环保意识普遍薄弱等突出问题，治理难度相对较大。当前乡村环境污染具体表现为以下几个方面：一是农村生活废弃物以及传统生活方式带来的环境污染；二是落后农业生产方式带来的农业污染；三是乡镇小企业以及乡村养殖业带来的环境污染；四是对森林以及草地等生物环境的不合理利用和破坏。

整治乡村人居环境不仅是对乡村居民生活环境条件的提升，更是乡村污染防治以及生态环境治理关键所在。鉴于当前农村空心化严重，老年人和留守儿童成为农村的常态生活主体，老年人生活习惯相对原始以及环保意识相对薄弱，加之乡村地区环卫保洁事业的发展起步较晚，造成农村大量生活垃圾处于无人处理的无序状态。据统计，我国农村每年产生的生活垃圾约为3亿吨，超过我国700个城市的垃圾处理总和。除此之外，传统的生活方式诸如旱厕、生活污水的随意排放、砍伐树木作为生活燃料等都会造成生态环境的破坏。根据《乡村振兴战略规划2018—2022》的规划，乡村生态环境治理的首要任务是加快改善农村人居环境，集中力量解决农村突出人居环境问题。具体表现为加快建立农村生活垃圾收集处理体系，建立健全乡村环卫保洁机制；根据自身条件建立污水处理系统，开展农村生活污水排放的源头减量以及尾水的回收利用；厕所革命，加快农村厕改全面推进；全面实施乡村绿化行动，严格保护现有绿色资源；开展农村湿地水环境治理，整治乡村河湖水系；推动乡村基础设施建设，优化乡村建筑布局。由于农村环境的特性，人居环境整治内含着生态环境治理的功能，推进农村人居环境治理能有效地管控农村环境最大的污染面源，对农村生态环境保护意义重大。

当前我国的农业科技水平仍旧处于相对较低的发展水平，以及“一产化”低附加值的产业现状，加上农民普遍薄弱的生态环境保护意识，农民为了在农业生产中获得更高的经济回报，牺牲生态环境来发展农业的矛盾异常突出。当前农村地区存在普遍性的人地矛盾，加之由于空心化造成的农村常态农业人口的结构性素质失衡，为了提高单位面积的产量，在生产过程中无可避免地大量地低效的使用化肥农药，造成严重的环境污染，同时也对我国的农产品安全造成危害。除了化肥农药的使用之外，当前农业生产还存在大量使用不可降解的塑料薄膜、不合理焚烧秸秆、过度放牧、毁林毁草开荒、过量超采地下水等一系列环境问题。鉴于农业与生态系统的紧密联系，农业具备内在性的自然保护功能，因此，推动农业产业转型、提升农业科技水平不仅仅在农村产业发展方面有重大意义，对农村环境保护也能发挥积极作用。

农村乡镇企业以及乡村养殖业成为重要乡村污染源的问题表面上是农村生态环境的问题，但深层次原因却是乡村基层政府普遍环保意识不足，对环境保护工作的重要性认知与国家顶层战略存在认知偏差。很多基层政府的环境保护工作仅仅只是停留在刷标语、喊口号的阶段，基层干部普遍认为乡村生态环境好、底子厚经受得起污染，同时碍于乡镇企业对本区域经济发展的促进作用，对于乡镇企业以及众多的乡村养殖场，尤其是数量众多的乡村肉猪养殖场所造成的严重环境污染多采取放任不管甚至是视而不见的态度。乡镇一级政府作为乡村生态环境治理的第一责任主体，必须转变对于生态环境的不正确认识，充分认识到生态环境的重要性，深入贯彻落实党中央、国务院生态文明建设方面的相关方针政策，不能为了眼前的经济利益而不顾未来的可持续发展。当前乡村生态环境治理仍旧处于政府主体下的先污染后治理模式，同时当前乡村基层政府在资金条件、人员条件、专业条件上都有所欠缺，治理效能较低，对于专业性较强的环境问题仍旧缺少解决办法。上级政府在增加环境保护资金以及人才队伍建设上应当适当优先考虑乡村地区，加快推进乡村生态环境事业发展。

2.6　乡村治理——自治、法治、德治与善治

乡村振兴战略对于乡村治理提出的要求是治理有效，在当前乡村基层治

理人才匮乏、治理手段滞后、基层组织缺乏凝聚力、乡村社会情况复杂等诸多现实背景之下，乡村治理有效的目标该如何实现？现代化的乡村治理格局又该怎样形成？这已经成为乡村振兴战略深入实施进程中亟待得到回应和解决的两个重要命题。

贺雪峰教授在其著作《大国之基》中提出，当前影响我国乡村治理现代化的两个最主要的变量是乡村本身以及现行的乡村管理体制。对于乡村本身，根据乡村的人口流动状况以及产业依托的不同，大致可以分为“农村劳动力流出、留在村庄的农民仍然从事传统农业生产、虽然已经与传统的封闭型乡村有了很大的差异但是还仍然保留了传统村庄主要特征的中西部地区农村；农村劳动人口流入、村庄工业化程度很高，农民收入主要来自第二、第三产业的东部沿海发达地区的农村①。”从当前的现实情况来看，这样的分类非常符合我国当前乡村地区的现状，而这样两种不同情况的乡村在乡村治理的情况上又具备各自的特征。其中前一类主要分布在我国的中西部地区，后一类主要分布在我国东南沿海的城市近郊。这些人口、产业状况各不相同的乡村，因其内在结构以及经济基础上的差异，在乡村治理的情形上也具备各自的特征。人口的流动情况对应着乡村的人口结构情况，而主要的产业类型则对应着乡村的经济发展水平，人口结构跟经济发展水平的差异自然也会导致这两个不同类型乡村治理特点的差异。

当前我国乡村的治理困局可以说主要是集中在这样几个方面，首先最重要的一点就是乡村治理体制复杂与混乱，治理方式滞后；其次是乡村的人口结构重构，严重的空心化导致乡村治理人才的严重不足；最后就是乡村社会熟人秩序对于维持乡村稳定所能发挥的价值越来越小，乡村的社会情况愈发复杂，社会价值体系处于分化与重塑的一个双重进程之中。

在我们当前实行的基层民主自治体制中，一般我们普遍认为村一级的治理机构主要是村党支部以及村民委员会，但是伴随着农村基层自治进程的日渐深入，从 1987 年颁布《村委会组织法》到今天，乡村治理的局面愈发复杂，乡村治理的机构也从最初基本的村两委发展到今天村民委员会、村党支部委员会、村股份经济合作社、村务监督委员会、村理财小组等多种机构共同参与乡村基层自治的局面，当然村两委以及村务监督委员会是每个行政村都设立

① 贺雪峰．大国之基：中国乡村振兴诸问题［M］．北京：东方出版社。

了的基层治理机构，其他几个机构则根据每个行政村不同的治理需求而设立。

在基层治理制度的复杂程度上，浙江地区的乡村基层制度是走向复杂化混乱化的突出代表。在浙江相当部分地区的乡村，很多行政村同时有四套村务管理机构，分别是村两委以及村股份经济合作社以及村务监督委员会，这种治理体制的复杂性和混乱性突出体现在班子的换届选举工作中。每一套班子的换届选举基本上都面临着非常激烈的竞争，不同的候选人代表着不同的利益群体，不同的参选人参加不同班子的选举，一旦某一方在某套班子的选举中败下阵来，他们就会谋求在另一套班子中的成功当选，并且这样意愿强烈的谋求增强了村级管理机构换届选举中竞争的无序，甚至导致贿选情况的出现。而当不同的阵营领导了不同的管理机构之后，可能由于利益诉求的不同最后会导致在具体的村务管理中出现不同的阵营之间互相掣肘的现象，尤其是当组织与村庄财权不统一的时候，对于那些村集体经济发达的江浙乡村而言，就会出现非常多的日常治理上的冲突和麻烦。而除了组织机构上的复杂之外，我们还需要看到的就是在日常的村务治理中，不仅村两委以及村监委会发挥重要的作用，村民代表会议也是影响乡村治理的一个重要力量，因为在当前乡村治理强调民主决策和民主监督的背景之下，一些重大村务不仅需要村两委以及村监委的同意，还必须交由村民代表签字同意，所以村民代表也成了村级治理中的重要力量。

而在具体的村务管理实践中，我国早在 2010 年的中央 1 号文件中，就已经形成了一套乡村治理的决策体系规范。重大的村务决策必须经过村党支部提议、村两委会商议、党员大会审议、村民代表会议或村民会议决议，以及决议公开、实施结果公开这样一套流程[①]。这样的议事程序被称为“四议两公开”，基本上已经推广到了全国的农村，成为农村基层自治的重要规范。从内容上看，“四议两公开”是很合理很有效的一项制度，但是在实际执行的过程中，因为很多地方对于这样程序性操作监管不严，导致这些程序在实际的村务实践中并没有得到严格的执行。而那些严格按照这个程序执行的地方又因为这个程序过于复杂而产生了处理事务效率低下，中间环节过多的问题。

在 20 世纪《村委会组织法》刚刚颁行之后，基层乡村村委会主任的选

① 贺雪峰．论村级治理中的复杂制度［J］．学海，2017（4）：12－17。

举已经基本上开始实行海推海选差额选举的方式，由乡村居民自主选举村民委员会主任，这种海推海选的差额选举办法在很大程度上避免了乡镇政府在村委会选举中的过度干预，对于真正实现村民自治有重大意义。按理来说由海推海选差额选举出来的村委会主任，又是在乡村这样一个熟人社会背景下，村委会干部理应是为乡村居民服务的，但是在过往的治理实践中由于村委会干部最重要的工作并不是为村民服务，而是完成农业税以及计划生育罚款的征收，村干部实际上变相地成了国家以及上级政府在村庄里的利益代理人，不仅没有发挥为基层人民群众服务的主要作用，还造成了严重的干群对立，而这样的局面在维持了很长的一段时间之后造成的消极影响就是在许多村庄开始没人竞选村干部，村委会主任的职位成了一个烫手的山芋。

如果说进入21世纪取消农业税，计划生育政策开始走向宽松之前，乡村基层干部的主要工作是配合国家完成各项政策任务，那么在这之后随着农业税的取消以及国家开始对农村地区资源的不断倾斜，乡村干部的主要任务由完成国家在乡村的政策目标转变为替国家在乡村地区分配国家向农村地区倾斜的资源。这样一种转变，引发了乡村基层管理的一些新问题，其中最重要的问题就是乡村干部的贪腐问题，国家大量的资源向乡村倾斜，村干部成了决定这些资源流向谁的重要环节，这其中牵扯到巨大的利益关系，村干部在利益分配环节中的任何不当行为都会引发村民的强烈不满，所以这样工作局面的转变并没有让乡村的基层治理工作更加轻松，相反，乡村基层干部的工作不仅负担沉重，工作压力也越来越大。

除了体制上的问题之外，乡村治理一直以来都需要面对的困局就是乡村治理中基层人才的匮乏。改革开放以后，大量的农村青壮年劳动人口走向城市成为城市的输入劳动力，留在农村的主体常住人口以老人、妇女、小孩为主，虽然也有一部分的青壮年农民选择留在乡村从事农业或者其他产业，但是与乡村流失的那一部分人相比，实际上乡村基层治理人才可供选择的基数已经严重的缩小，并且即使是留在乡村那一部分青壮年劳动力，也存在文化水平、个人意愿、家庭条件等影响因素，这些因素的影响会让绝大多数留在乡村的青壮年劳动力失去成为村干部的可能，而那一部分既有能力也有意愿成为村干部的人，也会在工作过程中因为工作压力、机会成本等因素无法稳定的担任村干部，而在本来治理人才就少的困局下，频繁的干部流动对于基层治理更是造成了严重的伤害。

城市对农村劳动力的吸引是必然的也是不可逆的，因为绝大多数的农村青壮年劳动力留在农村所能获得的经济收益都要远低于他们进入全国统一劳动力市场所能获得的务工收益，并且这也是留在农村担任村干部的青壮年劳动力所需要面对的一个机会成本问题。对于农村的村干部来说，他们并不是国家的公务人员，国家只支付给他们一笔并不算多的务工补贴，以及各种其他补贴，加上他们从事农业生产或者是其他产业的收入，在以往，这个收入结构能让村干部在乡村拥有中上等的收入水平，因此村干部也就不用付出那么多的机会成本，能够稳定的从事村干部的工作。但是在当前绝大多数的青壮年劳动力外出务工的收入都能超过担任村干部所能获得的收入之后，村干部的收入水平层级就会下降，就会陷入一种相对的贫困，而这就会促使一些村干部选择放弃村干部的职业，选择从事其他职业，而这也就是乡村基层干部不稳定的一个重要原因。

所以当前乡村治理缺人才，干部队伍不稳定的深层次原因还是经济原因。在经济发达的沿海发达地区的农村，有相当一部分集体经济发达或者村里有一定工业企业的乡村，他们的干部队伍的构成结构和稳定性就要远高于中西部经济欠发达地区的乡村。在那些经济相对发达尤其是村集体经济发达的乡村，他们由于村社的集体经济发达，有足够多的集体收入，可以在国家发放的务工补贴之外，再通过村级财务给担任村干部的村民发放额外的工资，这样的运作模式以珠江三角洲地区的农村最为典型，所以珠江三角洲地区发达农村的村干部基本都是全职的村干部，不再从事其他额外的职业，而是成为职业化、专业化的村干部，而这样职业化、专业化的村干部能够极大地提升干部队伍的稳定性，对提升乡村干部队伍的治理能力和治理水平有很大的帮助。除珠江三角洲地区之外，苏南、上海地区的村干部队伍也已经高度的职业化，不同的是珠江三角洲地区村干部职业化所需要支付的村干部薪酬是来自村集体经济所获得的收益，苏南、上海地区村干部的职业化，则来自上级政府对于村干部报酬收入薪资化的推动，并且苏南地区十分重视后备干部队伍的建设以及村干部与乡镇普通公务人员之间的调配，这些措施让苏南地区的村干部成了全国村干部队伍中最为职业化、最为稳定的一支村干部队伍。

另外一种非典型的乡村干部队伍情况是江浙地区农村的村干部，江浙地区的发达农村，由于村庄中有许多留在本地创办各类工业企业的乡村企业家，而这些企业家往往又很乐于担任村干部的职务，在村干部的竞选当中具有很高的热情，甚至愿意为了当选一个村干部付出高于一般的成本。而这些企业家之所以有强烈的参与乡村治理成为村干部的意愿，其中有相当一部分是为了利用村干部的身份跟当地的政府拉近关系，他们在成为村干部之后的工作重心仍然是自己原来的企业，他们也绝大多数都不需要政府为他们发放更多的报酬和补贴，更在意的是村干部这个带有政治意义的身份。这样的干部队伍情况虽然不会为缺少干部以及干部的能力而担忧，但是干部队伍的稳定性以及实际的治理能力仍然是有待加强的。

以上我们所提到的江浙以及珠江三角洲地区相对特殊的村干部情况，是以江浙以及珠江三角洲相对于中西部农村而言更加发达的经济条件为基础的，对于广大的中西部地区的普通农村，依靠村集体的力量或者乡镇政府的力量想要推进村干部职业化、专业化的工作仍然有相当大的难度，所以中西部地区农村的村干部问题，最终还是要回到乡村居民本身，也就是自治本身。需要依靠那些留在乡村的，有能力的青壮年劳动力，能够有为家乡服务的自觉跟责任心，同时还要求这些青壮年劳动力有较强的致富能力，能够在担任村干部的同时依靠其他职业获得平均水平以上的收入。

而在治理制度与治理人才之外，现在的乡村治理的困难还来自当前乡村社会与此前相比愈发复杂的社会状况以及传统价值体系崩塌所带来的社会价值体系的失序与重构。在以往，乡村社会的社会形态单纯，文化以及价值体系稳定，乡村社会治理的过程中传统的价值体系以及熟人社会一些约定俗成的规范也在乡村社会的治理中发挥着一定的作用。而现在的乡村社会情况要比以往复杂得多，传统的价值观念正在被人们所抛弃，在以往，如果是一位德高望重的老人担任村里的村干部，那么他的工作会好开展很多，因为在熟人社会体系下，他的身份地位会给他带来被绝大多数人所认同的公信力以及话语权，而这些在日常的工作中都是很有帮助的。而在现在的情况下，乡村这样的价值观正在慢慢地消逝，一切都开始向金钱看齐、向利益看齐，很多的村民对于村里的工作都是与我的利益有关就支持，如果与我的利益无关，那我就不过问或者直接反对，这让当前农村村干部的工作出现了许多之前没有出现过的困难。

总的来说，目前我们的乡村治理首先需要做的还是要在治理制度跟治理体系上下功夫，要在基层民主自治制度的大前提下，因地因时地建立相应的制度，并且应当尽量使这些制度与当地的实际情况相符合，使制度更加简约高效，同时乡镇一级的基层政府应当理顺自己与乡村基层治理组织之间的指导与被指导关系，让更多的乡村居民参与到乡村治理中来，从而形成更加高效、更加现代化的基层治理体系。而当我们的制度跟体系完善之后，能够最大限度地提升我们乡村基层治理的下限，这样对于那些存在治理人才困局的中西部乡村来说，只要基层治理的干部队伍稳定、干部的能力相对一般，也能够维持一定的治理效果，而一旦有能力强并且能够长期稳定担任村干部的人，就能更多地提升我们基层治理的上限。而对于乡村社会问题的治理以及乡村文化的重塑，还是要依赖于我们有效的治理，只要我们的基层治理能力达到了治理问题的水平，那么这些问题自然会在乡村治理的进程中得到解决。

第3章　乡村旅游业发展助力乡村振兴

3.1　乡村旅游与乡村振兴

近年来，谈到乡村振兴的话题必然涉及乡村旅游，乡村旅游业已经从单纯的产业类型跳脱成为乡村振兴的一个关键抓手，那么，为什么是乡村旅游业呢?

3.1.1　农业发展的困局

在乡村振兴战略提出之前，农民要增收、要致富的出路是农业，其路径主要集中在发展规模农业、种植经济作物与农业产业链延长上，但是经过了那么长时间的发展之后，我们会发现促使当代农民真正脱贫致富，农业在其中发挥作用很小，农业产业链的延长给乡村居民带来的价值也没有我们想象中的那么高。

我一直认同的一个观点就是，农业跟农村很重要，因为他们是我们国家最大的社会稳定器跟蓄水池，但是在我国的资源现状之下，农业在经济发展中所能够带来的收益一直是被高估的，即便目前而言我国农业产业价值仍然没有得到完全的开发。而我国的农业产业之所以会呈现出这样的特点，本质上是由我们国家基础的人口和土地国情所决定的，在短时间内是不可逆的。

我国绝大部分乡村的主导产业都是农业，并且都是以家庭经营为基础的小规模农业，这些小规模的家庭农业中相当一部分实际从业者都是农村的老年留守劳动力。在全国统一的劳动力市场形成后，农民可以自由地选择自己能力范围之内的其他职业并且能够获得远超农业的收入。农业在农村走向老人农业成为一种必然，在农业生产效率提升的今天，农业不能容纳下农村的全部剩余劳动力，如果还像之前那样农村依然有大量的劳动力从事小规模的、家庭式的农业生产，那农村今天的小康生活就绝不可能到来。因为现实就是我国目前还有2.2亿的农户，6亿多的人口仍然生活在农村，而现在我国农业产值占GDP比重已经低于9%，如果这2.2亿户6亿人仍然分享的是这9%的农业收益，那所有的农户就都只能获得很低的农业收益，农民陷入贫困就将成为一种必然。

依靠农业，无论是种植大田粮食作物还是经济作物，实际上农民都很难致富。我国的人多地少、耕地平均质量较低的现状决定了大规模的粮食作物生产在我国不可能大规模的铺开，目前有限的粮食作物的规模化生产是建立在农村劳动力大量进城务工，农村出现了可流转耕地的同时，有一部分青壮年劳动力决定留在乡村从事农业生产的情况下，要想通过规模化生产粮食作物获得更高的经济收益，这两项基础性条件缺一不可。

从目前以及未来的现状来看，这两项条件并不是那么容易达成。首先是可流转的耕地数量一定是有限的，耕地流转的前提，是原耕地承包户不再愿意耕种并有意愿将土地流转，同时有主体愿意承接他们的流转土地。我国农民工的进城务工风潮到现在已经快接近30年了，这30年里，第一代的农民工进城时，土地绝大多数都交由村里的父辈继续耕种，等到父辈没有能力再去耕种这些土地而他们自己也依然在城市中务工时，这些土地就成了可供流转的土地。在一开始，绝大多数可供流转的土地被村民交给了自己的亲戚或者邻居耕种，所收取的流转费用很低，甚至免费，一些自己不再耕种的农民只是单纯的不想让耕地抛荒。随着时间的推移，进城务工的人越来越多，农村能够继续从事农业生产的老年劳动力越来越少，能够流转的耕地越来越多。如果这时候有人愿意承包流转土地进行耕种，这个人必须是有从事规模农业生产的能力和意愿的人，其愿意流转经营这些土地的话，那么他就可以在农村开展大规模的粮食作物经营。但是实际上即便有了一定数量可供流转的土地，这些土地被规模化利用的可能性也并不高，首先最主要的原因还是人才原因，愿意在农村流转土地从事规模以上农业生产的人才实在是太少，尤其是中西部地区的农村，耕地被抛荒的现象已经非常普遍。而随着时间的推移我们会发现，青壮年劳动力绝大多数还是以进城务工为主，而那些第一代进城务工的农民工也已经基本上成为老年人，这些初代农民工在年龄大了之后他们最终的归宿还是农村，回到农村之后，只要身体允许，他们中的绝大多数都会重拾农业生产，而他们要从事农业生产很有可能就是将原来流转出去的耕地收回自己耕种，或者耕种自己已经抛荒了的土地。这是一个循环，那些年纪偏大或者是需要回农村帮助子女抚养孙辈的中老年劳动力，到了一定的年纪基本上都会回归农村，这个循环就决定了农村可供流转的土地总数不可能太多，这样的局面在未来会持续相当长的一段时间，直到我国的城市化率提高到让绝大多数的农村人口都成为城镇人口，这样农村可供流转的耕地数量才能可以支撑起稳定的大规模经营。

而除了本身可流转的土地数量上限较低之外，人才、资金、政策也是阻碍农村农业开展大田农业适度规模经营的重要因素。与家庭式的小规模农业相比，要想开展大规模的农业种植，必须要有一定的专业能力，小规模的农业只依靠一般的农业经验就可以维持，而大规模的农业种植，不仅要求经营者要有专业的农业知识，还要有一定的管理能力、融资能力、市场能力等。而对于农村一些有志于从事农业规模经营也有这方面能力的农民而言，他们有的又需要面对资金面以及政策面的一些阻碍。总的来说，想要依靠规模化经营以提高农业经营的收入在我国的绝大部分地区都不现实，一方面是想要大规模经营的基础性条件在现有的耕地和人口条件下在全国的绝大多数农村地区都难以实现；另一方面，一些其他的辅助性条件目前来看也存在诸多的缺失，所以规模化的农业经营只能在少数基础农业条件较好例如东北地区的部分农村展开。目前来看，在农业生产成本上升的情况下，适度的也就是相对规模较小的规模化生产所能够获得的绝对收益其实与外出务工所能获得的绝对收益的平均水平是接近的，而在劳动强度上，从事农业生产的劳动强度一般而言是高于一般务工的劳动强度的。当然在家从事农业生产的好处就是可以照顾到老人和小孩，自己的小孩可以脱离留守儿童的队伍，所以综合下来，这样的一种规模化农业的路径并不是解决我国农村产业与农民致富困境的最优路径。

而在规模化开展大田农业种植粮食作物之外，很多人认为种植经济作物能够获得更加高的单位收益，所以认为我国的农民应该放弃种植粮食作物而选择种植经济收益更高的经济作物，然而这样的一种论调无论是从哪个方面看，都是行不通的。

我们一般的思维都认为与粮食作物相比经济作物的价格上限更高，在同等的产量水平或者是同等的耕种面积之下，能够获得比粮食作物更高的单位收益。但是我们这样的认知只是一种习惯性的认知，而真正的现实情况往往是千变万化的，尤其是在完全、充分竞争的市场条件之下，农业的平均利润率跟边际收益率是一定会在市场条件的作用下发挥作用的，一旦种植某种经济作物能够获得极高的利润的话，就一定会有更多的农民去种植同一种经济作物进而在短暂的一个周期内就会使市场形势发生变化，产品将因为供过于求而失去超额的利润乃至亏损。这样的经济规律会作用在所有的经济作物生产中，尤其是在农村这样的环境下，农民一拥而上的跟风种植某种经济作物很容易就改变这一地区这一作物的市场供求关系，所以在这样的大背景之下，种植经济作物获得超额利润的可操作性已经不强。

除了现实的农业平均利润率这样的经济规律制约之外，我们还要看到的是，种植经济作物虽然一般而言都能获得比种植粮食作物更高的收益，但是如果是小规模、短周期的种植的话，所产生的平均收益实际上也未必能够超过粮食作物太多。首先小规模的种植就决定了无法通过规模化生产来摊薄生产成本，以获取更高的收益率，而不稳定的短期的经营又会增加生产成本，所以实际上要想通过种植经济作物让农民脱贫致富实际上也并不是一件那么容易实现的事情。

而我们一直强调的农业产业链的延长，走入了一个误区，就是我们认为农业产业链的延长是一个农业产业本身的内在行为，但是实际上它的内在是一个市场化的资本行为。而在资本面前，农民所能够获得的收益是可想而知的，现实也确实如此，那些打着农业产业链延长的农产品加工企业与农业的关系就是生产原料的供给的关系，他们在利润的驱使下选择将厂房建在离市场更近的城市或者是城市边缘地区，以至于连为农民创造就业机会这样的一个优势都没了。这样的产业链延长并没有太多的实际意义，因为农民与原来相比，只是换了一个自己农产品的销售对象而已。

当然，我们也不能一味地否认农业产业链延长的价值，因为如果操作的好，产业链条的延伸确实能够带来更加丰厚的收益，但是我认为这样的前提是要让农民深入地参与其中，最好是由农民自己主导，如一些乡村地区由村民自己开设的一些带有产业链延长性质的农业专业合作社就切实的发挥了一些积极作用，让农户享受到了相关的红利，但是这种专业合作社的模式与普通的由企业主导的产业链延长相比，其操作难度是有所上升的，也更加难以推广复制，因为这样的专业合作社需要一个强有力的带头人或者地方政府以及村社集体经济的大力支持。并且一般而言这样的专业合作社背后所依托的都是当地的某种特色农业资源，而这样的一种资源优势是相对特殊的并不能大规模的推广复制。

所以总的来说，目前我国的农业经济如果还是依靠原来的模式，只是通过基本的种植经济以及简单的产业延伸来获取农业收益的话，我国的农业产业收益已经基本上到达上限了，而要想开拓新的农业经济增长点，就必须加快我国农业产业的转型升级步伐。

3.1.2 农业产业升级与产业融合的必然路径

在传统农业生产已经步入困局的背景之下，乡村振兴战略的出台，对于我国农业的转型升级有着战略性的指导意义。在《乡村振兴战略规划（2018—2022）》中，我们的党和政府旗帜鲜明地对未来的农业发展提出了指导性的建议“坚持质量兴农、品牌强农，深化农业供给侧结构性改革，构建现代农业产业体系、生产体系、经营体系，推动农业发展质量变革、效率变革、动力变革，持续提高农业创新力、竞争力和全要素生产率。”在这条建议中，我们能够清楚地看到未来我国农业产业的发展方向，而我们的政府也在加快我们农业产业现代化的步伐中付出了比以往都要多的努力。

分析当前我们的农业发展方式，目前我们所依赖的这种农业发展方式并不能让我们的农民从中收获足够高的产业收益，我们的农业产业体系也亟待转型，而国家层面所提出的乡村振兴战略也将目光对准了农业产业的转型，并提出了一系列的要求和建议。对照乡村的现实情况以及乡村振兴战略国家层面的要求，我们会发现将农业与旅游业融合，发展乡村旅游业是我国农业转型升级道路中的一个重要路径。

我们为什么要说发展乡村旅游业将农业与旅游业结合开展观光农业和休闲农业是我国农业转型升级的一种必然呢?

首先，现实层面，乡村的产业基础以及资源条件加上市场诉求使乡村旅游业成为乡村产业融合发展与农业转型升级过程中的一种必然。

鉴于我国乡村地区的经济基础以及各类经济资源现状，我国广大乡村地区不适合也不具备大规模地发展第二产业以及第三产业的条件，与此同时，之前的农业发展方式所带来的带动效应相对有限，无法提供更大的产业带动效应，所以乡村必须找到新的产业形态，以提供新的产业驱动力和经济增长点。而这个产业驱动力与经济增长点，并不来自农业本身，而是来自产业融合，来自农业产业外部的其他产业，而农业与第二产业的融合发展已经走过了相当长的一段路，其产业驱动力基本已经发挥到了极致，所以农业产业融合自然地就要与第三产业联系在一起。而农业与第三产业的融合，很自然的就让人把农业与旅游业联系在一起，即通过发展乡村旅游业促进休闲农业的发展以促进农业与旅游业的融合发展，同时，乡村旅游业可以融合农村的农林牧副渔、乡镇工业、服务业和信息产业等，可以产生乡村产业叠加效应和连锁效应，所以通过农业与旅游业的融合来为农业的转型升级提供新的方向和动力，毫无疑问是一个正确的方向。

乡村相比于城市，有更加丰富的旅游资源、更好的生态环境，相对不同的生活方式和文化传统，这些能够作为旅游核心吸引物的自然、人文资源都是乡村发展旅游业的优势条件。我们以农业为例，如果发展乡村旅游业，能够成为旅游吸引物的农业资源就有田园景观、农业生产、农耕文化、农业设施、农业科技、农业生态、农民生活等众多与农业直接相关的事物，所以在那些资源禀赋优秀的地方，以优质农业资源为核心，辅助以其他的可作为旅游吸引物的资源，对乡村进行旅游开发，促进农业与旅游业的融合发展是完全可行的。

随着经济发展、城镇居民经济收入的提升，越来越多的城市居民有了体验乡村美好田园生活的诉求，发展特色乡村旅游的市场潜力巨大。我国的农耕文化有着深厚的传统积淀，工业科技以及城市文明在给人更加现代化的生活方式的同时，也剥夺了人们“桃花源”式田园生活的理想，于是有许多人在知道自己无法真正地成为乡村居民体验真正的乡村生活的同时，也会萌发另外一种体验他们理想中的乡村生活的需求，抑或是在“乡愁”文化的感召下渴望能够与乡村有亲密的接触，逆城市化的大潮正是在这样的需求推动下产生的。然而我们的现实情况跟我们的国家政策是，农民可以进城买房在城市安家，但是城市居民想要在农村安家成为真正的乡村居民却有很大的困难，因为他们没有宅基地。所以这就决定了绝大多数人对于田园生活的理想最终都只能通过体验这一种方式来得到短暂的满足，而乡村旅游业所提供的恰恰就是这样一种体验。所以在城市经济发展越来越快，城市的生活压力跟竞争越来越强烈的今天以及未来，城市居民对于田园生活的体验需求一定会越来越旺盛，而这样的趋势是乡村旅游业发展最好的市场支撑。

如果以上我们提到的三点是乡村旅游业成为农业产业升级与产业融合的内在原因的话，那政策方面的支持就是让乡村旅游业成为农业产业升级与产业融合发展重要路径的一个强大外在驱动力。

在国家政策层面，发展乡村旅游业是发展壮大乡村产业、促进乡村产业升级的重要路径已经成为一项国家顶层设计层面的政策共识。在《乡村振兴战略规划（2018—2022）》中，党和政府明确指出，要发展和壮大乡村产业，关键在于推动乡村产业的深度融合，而推动乡村产业的深度融合关键又在于发掘乡村产业新的功能价值、培育新产业新业态、打造新载体与新模式。关于乡村产业新功能的发掘，在《乡村振兴战略规划（2018—2022）》中重点提到了要“顺应城乡居民消费拓展升级趋势，结合各地资源禀赋，深入发掘农业农村的生态涵养、休闲观光、文化体验、健康养老等多种功能和多重价值。”在新产业新业态方面，《乡村振兴战略规划（2018—2022）》也指出，“实施休闲农业和乡村旅游精品工程，发展城乡共享经济等新业态，推动科技人文等元素融入农业。”在新载体新模式与部分内容中，《乡村振兴战略规划（2018—2022）》则具体地提出了关于建设一些农业产业融合园区的建议，指出“要依托现代农业产业园、农业科技园、农产品加工园、农村产业融合发展示范园等，打造农村产业融合发展的平台载体，促进农业内部融合、延伸农业产业链、拓展农业多种功能、发展农业新型业态等多模式融合发展。”以上的几个方面，是国家从顶层设计层面对农业产业融合所做出的规划，虽然内容各有侧重，但是共同点都是将农业与休闲农业即发展乡村旅游业作为农业产业融合的重要路径。

《乡村振兴战略规划（2018—2022）》作为我们国家当前农村发展的全方位纲领，其对于我国乡村发展发挥着引领作用，是当前我国乡村发展的战略性纲领。而从其中对于发展乡村旅游业以促进农村产业融合等各个方面重要价值的表述中我们不难看出，国家层面对于乡村旅游业的重视。与此相对应的是，在《乡村振兴战略规划（2018—2022）》之后，从中央到地方，出台了一系列促进乡村旅游业发展的政策，上到国家层面的建设乡村产业体系六大工程的“休闲农业与乡村旅游精品工程”，下到各个省、市一直到各个县域，都出台了相关的配套政策以促进本区域内的乡村旅游业发展。而这样的强有力的政策保障体系以及相关配套措施层面的保障，为乡村旅游业的发展提供了强大的外在动力和保障。

总的来说，乡村旅游业的发展是由多方面因素共同推动的，其中最强大的推动力是从中央到地方都参与到其中的政策性因素，也有市场需求推动等市场性因素，同时也依赖于乡村所特有的资源条件等内生动力。

乡村旅游业的发展，是因为乡村独特的资源环境具备了内在的可能性；因为市场条件和政策支持而具备了外在的可行性；又因为旅游业独特的产业特点而具备了产业发展的成果有效性，这一点我们将在下一节详细展开。自身条件的可能性加上实施上的可行性，奠定了发展乡村旅游业的基础，而最终结果的有效性以及综合效应，不仅让乡村旅游业成为乡村产业的重点，更让其能够成为推动乡村振兴战略实施的重要抓手，使其在推动乡村振兴战略深入实施的过程中发挥了重要作用。

3.2　乡村旅游业发展的多方面价值研究

乡村振兴战略统驭乡村旅游业的发展。乡村旅游业的发展要遵循《关于实施乡村振兴战略的意见》中提出的“产业兴旺、生态宜居、乡风文明、治理有效、生活富裕”的总体要求。旅游业作为综合性较强的产业，同时旅游业对于社会整体资源环境的要求相对特殊，乡村旅游业所涉及的领域已经远远超出单一的产业范畴。遵照“产业兴旺、生态宜居、乡风文明、治理有效、生活富裕”的总体要求，发展乡村旅游业的辐射效应对乡村产业、生态环境、社会环境、基层治理等方面都能带来积极影响。鉴于乡村旅游产业效应辐射的综合性和广泛性，对乡村旅游业发展的价值进行深入研究对于深入发展乡村旅游产业具有重要意义。

当前学术界尚没有对于乡村旅游的准确定义，但普遍认为乡村旅游应当满足这两个必要条件：一是位于乡村地区的区位条件，二是以乡村性、农业性的资源作为旅游核心吸引物。乡村旅游的区位条件严格限制为广大乡村地区，界定了发展乡村旅游业的空间范围；以乡村性、农业性的资源作为旅游核心吸引物，则界定了旅游类型。除此之外，乡村旅游业还应该包括如下几个特点：以农民或经过培训的农业人口作为主要从业群体；带有农村集体经济特征；旅游活动、旅游设施带有较为浓厚的乡村色彩。乡村旅游业的产业特殊性决定了它能够创造出其他产业无法创造出的价值，这个价值是多方面的、综合的、交叉性的，绝不仅仅局限于单一的经济价值范畴。

乡村旅游业的经济价值，主要体现在以下几个方面：促进农村产业转型发展，加速农村产业融合；发挥旅游业的就业带动效应，促进农村剩余劳动力的就地转移；增加农村居民收入，助力打赢精准脱贫攻坚战。

3.2.1 助力产业转型，加速产业融合

乡村旅游业在乡村地区与农业的深度结合，对于农业转型升级以及农村一二三产业融合发展具有独特优势。以往的农业生产方式，处于生产导向的相对初级阶段，以出售初级农产品作为主要的经济收入来源。而过往强调的农村产业融合也主要是集中在生产导向的农产品种植＋深加工的所谓一条龙模式，这种产业融合只是简单地第一产业与第二产业的结合，附加值相对较低，并且产业融合带来的价值增加主要集中在加工方，对于广大农民的效益增加相对较少。

与传统产业不同，旅游业与传统农业的结合，不再局限于农产品的加工，而是主要集中在农业观光、传统农业生产的文化体验、特色农产品采摘以及就地消费等方面，以家庭农场、农家乐、采摘园、农业专业合作社等方式将农业与第三产业相结合。通过与第三产业的融合发展，农业生产由提供产品转向为提供服务，由生产导向转变为市场导向、消费导向。与此同时，在乡村旅游业发展的基础上，开发特色农产品深加工，开发特色旅游纪念品，能在原有的产业融合基础上，进一步的深化第二产业的产业参与度，这样的产业融合效应是其他产业所不具备的，只有旅游业因其独特的产业优势才能得以实现。通过产业融合，农业与休闲、文化、旅游、康养、教育、特色农产品的开发以及深加工等方面的深度融合将形成新的产业、新的业态，这些新的产业以及新的业态形式加上农业产业融合所带来的发展效应，将为农业和农村发展注入新的、可持续的发展活力，成为乡村振兴发展的重要动力来源。

同时对于有条件的地区，可以通过建设现代的农业产业园、农业科技园、农产品加工园、农村产业融合发展示范园等综合性大型园区，发挥规模效应、集聚效应以及示范效应。通过这些示范园区的建设，发挥这些园区体量大、综合性强的优势，为乡村产业融合提供更广阔的舞台和载体，探索出农村产业融合的现代化路径，从而为未来的农村产业融合发展提供更多的参考和借鉴。

3.2.2　乡村旅游业的就业带动效应

发展乡村旅游业能够发挥旅游业强大的就业带动效应，最大化地就地解决农村剩余劳动力的就业问题。过去农村剩余劳动力的转移主要集中在农村向城镇地区非农业就业的人口转移，这也成了当前农村严重空心化的“罪魁祸首”。

一般而言，旅游业的六大要素包括吃、住、行、游、购、娱等六个方面，涉及的行业包括餐饮业、酒店住宿业、交通运输业、旅游服务业、相关产品的生产及零售业、娱乐产业等多个行业，而这些行业所需要的劳动力需求数量极大。以餐饮业和酒店住宿业为例，餐饮行业对于服务人员以及厨房人员的需求量较大，而酒店住宿业则对前台以及客房清洁人员的需求量较大，这两个行业都属于就业密集型行业，需要大量劳动力，同时这两个行业的就业门槛又相对较低，对于农村剩余劳动人口而言从业难度相对较小，对于农村剩余劳动力而言这样的就业岗位有巨大的就业价值。而对于从事旅游服务业的农村劳动力而言，由于乡村旅游业季节性、强资源依附性的特点，所从事的工作灵活性极高，多为临时性、自雇性、兼职性、独立性的就业。这样相对灵活性的就业方式对于农村劳动力而言，一方面可以通过相关旅游就业增加收入，另一方面又能在空闲时间进行农业生产，同时还能兼顾家庭和抚育子女照顾老人的责任，在最大化自己劳动价值的同时还能更好地承担自己的社会责任。

能够发挥很强的就业带动效力，是乡村旅游区与其他产业相比所具备的重要优势。一方面可以说这样的就业带动属性是旅游业本身的劳动或者说是服务密集性特点所带来的先天优势，但是另一方面，提升农民在产业融合过程中的参与度，让农民更多的分享到产业融合的收益，也是农村产业融合发展的最终目的，同时乡村旅游业本身的属性也要求农民必须参与到其中，因为乡村旅游业作为以农业为核心吸引物的旅游类型，许多环节中农民都是其中的核心。所以其实不管从哪个方面来说，乡村旅游业的强就业带动效应从农业与旅游业结合到一起的那一刻起，就已经内生于乡村旅游业的产业机体之中，成为其与其他产业相比的独特优势。

而这样一种独特优势所带来的价值除了体现在表面上的经济层面之外，还体现在对于乡村人口问题的改善，进而带来其他的一系列积极价值。一个乡村如果乡村旅游业发展的好，那自然就会吸引更多的青壮年劳动力留在乡村从事乡村旅游业的相关工作，能够在一定程度上缓解乡村人口外流，空心化严重的问题，并且从另外一方面来说，更多的青壮年劳动力留在乡村，也是对乡村基层民主自治力量的加强。所以总的来说，乡村旅游业的就业带动效应因其本身产业的特殊性以及乡村社会现实的特殊性，将会给乡村地区带来多方面的积极价值。

3.2.3 助力打赢脱贫攻坚战

围绕乡村旅游业发展构建特色精准扶贫方式。党的十九大报告指出：确保到2020年我国现行标准下农村人口实现脱贫，贫困县全部摘帽，解决区域性整体贫困，做到脱真贫、真脱贫。乡村作为扶贫工作的主战场，通过发展乡村旅游，构建具有旅游特色的精准扶贫模式已经成为乡村扶贫的重要手段。

发展乡村旅游业，通过产业融合，能够改变乡村传统的依靠农业种植获益的单一获益方式，同时旅游服务业的就业带动能够最大化发挥乡村劳动力价值，通过旅游业带动农业、农村发展。同时，乡村旅游业能够增强贫困地区的造血功能，让农村经济发展的可持续性和稳定性得到极大提升。

乡村旅游业的扶贫构架与一般的乡村产业相比，农民拥有更高的参与度，能够直接获得经济收益，这样的深度参与方式能够更加突出精准扶贫的精准意义，而贫困户使用集体资源、生产生活资料入股旅游业能够扩大乡村集体资源和农户自有生产生活资料的效用价值。农民在从事农业生产本身就能获得收益的前提下，自己通过参与乡村旅游业就业或者是将自己的农业资源作为旅游资源加入旅游产业中去，就可以享受到种植收益与就业收益或者资源性收益的双重收益，极大地提高了贫困户的收益水平。

而乡村旅游业扶贫方式突出特色就在于贫困户的垂直参与，甚至作为产业主体直接参与，将大的产业构架与贫困户直接对接，根据各贫困户的具体条件针对性地制定参与方式。这样的垂直性和精准性是其他产业所不具备的优势，而对于精准扶贫政策而言，精准就是它最大的生命力，根据不同贫困户自身的条件，以参与旅游就业或者是资源入股等多种方式，针对性的通过乡村旅游业提高农村贫困居民的收益。同时，旅游业的可持续发展模式能够持续性的为贫困户获得经济收益，让贫困户有稳定的收入来源，这对于避免贫困户再次返贫能够发挥重大作用。而这样一种让贫困户参与其中、发挥其自身积极性的方式与传统的扶贫方式相比能够为贫困户带来更加持续、长效的价值，也能在一定程度上激发一些贫困户脱贫的主动性和积极性，转变以往靠等、靠要的心态，以更加积极主动的态度参与到脱贫攻坚中来。

3.2.4　乡村旅游业中蕴含的生态环境保护价值

乡村旅游业的发展不能以牺牲乡村良好的生态环境为代价，必须按照生态宜居的要求，促使旅游业与生态相互促进、相辅相成，发挥乡村旅游业经济价值的同时，必须重视乡村旅游业的生态环保价值。

乡村良好的生态环境是乡村旅游业赖以生存的资源基础，同时旅游业对于环境卫生以及整洁景观的要求，将大力推进或者说是倒逼乡村卫生条件改善，推动乡村环境治理。这是发展乡村旅游业能够促进乡村生态环境保护的理论基础，与城市相比，乡村本身最大的优势就在于其更好、更加贴近自然的生态环境，这也是乡村旅游业与其他类型的旅游业相比的核心竞争力，所以无论是乡村旅游业的经营开发企业、当地政府或者当地居民，要想通过发展乡村旅游业以促进本区域的发展以及自身收入的增加，那就必须要以良好的生态环境为基础。而这样将生态环境与区域的发展前景以及自身收益相等价的方式，就会倒逼乡村旅游业的各个参与主体主动地去保护生态环境。

除此之外，旅游观光类的特色农业、休闲农业对农业生产提出了新的要求，农业生产中大量化肥农药的使用情况将得到一定的改善。这也是发展乡村旅游业倒逼乡村旅游业的各个参与主体积极参与、主动参与环境保护的一个主要路径，乡村旅游业的经营主体如果想开展以农业为核心资源的旅游活动，那么化肥农药就一定不允许出现在农业休闲观光用途的农业生产中，而这对于解决我国农业生产长期以来过度使用农药化肥的问题毫无疑问是有积极意义的。即便这种直接作为休闲观光用途的农业生产规模只是整个农业生产规模中很小的一部分，但是这样绿色无公害的生产方式在其区域内一定会产生一定的榜样示范作用，带动更多的农民采用新的生产方式和生产技术，进而减少农业生产过程中农药化肥的使用。

与此同时，发展乡村旅游对于乡村整体人居环境以及建筑布局的高标准，将在乡村人居环境整治以及乡村建筑的规划建设方面有所改善和提升。在2018年发布的关于“三农”问题的中央1号文件中，其对于乡村振兴工作做出了总部署，其中的重要内容就是要分三步逐步实现宜居乡村、美丽乡村的建设，到2020年农村的基础设施建设水平要得到极大提升，重点是农村的人居环境要得到极大改善，美丽乡村的建设也应当得到扎实推进；到2035年农村生态环境根本好转，美丽宜居乡村基本实现；到2050年，农村美全面实现。从目前的情况来看，2020年的时间节点已经到来，按照既定的规划，其既定目标也基本上实现，尤其是农村基础设施建设水平这一块，目前绝大多数乡村的基础设施建设水平相比此前都有了一个极大的提升。而在人居环境改善以及美丽乡村的建设上，虽然也基本上完成了既定的目标，但是仍然存在一部分问题。例如在人居环境的改善方面，此前的重点工作是农村的旱厕改造以及农村生活垃圾的集约化处理问题，旱厕改造的问题基本完成的比较好，但是在农村生活垃圾的集约化处理问题上，还存在一些问题。

目前乡村生活垃圾集约化处理的措施主要是：在乡村居民聚居的地方统一放置收集生活垃圾的大垃圾桶，然后再由政府的环卫部门统一收集统一处理。在整个垃圾处理环节中，最凸显的问题是由于村民居住不像城市居民那般集中，而收集生活垃圾的垃圾桶摆放的位置为了照顾到更多数的村民只能放置在更多数村民聚居的地方，而那些居住的比较偏远的村民，要么需要走很长的距离去倾倒垃圾，要么直接还是像以前一样，采用焚烧、填埋的方式处理生活垃圾。而除了这个问题之外，由于乡村的环保体系才刚刚建立，人才、经费、体制等方面都存在严重的不足，最典型的问题就是由于缺乏资金和人才，乡村生活垃圾的处理速度非常滞后，很多时候垃圾收集点的垃圾早已收满，但是却无人来处理，而造成这个问题的主要原因就是较多乡镇并没有配备足够多的垃圾处理设备以及相关的工作人员，有的乡镇有数个自然村、上百个垃圾收集点，却只有一辆专门的垃圾收集车，垃圾收集车也只配备了一名司机跟一名协助司机处理垃圾的工作人员，在收集垃圾的过程中效率并不高。这样的工作人员以及相关设备的配备情况，导致很多的乡村生活垃圾的处理效率较低，垃圾集中收集点的垃圾满了无人处理的情况十分普遍且突出，而那些堆积满了垃圾的垃圾桶以及堆积在垃圾桶外的垃圾就是督促基层政府继续加大力度落实乡村人居环境改善的最好例证。

我们指出了一些关于乡村人居环境改善进程中突出的生活垃圾的集约化处理问题，而这个问题在一些发展乡村旅游业的乡村却有了极大的改善甚至得以解决。造成这种差异的主要原因有以下几个方面，首先，发展乡村旅游业的乡村在乡村的整体布局以及建筑的规划设计上都相对的要优于那些没有发展乡村旅游的乡村，而在经过整体的布局以及规划上的改善之后，乡村人口过于分散的居住情况就能得到一定的改善，而这对于乡村生活垃圾的集约化处理有重要的意义；其次，发展乡村旅游业的这部分乡村因为乡村旅游业的发展会有更多资金跟主体参与到人居环境的整治中，这一点会在后文中详细探讨；最后，是发展乡村旅游业的乡村，居民整体的环境保护意识会有所提升，因为他们已经认识到了良好的生态环境所能够带来的经济价值。所以总的来说，发展乡村旅游业对于改善乡村的人居环境是有极大的提升的，即便是在全国乡村的人居环境都得到了极大改善的背景之下，那些发展乡村旅游的乡村，其中获得了比一般乡村更加突出的效果，而其中的原因与乡村旅游业密不可分。

随着乡村旅游业的发展，会有越来越多的主体参与到乡村的生态环境保护中来，同时会有更多的相关资金投入到生态环境的保护和治理之中，提供更好的生态环境保护条件。在一般的乡村，乡村生态环境治理只有基层政府这一单一主体，而发展乡村生态环境之后，乡村旅游业的经营开发企业会作为新的主体参与到乡村生态环境的治理中来，而乡村居民会比以往更加积极主动参与到乡村生态环境的治理和保护中，而在资金方面不仅乡村旅游开发企业的进驻会带来更多的资金，基层政府对于那些发展乡村旅游业的乡村也会倾斜更多的环境保护资金，而这样的路径是乡村旅游业发展能够促进乡村生态环境治理进步的根本原因。

乡村旅游业发展为乡村创造经济收益的同时，也能够让乡村居民更加深刻地认识到“绿水青山就是金山银山”这一理念，改变其原有的单一的生态环境观念，从而加强广大村民的环境保护意识，这是生态环境保护的治本之策。生态环境的维护，归根结底是要提升人们的生态文明意识，让大众从源头上主动保护生态环境。从过往的现实情况来看，乡村居民的环境保护意识普遍不强，这也是为什么很长一段时间以来，乡村的环境问题总是反反复复存在的根本原因，政府不断的投入人力物力去治理和保护乡村生态环境，而由于乡村居民环保意识的欠缺，环境治理的效果无法长时间维持，一边花费巨大投入去治理和保护另一边由于乡村居民环保意识的欠缺而破坏的情况十分普遍，乡村居民不仅没有实际参与到乡村生态环境的治理中来，反而成为乡村生态环境的破坏者。乡村居民作为乡村生态环境的直接享有者，如果没有他们的参与和支持，乡村的环境就永远不可能治理好，而要想让乡村居民参与到实际的生态环境治理和保护中来，关键就是要提升乡村居民的生态环境保护意识。

在以往，我们对于乡村居民生态环境保护意识的提高主要集中在简单的宣传教育，刷一刷标语口号、发放一些宣传手册、召开一些集中的宣讲活动，然而现实告诉我们，这样的普通的宣传教育对于文化素质相对较低的村民尤其是对于老年人来说实际的效果是非常有限的，只能依靠其他手段。为什么发展乡村、发展乡村旅游业能够提升乡村居民的生态环境保护意识，根源就在于乡村旅游业需要以良好的生态环境为依托，而发展乡村旅游业又能为乡村居民带来一定的经济收益，这样就能直接地外显生态环境的经济价值，让保护生态环境的价值不再是空洞的口号和标语，而是现实的经济利益。对于乡村居民而言，这是一个相对容易接受的理念，即保护生态环境等于保护自身财富，这能极大增强广大乡村居民的生态文明和环境保护意识，使其主动认识到生态文明的重要性的同时主动参与生态文明建设，而这无疑是我国生态文明建设的最终目标，也是未来我国乡村生态环境保护能够取得持续性胜利的关键。当然，从现实的角度来看，能够发展乡村旅游业的乡村在我国整体的乡村数量中属于少数，这样的路径只适用于那些具备发展乡村旅游资源并取得一定发展成效的乡村，然而对于那些没有发展乡村旅游业的乡村而言，除了要持续不断地对乡村居民进行相关的宣传教育之外，更重要的是要注重教育事业的发展以提高一代代乡村居民的整体素质，乡村居民的整体素质上去了，他们自然能够意识到保护生态环境的重要性，所以乡村的生态环境治理一定是一个长期的过程，目前我们国家的战略规划也是将这样一项任务作为长期的战略规划在进行。

除了以上这些之外，发展乡村旅游业能够促进乡村生态环境保护的另一个视角就是全域旅游的视角。从全域旅游的视角来看，某一个区域若想发展全域旅游，就必须对包括生态环境在内的旅游资源、相关产业、公共服务、体制机制等区域内的发展条件进行全方位系统化的提升，毫无疑问的是生态环境在这些区域发展条件中是非常重要的一环。所以一旦一个区域将全域旅游作为本区域的发展目标的话，那么从宏观上、整体上的环境治理工作就能有效的提升环境治理的效率和效果。从其他方面来说，当前乡村旅游业的规划开发主体基本上是政府部门或者专业的旅游规划开发企业，以及一部分由村民自发经营的乡村旅游业经营主体，在这三类经营主体中，在生态环境保护方面，还有一部分经营主体没有完全纳入统一的生态环境保护体系，尤其是那些由村民自发经营的从业主体，而在全域旅游的背景之下，这样的情况将会大有改善，乡村旅游业的各个经营主体都会纳入全域的旅游规划开发以及生态环境治理体系之内，而这样系统性、整体性的旅游规划开发以及生态环境治理体系，其在进行乡村旅游业的规划开发时一定会有相应的生态环境考量，其专业能力也有一定的保障，对于乡村生态环境的保护是有重要积极价值的。

所以总的来说，发展乡村旅游业对于乡村生态环境的保护而言是具有重要价值的，这个价值的根源来自乡村旅游业本身特殊的资源环境要求——良好的生态环境既是乡村旅游业的核心资源也是基础性条件，即便你不以生态环境作为直接的旅游吸引物，乡村良好的生态环境也是发展乡村旅游业的必要条件，这是乡村旅游业区别于城市旅游最大的优势条件。在这样的条件之下，通过发展乡村旅游业吸引更多的主体参与到乡村生态环境的治理中；同时发展乡村旅游业能够外显乡村生态环境的具体价值，这样就能提高乡村居民的生态环境保护意识，从而从根本上解决乡村的生态环境保护问题；而从宏观上也就是从全域旅游的视角来说，能够从系统、从整体的角度对乡村的生态环境进行统一的治理保护的同时，也在乡村旅游业设计规划的进程中对大部分的乡村旅游业经营主体进行生态环境角度的规划设计。

3.2.5　发展乡村旅游业倒逼基层治理进步

乡村旅游业的发展要推动建立现代乡村治理体系，基层党组织要成为乡村旅游业发展的领导核心。要加强基层党组织的战斗堡垒作用，充分调动广大人民群众发展乡村旅游业的积极性和首创精神，尊重群众在发展乡村旅游业中的自治主体地位，遵守国家旅游业相关法规，弘扬先进典型在乡村旅游业发展中的道德示范和引领作用，在旅游业发展中促进乡村自治、法治和德治的统一。

当前我国乡村地区的治理困境归根结底是人才的困境、产业的困境。乡村空心化严重，乡村常态居住群体以老人及青少年儿童为主，绝大多数接受过教育的青壮年都因为经济因素流向城市。空心化除了导致乡村治理中人才力量薄弱外，也同时带来乡村治理方式落后、行政指导性过强、公共服务缺失等一系列问题。乡村居民作为输出劳动力确实给乡村带来了财富的增长，但是物质财富增长的同时却带来了乡村精神财富的流失。诸如赌博、严重的攀比浪费、不赡养老人、彩礼问题等诸多问题的形成，以及在相当长的一段时间内无法解决，乡村基层治理的缺位和失效需要承担相当大的一部分责任。所以要想解决这些问题，有效的乡村治理是十分必要的手段。因此重新构建乡村治理的人才队伍、创新乡村治理方式对于新形势下的乡村治理具有重大意义。

要想留住乡村的人才，乡村就必须要有自己的产业作为基础。缺少产业的乡村，青壮年劳动力流失是不可避免的，这是经济市场劳动力要素不可逆的自由流动，任何劳动力都想最大化自己的经济价值，但迫于现实中乡村并不具备这样的条件，所以离开就不可避免，如果留在乡村从事的劳动（不管这个劳动是农业生产还是其他产业）能够获得与进城务工相接近的收益，那么我相信绝大多数的农村青壮年劳动力都不会选择外出务工。而目前的现实是随着科技进步、农业劳动生产率的提升，以及农业收益的相对下降，乡村农业对劳动力吸引力注定无法留住剩余的乡村劳动力，要想找到新的乡村劳动力就地转移方式，就必须找到新的产业作为基础支撑。在此条件下，乡村旅游业成了发展新的乡村产业的不二之选，既因为乡村天然的资源条件优势，也因为乡村旅游业的强就业带动效应，能为乡村劳动力回流带来产业支撑。在乡村旅游业能够获得良好发展的前提条件下，流向城市的乡村劳动力会越来越多的选择返乡，他们可以选择以一般劳动力的身份参与乡村旅游服务业或其他产业岗位，也可以选择作为产业主体自主创业。鉴于乡村治理人才的缺失，以及发展乡村旅游业对于良好乡村治理的现实需求，我们有理由相信这部分基于乡村旅游业发展而选择回到乡村的青壮年劳动力将会成为乡村治理的新力量。

除了为乡村基层自治提供人才支持，发展乡村旅游业还能倒逼乡镇一级基层政府治理的进步，更加积极地履行好基层治理的主体责任。乡村治理是一个极其庞大复杂的系统，仅仅依靠基层自治是远远不够的，而作为乡村治理第一责任主体的基层政府，必须发挥其应该发挥的作用。长期以来，政府包揽了所有的基本公共服务的供给，虽然投入了大量的人力、物力、财力来提升服务水平和治理效能，但是依旧存在职能越位和职能缺位的矛盾，而且政府的治理往往都是出于被动状态，行政指向性过强，治理能效滞后，专业性上也有所欠缺。在乡村振兴的背景下发展乡村旅游业对于乡村治理提出了更高的要求，因为发展乡村旅游业必然是一个政府主导企业和乡村居民全面参与，游客带来经济收益的过程，这个过程涉及多个主体，而每一个主体都有每一个主体不同的利益诉求，每一个主体之间也可能会产生一些矛盾，而这些都需要基层政府去解决，需要基层政府发挥比以往更强的组织能力和协调能力，而这就会倒逼基层政府更加高效以及专业地进行乡村治理。

综上所述，乡村旅游业发展对于乡村各个方面的积极价值存在一定的交叉性以及综合性。通过上文对于乡村旅游业、乡村产业、精准扶贫、生态环境、乡村治理方面的价值分析，不难看出乡村旅游业发展所带来的积极价值在各个方面都存在一定的交叉以及综合。乡村旅游业的发展在带动乡村产业转型和经济发展的同时，能够富有成效地推进脱贫攻坚、推动农业生产转型。同时，乡村环境治理有效地促进了乡村生态环境的保护，并且还在间接中极大地提升了乡村居民的环保意识；而由于乡村旅游业发展而返乡的那一部分青壮年劳动力对于破解当前乡村基层自治的人才困局意义重大。反推过来看，乡村生态环境以及社会治理的进步对于乡村旅游业而言也能起到积极的促进作用。这样互相促进的发展模式形成了一个较为完整的效能闭环，具备了一定的可持续发展条件，按照这样的模式发展下去，乡村旅游业在当下和未来都将具备极强的生命力。

当前的乡村旅游业发展形成了多种业态模式，不同的业态模式所带来的产业价值也不尽相同。以发展国家农业公园的形式和发展特色文化村、民族村、艺术村、乡村博物馆两种不同的业态形式为例作对比。国家农业公园（如山东苍山兰陵国家农业公园）的旅游形态不同于一般概念下的城市市民公园，也区别于一般的乡村休闲农家乐、农业采摘园，它是乡村休闲和农业观光的最新形态，作为农业旅游的高端形态，其中涵盖了原有的乡村旅游的各个方面，是一个全新的乡村旅游综合体，它涵盖了乡村旅游产业、就业、生态价值的方方面面，是一个价值综合体。特色文化村、民族村、乡村博物馆的业态形式除了产业方面的考量之外，更多的是基于文化保护传承方面，意在通过发展特色旅游的同时吸引更多人去了解某一种文化、某种传统技艺或者特色民风民俗，希望借助旅游业发展带动相关的传承和保护，这种业态模式的价值则更加侧重于文化保护传承以及文化教育方面。

虽然乡村旅游业发展具备价值上的综合和交叉，但是不同的业态模式的价值侧重点，以及不同地区资源条件的差异，导致不同地区乡村旅游业发展所带来的效应也不同。为了更好地发展乡村旅游业，使乡村旅游业发展的效用最大化，政府和研究人员应当加强对乡村旅游业综合效用的研究。以往乡村地区发展旅游业只注重分析发展旅游业的经济价值，且在项目开始之前往往只注重对自身资源条件的分析，忽视了对乡村旅游业的价值和效用的分析。虽然自身的资源条件在旅游业的发展中很重要，但是一味地以资源为导向而忽视对价值影响的研究往往会适得其反。发展乡村旅游业最好的方式就是在本身资源条件的基础上，重视乡村旅游业的价值分析，这样的方式能够增强发展乡村旅游业时的价值指向性和专业性，选择价值最大化的发展方式。

3.3 当前我国乡村旅游业的发展现状

我国乡村旅游业的发展可以追溯到20世纪50年代，但真正意义上的乡村旅游起步于80年代末期，改革开放促进大众观光旅游需求的多元化，同时伴随着我国农业产业结构调整，乡村旅游业逐渐在我国兴起。

初期的乡村旅游业发展主要集中在少部分资源条件较为出色的城市近郊乡村，发展模式主要以单一的乡村农家乐模式为主。国家旅游局将1998年确定为我国生态环境主题年，这一举措在当时极大地促进了我国乡村旅游业的发展。我国乡村旅游业经历了相对较长的发展历程，但是在前期的发展过程中，受限制于改革开放前期，我国经济发展相对处于初级阶段，居民对旅游的消费需求相对较小等多方面因素，加上当时发展乡村旅游经验的相对欠缺以及开发能力的不足，乡村旅游业的产业规模相对较小，同时产业形态相对单一。

近十年来，尤其是在党和国家提出打赢精准脱贫攻坚战以及乡村振兴战略之后，我国乡村旅游业获得了空前发展。随着我国居民收入水平的不断提升，以及对旅游需求的更加丰富多元，市场在对乡村旅游需求扩大的同时也提出了更高的要求。而在乡村振兴以及精准脱贫的大战略背景下，乡村旅游业发展得到了国家战略层面的支持，获得了更好的政策环境、更好的基础设施条件、更强的综合开发能力以及更好的公共服务。这诸多方面的利好因素促成了近年来我国乡村旅游业的快速发展，越来越多的乡村开始发展乡村旅游业，越来越多进城务工的乡村劳动力选择回到乡村从事旅游业，越来越多新的产业业态开始出现。而在乡村旅游业快速发展的同时，一系列的问题也伴随而来，各方面的矛盾也越来越外显化，总体来看是发展与问题并存，但是发展所带来的效益暂时性地掩盖了问题。

乡村旅游业在更广阔的乡村区域获得发展，一方面是市场需求以及乡村旅游业产业规模的扩张，而另一方面却是乡村旅游业发展对资源条件下限要求的降低，以及开发时科学合理规划的缺失。

在乡村旅游业的发展初期，受限制于市场需求规模以及开发能力，乡村旅游业并没有在区域上深入广大乡村地区，而是更多地集中在城市的近郊乡村。而在乡村振兴以及精准脱贫的战略背景下，越来越多的乡村希望通过发展乡村旅游的方式来助力乡村发展。在资源条件以及开发规划相对合理的部分乡村，发展乡村旅游业确实带来了巨大的价值，可以说直接改变了乡村的原有面貌。而在另一部分乡村，基层政府不考虑自身现实的资源条件，开发前也缺少合理科学的规划，跟风式地盲目上马，成为政绩工程、面子工程，最后被市场所淘汰，这样的开发方式不仅造成极大的资源浪费，对乡村居民也造成了极大的损失。

发展旅游业有很强的资源条件限制，因而它在根本上不具备大规模推广的可能性，同时旅游开发需要极其科学严谨的前期准备工作，涉及各方面的规划以及评估，需要开发主体具备较强的专业能力。科学合理的乡村旅游开发对乡村发展的各个方面都能起到极大的促进作用，但不能出于单一的价值考量就不顾自身资源条件的现实情况。盲目的旅游开发会造成极大的资源浪费，不必要的基础设施、景区设施的建设，同时在乡村资金等资源本就相对有限的情况下，将大量资金盲目投入到乡村旅游业发展中，最终却无法收到相应回报，不利于乡村各项事业的均衡发展。除此之外，盲目地进行旅游开发对乡村生态环境也会造成极大的损害，并且这种损害往往都是不可逆的伤害，而对于乡村而言良好的生态环境不仅仅是乡村旅游业的资源基础，也是乡村美好生活的空间依赖，无序的旅游开发无疑是一种得不偿失的行为。当前形势下的乡村生态环境保护形势已不容乐观，加之乡村生态环境本身便相对脆弱，若再进行盲目的旅游项目开发必将对乡村生态环境造成更大损害。

另外，盲目地进行大量乡村旅游项目的开发，会造成乡村旅游产业同质化严重，缺少特点，同时互相之间的市场分流最终很可能让所有的乡村旅游实体都受到损害。我们应当认可发展乡村旅游业对乡村地区的巨大价值，但也应该具体问题具体分析，客观地看待自身的资源条件和实际情况，根据自身条件合理地进行乡村旅游业开发。若是自身条件不具备，大可探寻其他适合自身的发展方向，不能为了跟风或者是短期的政绩就不考虑现实的情况盲目进行乡村旅游开发。

乡村旅游业的业态创新——一场同质化与个性化的博弈。

目前我国乡村旅游的发展存在严重的同质化问题，产品与产品之间缺少辨识度，存在大量产业业态雷同，有特色、有创意的产品类型极少，缺少创新已经成为制约我国乡村旅游业发展的极大阻碍。此前，我国乡村旅游产品类型主要以乡村民俗文化体验型旅游及乡村景观体验型这两大类型为主，总体上多集中于乡村景观体验类型下的休闲农业和观光农业，对于乡村文化传统、民风民俗类的旅游资源开发还有待提升，但是在一些少数民族地区，传统文化以及民风民俗类的乡村旅游业态则获得了较好的开发。随着我国乡村旅游产业的不断发展，越来越多的特色乡村旅游产品被开发出来，乡村旅游产业的业态形式日益丰富。当前乡村旅游业主要的业态形式除了原有的乡村农家乐、农业采摘园、农业观光园、特色民族村、文化村，还有近年来新兴起的国家农业公园、休闲农场/牧场、乡村营地、运动公园、乡村民宿、乡村艺术村/博物馆、市民农园、教育农园/高科技农园、文化创意园等多种新兴的产业业态。在过往的很长一段时间里，我国的乡村旅游业业态相对单一，乡村旅游千篇一律地集中于乡村风景观光和乡村民俗文化的体验，而当前我国层出不穷的乡村旅游新业态是我国乡村旅游多元化发展的体现，这些新业态的出现，是乡村旅游业发展进程中一种产业业态同质化与个性化博弈所产生结果。

我国乡村有丰富的自然旅游资源和深厚的文化积淀，这是我们发展乡村旅游业的独特优势，基层政府以及乡村旅游企业应当努力做好乡村旅游的开发工作，将资源优势转化为竞争优势，而不是一味跟风，盯着热门产品不放。乡村旅游业发展的本质应当是因地制宜地开展富有自身特色的独特模式，这是旅游业本身旅游资源主导产业发展的产业核心特点所决定的，盲目的跟风也许会在短期内获得一定的收益，但是从长期看来，如果一个乡村旅游项目没有自身的特点和优势，那么它一定无法带来稳定的持续性收益，一些基层政府的领导者不能为了在短期内出政绩就不考虑自身的资源特点盲目地抄袭照搬一些热门的乡村旅游项目的发展模式。目前乡村旅游业的开发者在进行开发规划时缺少必要的创新思维和超前思维，一味盯着热门模式不放，当下怎样的模式热门就按怎样的模式发展，甚至有时候到了不考虑现实情况的地步，只是为了在短期内赶上乡村旅游业这样一个风口，为自己增加一些任期内的政绩，这实际上是非常不可取的，会对乡村各类资源造成极大浪费。

与乡村旅游业规划和开发同质化相对的，是当前乡村旅游业市场需求规模扩大的同时需求趋高且愈发多元化、个性化的市场端趋势，这种需求端与市场端发展趋势的错位，长此以往会对乡村旅游业本身带来巨大的负面效应。近年来我们一直强调供给侧结构性改革，这种供给侧结构性改革不仅仅适用于工业领域，对于任何市场需求与供给有矛盾的产业而言都是适用的，乡村旅游业也不例外。目前我国乡村旅游业新业态的层出不穷，就是我国的乡村旅游业发展在进行的一场供给侧结构性改革，只不过与工业领域的供给侧结构性改革相比，这并不是一个落后产能退出、先进产能补充的过程，这是一个落后产能与先进产能同时发展的进程，而这样的发展情况显然是不符合产业发展规律的。所以目前我们的乡村旅游业发展一定要摒弃以前的那种盲目跟风、不考虑现实情况的、盲目无序的乡村旅游业的开发，基层政府以及乡村旅游企业必须摆脱过去跟风式、行政化、随意性的思维模式，不仅要紧扣市场需求，更要根据自身条件大胆创新，探索出有特色的创新旅游产品，将资源和精力投入到那些真正有特色资源禀赋和优质开发条件的乡村，从而进一步提升我国乡村旅游业的整体质量，以满足当前我国居民日益丰富的乡村旅游需求。

回望过去这几年乡村旅游业业态发展的历程，就是乡村旅游业摆脱对传统农业资源依赖，重新整合利用农业资源以及探索新的旅游资源的过程。由于城市居民对于乡村旅游需求动机的改变以及层次递进，注定了传统乡村旅游过度依赖农业资源的发展模式不具备可持续性，要想获得可持续的发展，就必须把握城市居民旅游动机的阶段性变化并与之相适应。

城市居民对于乡村旅游业的需求动机的变化过程大致与我国经济发展以及城市化进程相一致。初期城市化时期，是久居喧嚣城市的居民对于宁静乡村生活的回归需求；到了城市化下一阶段，伴随着消费升级，城市居民的旅游动机更多的带有健康休闲倾向；而再下一阶段的乡村旅游动机则有了更多个人化的求知、社交以及情感体验方面的动机。城市居民消费动机的阶段性不同决定了乡村旅游市场需要不断地在供给侧进行创新，否则就无法满足市场需求。乡村旅游发展初级阶段的城市近郊农家乐、采摘园、观光园，依靠的都是传统农业，产业附加值的绝大部分依旧来自初级农产品。而在近年来乡村旅游业业态发展的过程中，乡村逐渐摆脱了对农业资源的深度依赖，更加重视乡村传统文化以及民风民俗资源开发利用，更加重视开发乡村旅游中旅游服务的价值，即便是依附于传统农业而存在的产业业态也更加注重对农业资源的重新整合，寻找新的结合模式，比如农业生活体验以及农业文化教育，依靠新的结合模式，在满足市场需求的同时，创造了新的价值增长点。

乡村良好的生态环境是乡村旅游的核心竞争力，乡村旅游的发展既依赖于乡村良好的生态环境，但同时也在破坏乡村的生态环境。经济发展与生态保护之间的矛盾是任何国家的任何产业都要面对的矛盾，与传统产业不同的是，乡村旅游业的核心产业依附的就是乡村的生态环境，因此乡村旅游业与生态环境之间的关系更加密切，也更加复杂。乡村振兴战略已提出明确要求，乡村不仅要在物质上达到产业兴旺、生活富裕，在生态环境方面也要生态宜居。乡村要全面发展、全面振兴就不能以牺牲生态环境为代价去发展产业和经济。当前乡村旅游业的发展现实上极大地促进了乡村产业、经济方面的发展，一大批乡村通过发展乡村旅游业摆脱了贫困，但是也应当看到这其中所付出的生态成本，即便乡村旅游业对于生态环境的高要求会在生态环境保护方面起到一定的积极作用，但整体上来看乡村旅游业发展还是对乡村生态和人居环境造成了一定的破坏。

乡村旅游对乡村生态环境的价值具有双重性，这个“双重价值”不仅存在性质上的不同，在表现形式上也存在差异。乡村旅游对生态环境的积极意义更多是通过更加外显化的方式所表现，比如更多的环保资金投入、更多环保设施以及人才队伍的建设、更多人更加重视生态环境的价值等方面。而乡村旅游对于乡村生态环境的破坏更多的是隐形的、效应滞后的。乡村旅游在乡村生态系统的核心区域建设旅游基础设施、游客长期在乡村各处游览、乡村旅游所需的餐饮住宿业带来的环境污染等都会对乡村生态环境或多或少地造成一定的破坏。比如乡村新建的旅游设施永久性地破坏了区域内的生态系统，游客带来的资源消耗和废物排放，参观乡村文物、古建筑所造成的不可逆损害，野生动植物生活环境遭到破坏等。但是与乡村旅游的积极意义相比较，乡村旅游对于乡村生态环境的破坏相对而言不够外显，并且表现滞后，导致基层政府和乡村旅游企业对于发展乡村旅游以及生态环境保护之间的关系出现了认知上的偏差，以至于大多数基层政府以及乡村旅游企业对于乡村生态环境的保护依旧不够重视，环境保护相关工作的开展也有待提升。

当前的乡村旅游业中的生态环境保护工作还存在许多不足之处，乡村旅游业要想获得可持续发展，必须理清自身发展与环境保护之间的关系。许多乡村旅游企业将乡村生态环境作为自身的一种生产资源，对乡村生态环境的保护也是以一种保护自身生产资料的态度，并没有认识到乡村生态环境旅游资源之外的重要价值。简单地将生态环境作为一种生产资源而不是将其作为乡村美好生活的空间基础，这样的错误认知实际上与党中央建设美丽中国、全方位实现乡村振兴的顶层战略思路不一致。

乡村旅游业的发展带来了巨大的经济效益，不少乡村因此摆脱了贫困，但是在部分地区，乡村旅游业的经济收益存在严重的分配不均，乡村村民没有获得相对应的经济收益，造成乡村村民与乡村旅游业的产业主体之间产生了严重的矛盾对立，这对乡村旅游业的发展造成了严重阻碍。

由于开发乡村旅游业需要较大的资金投入以及专业指导，当前乡村旅游产业的开发基本都是以政府和旅游开发企业为主，其中基层政府在乡村旅游业的开发进程中占据了绝对的主导权。在乡村旅游的开发过程中必须利用到乡村村民的土地、山地、水库、草场等财产性资源，并且在发展旅游服务业的过程中会产生大量的就业岗位，如何合理的征用农民的自有财产性资源以及农村集体资源，并使农民获得最大化资源收益，同时让更多的乡村居民参与到乡村旅游业的就业之中来已经成为乡村旅游业发展进程中的一个重要问题。土地、山地、林地、池塘水库等资源是农民最重要的生产资料，假如这些资源被用作开展乡村旅游，同时却不能提升农民作为资源持有者的收入水平的话，开展乡村旅游业对农民而言就毫无意义；同时如果通过开发乡村旅游业带来了许多的就业机会却不能将这些就业机会提供给乡村居民的话，同样也会引发乡村居民与乡村旅游企业主体之间的矛盾。

当前乡村旅游业发展过程中的经济利益分配不均，主要有三种情形：一是基层政府以低价租用农民土地、林地、池塘等财产性资源；二是政府和旅游企业拒绝将旅游服务业所创造的就业岗位向农民开放，农民失去了最重要的生产资料却不能获得相应的工作补偿，而是要继续外出，成为输出劳动力；三是政府和旅游企业对农民自营的农家乐、采摘园等个人性质的旅游实体采取恶性竞争，导致农民开办的旅游服务企业无法生存。这样的情形在部分乡村旅游业发展相对滞后的地区相当普遍，政府为了增加自身收入，利用政府权威以及农民相关经济思维的欠缺，以相对低廉的价格获得了农民的财产性资源的使用权。同时在一些政府官方的旅游服务企业中，政府和旅游开发管理企业对于就业岗位的把持，让农民在失去生产资源的同时也不能以就业的方式参与到乡村旅游之中而成了一个“局外人”。农民自营的乡村旅游经营实体，无法在和国有企业以及旅游开发企业的竞争中生存。实际上政府开发乡村旅游业的根本性目的，还是为了为当地百姓谋福利，基层政府不应该忽视那些基层百姓的切身利益，而是应当尽可能地让乡村居民获得更多的利益，在基层政府、乡村旅游业的开发经营管理企业以及乡村居民之间，政府作为产业发展的主导者，必须要保护作为弱势群体乡村居民的利益。

与政府行为相比，部分乡村旅游企业对于农民经济利益的侵占则更加严重。部分乡村旅游企业打着旅游开发的名号，在以相对低廉的价格获得农民土地等生产资料的使用权之后，却并不进行实质性的开发，而是将使用权进行再次转包，甚至多次转包，而且农民对于这种情况通常处于一种不知情的状态，这不仅严重违反了国家的相关政策，也严重损害了农民的实际利益。在这个使用权转包的过程中，土地等生产资料的出让价格远高于农民第一手出让的价格，农民成了土地等财产性资源流转过程中经济收益最少的一个环节。而经过企业的出让与转包之后，由于核心要素价格的上升，最后真正进行旅游开发的企业在土地等资源上要承担高昂的成本，这对最后进行实质性旅游开发的企业而言是沉重的成本负担，导致相关的旅游开发企业无法将更多的资金投入到乡村旅游实际的规划开发以及相关建设中去，进而对乡村旅游业的发展产生一系列的不利影响。

乡村旅游业的宗旨应当是服务农民、服务农村，成为带动农民增收的重要产业支撑。在农村土地、林地、池塘等资源是最重要的生产资料，而发展乡村旅游业所需要的空间基础以及产业特征也决定了乡村旅游业必须使用乡村的土地、林地、草场、池塘等资源。规范乡村旅游业发展过程中对乡村土地等财产性资源的流转使用已经成为确保农民利益的重中之重。乡村旅游业发展必须严格遵守我国现行的土地承包流转政策，并且要确保农民能在出让土地等财产性资源时获得最大化收益。按照当前国务院推动实行的“农村三块地改革”政策，乡村土地、林地等财产性资源的承包以及流转必须严格按照相关政策执行，即坚持农村土地、林地集体所有权的根本地位，集体有对于农村土地、林地的承包发包、调整、监督的权能；严格保护农民的承包权，明确农民可以通过转让、互换、出租等方式流转承包地并获得相应收益，同时政府在征收农民土地时必须要采取补偿措施，对自愿退出承包的农民也要给予相应补偿；加快放活土地经营权，取得土地经营权的经营主体能够享有灵活经营方式，并享有优先续租的权利，但倘若要将经营权再次流转，则必须取得承包农户的许可。

原则上来说，倘若乡村旅游业严格按照相关政策来执行农村土地经营权的出让和流转是不会让农民蒙受经济损失的，相反地能够让农民获得相应的财产性收益。但是目前最大的问题就在于，无论是政府还是乡村旅游企业都不能严格按照相关政策执行，反而乡村基层政府由于自身的权力地位以及监管的缺失，存在极大的暗箱操作空间，而我国农民在相关的土地政策上存在严重的认知不足，也是一个急待解决的问题。我国的乡村基层政府必须认识到，自身作为执行国家相关政策的最后一级主体，必须认识到自身肩负的责任和义务，必须严格执行国家的相关政策，并且政府是人民的政府，是为人民服务的，更不能为了自身的利益而损害农民的利益。同时政府作为乡村治理的责任主体，对区域内的企业一定要起到监管的责任，不能听之任之，并且对于国家的相关政策，基层政府也有向基层农民进行普及和宣传的责任，尤其是土地政策这种关系到农民切身利益的政策。

无论是乡村旅游业还是其他产业，都是为了乡村发展而服务的，在发展红利的分配尤其是经济利益的分配上是绝对不能损害农民利益的。要知道地是农民最重要的生产资料，失去了生产资料却没有获得相应的收益，那农民只能重走进城务工成为农民工老路，倘若失去土地经营权的农民在年龄或者劳动能力上有一定缺失导致其无法进城务工的话，那么这类农民面对的困境和需要解决的问题将更加复杂。所以乡村旅游发展过程中必须考虑乡村居民的经济收益分配，在乡村服务业的就业岗位上也必须考虑向有需要的农户倾斜，如果不能做到这些，那乡村旅游业作为带动乡村发展的产业其意义就存在基础性的缺失。

3.4 未来我国乡村旅游业的发展趋势

未来几年，伴随着乡村振兴战略以及精准扶贫政策的深入实施，我国乡村将会得到极大发展。在这样的一个过程中，乡村旅游业也会伴随乡村的发展而发展，与此同时，未来我国城镇居民的乡村旅游需求将进一步提升，这为未来乡村旅游业的发展提供了广阔的空间。在这样的形势下，乡村旅游业自身的发展也要紧跟时代节奏，适应新的发展环境。而根据当前我国乡村旅游业的发展现状，以及未来我国城乡发展的新趋势，乡村旅游业的发展也必然会出现新的发展趋势与之相适应，这些新的趋势未来将集中体现在旅游开发、旅游产品、全域旅游、产业发展模式等多个方面。

3.4.1 政府主导多元参与的乡村旅游开发

未来乡村旅游业的规划与开发将以政府为主导，同时产业参与以及投资主体将更加多元化。当前我国乡村旅游产业的开发和产业参与状况都相对混乱，在有的地区，乡村旅游的开发是由政府主导，有的地区是由政府委托给专业的旅游开发公司，还有的地区是村民自主开发。而与开发主体的混乱相比较，当前乡村旅游产业的资本投入来源又相对单一，主要以政府投入为主，即便是民营的旅游开发公司，除了自有资本以外很大一部分也来自政府的相关补贴和扶持。乡村旅游开发主体的相对混乱，造成了近些年来我国乡村旅游开发一系列问题，诸如景区规划不科学不合理、基础设施建设不足、不合理开发破坏生态环境、跟风雷同严重等。而乡村旅游开发投资来源的单一不仅不利于我国乡村旅游的开发，同时也会对各级政府在乡村旅游方面的财政投入造成一定的压力。

旅游业有其自身严格的资源条件限制，并不是所有的地区都适合开展乡村旅游，同时，旅游开发是一个涉及面极广，参与主体极多、专业性极强的综合性、专业性工程，同时需要强有力的资本支撑，开发主体必须具备较强的综合实力才有可能完成高质量的旅游开发。在乡村旅游业的上一个发展阶段，有的乡村旅游开发主体不考虑自身实际的资源条件，在不适合开展乡村旅游业的地区强行发展乡村旅游；同时也存在许多资源条件优秀的地区，因为开发主体在开发能力、专业性、资本支持等方面的缺失，未能进行有效开发，未能将资源优势转化为产业优势，还对自身的旅游资源造成了不可逆的开发性伤害，同时被开发地区的生态环境也遭到一定破坏。不具备资质或者自身开发能力不足的开发主体进行的乡村旅游开发，不仅不能促进我国乡村旅游业发展，反而会对我国乡村旅游业的健康发展造成一定阻碍。

乡村旅游的规划开发，需要对乡村经济、文化、社会、生态等多个结构层面进行一种复合乡村旅游业标准的重塑，相比于普通景区只是单纯地建设一些旅游设施、提供旅游服务和旅游产品等纯旅游产业要素的规划与开发，乡村旅游业的规划开发显然要更加复杂，涉及的面更广，需要更好的统筹规划和各方协调。从专业性和复杂性方面来看，乡村旅游业的规划开发是一个复杂的、专业化的系统工程，一般的主体并不具备对大型乡村旅游业项目进行开发的能力，所以这就决定了乡村旅游业规划开发的责任最后一定是落到政府头上。由当地政府主导，同时也需要有专业的市场化的旅游规划设计企业参与到其中。因为政府作为职能部门不可能解决涉及专业旅游要素的问题，而作为乡村原有的主人，乡村居民也毫无疑问会成为乡村旅游规划开发中的重要影响因素。即便乡村居民不直接参与到乡村旅游业的规划开发中来，乡村旅游业规划开发的过程中也需要将乡村居民的利益作为重要的考量。

乡村旅游的规划与开发，重点在于政府主导的旅游规划，这样的旅游发展规划不仅需要具备对区域发展的宏观性指导意义，还要在微观层面对本区域的乡村旅游发展项目落地实施形成实际的指导和参考，尤其是关于乡村基础设施建设、人居环境改造、土地利用等需要政府负责的方面。基层政府以及上级主管部门必须要以科学严谨的态度，在统筹兼顾、多元合一的态度指导下，对乡村旅游业发展规划中的城乡融合发展、乡村景观设计、资源的有效利用、日常的运营管理、利益的合理分配等问题作出科学合理的安排，以更好地促进区域内乡村旅游业的健康发展。

在政府的规划开发方案指导下，对于乡村旅游业产品具体的涉及开发以及日常的运营管理则需要尽可能地让更多的市场主体参与到其中以更加市场化的方式运作。对于乡村旅游企业而言，作为企业它们最关心的问题肯定是钱的问题，首先是企业的投资问题，对于一个乡村旅游项目到底值不值得企业为其投入巨资？倘若决定对其进行投资，资金是否充裕、怎样投资、投向哪里都是需要企业和政府一起解决的问题。政府需要对自身发展的乡村旅游业项目事先进行科学合理的规划和评估，确保其具备开发乡村旅游项目的可行性，同时在规划指导层面也要尽量地做出科学合理的安排，因为只有这样才可能吸引到更多的企业主体参与到乡村旅游项目的投资中来。而对于那些有意向投资的企业，政府也要为其提供积极的帮助，对于旅游投资开发的自有启动资金以及运营的滚动资金、政策性的补贴资金、招商引资的融资资金以及各类政府补偿的贴息或者无息贷款在尽可能争取使用的同时也要注意各个渠道资金之间的平衡，为乡村旅游项目提供更加有力的资金保障。

而除了资金的投入之外，乡村旅游企业更加关心的是怎么收回投资以及利益分配的问题。旅游产业作为需要重资本投入的产业，企业不仅需要在前期投入大额的建设开发资金，后期的日常运营同样需要大笔的资金支持，同时乡村旅游业又是一个资金回笼周期较长的产业，所以对于乡村旅游企业而言能够长期稳固的获得投资收益就成了关键。对于政府而言，一定要确保那些乡村旅游业的开发运营企业的合法权益能够得到保障，各项应当让其享受的优惠政策也应当按照相关的政策规定严格执行，只有这些参与到乡村旅游开发运营的利益获得了切实的保障，他们才有动力和可能把手中的乡村旅游项目运营好、管理好。

未来，政府主导规划开发，多元资本参与投资，企业、农民多主体参与旅游服务的模式将成为乡村旅游产业开发的主流趋势。政府主导乡村旅游的规划和开发能够规避在多元主体开发模式下的许多问题。政府主导下的乡村旅游开发，能充分地发挥政府在前期规划的科学性、整体性以及在基础设施建设方面的优势，同时，政府主导能够一定程度上避免民营旅游开发公司在获得农民土地、林地等财产性资源的经营权对土地承包户的利益侵占，压缩了民营企业在旅游开发过程中暗箱操作的空间。而在其他方面，政府主导也能够更好地维护农民的经济利益，避免农民遭受不必要的经济损失，同时以政府为主导能够最大限度地发挥政府统筹兼顾协调各方的能力，而这是其他主体所不具备的。

除此之外，政府在进行旅游开发时相对于其他主体而言，会更多考虑旅游开发对生态环境以及农村人居环境的影响，能在进行旅游开发的同时最大限度地保护乡村的自然环境和人居环境，而这些往往是旅游企业以及村民自主开发时所欠缺的东西。在政府主导开发的同时，向更多社会资本开放投资，或者鼓励村民集体投资，不仅能够缓解各级财政在乡村旅游开发上资金投入的压力，而且能够吸引更多投资主体投资乡村旅游产业，对我国的乡村旅游业的发展能够起到极大的促进作用。而村民、专业企业等更多的主体参与乡村旅游服务，则在提升乡村旅游服务专业性的同时，为服务企业以及乡村居民创造了更多就业机会。尤其是对于乡村居民而言，投身乡村旅游服务不仅能够提高自身的经济收入，还能摆脱成为输出劳动力的命运，成为城市回流人口，这在一定程度上缓解了当前乡村地区严重的空心化问题。

目前我国的乡村旅游产业规模还有进一步扩大的空间，还有许多旅游资源条件优秀的乡村尚未进行乡村旅游开发，而伴随着未来我国经济的发展，人民生活水平的提升，我国旅游市场的规模，尤其是乡村旅游市场的规模肯定会在现有基础上有所扩大。在为了更好地满足未来不断扩大升级的市场需求的同时，未来能否开发出一批高质量的乡村旅游项目，将成为决定未来我国乡村旅游产业能否得到整体性提升的关键。事实已经证明，过往的混乱的开发模式将无法满足未来市场需求对乡村旅游开发提出的新要求。所以可以预见，未来这种政府主导，多主体参与，资本来源广泛的发展模式必将成为未来我国乡村旅游业发展的主流。

3.4.2　乡村旅游业自身的产业建设

未来的乡村旅游业，将更加重视自身的产业建设，不仅要扩大产业规模，更要在产业链条、产业分工、产业价值等方面做出更多产业化探索，从而进一步加强自身的产业建设，探索更多的产业可能。

产业有许多的定义方式，通常意义上的产业是指管理学意义上的“其主要业务或产品大体相同的企业类别的总称”。按照这个定义，旅游产业应该就是所有提供旅游产品和旅游服务企业的总和，但是旅游企业又存在它自身的特殊性，提供产品或服务通常是由其他产业来完成的，旅游产业的六大核心“吃、住、行、游、购、娱”，除了“游”之外，剩下的五部分基本上都是依靠其他产业来完成的。如果按照通常意义上的定义那么旅游业就不能称之为产业，因为它既没有明确的产业边界，也没有明确属于自己的产业主体。旅游业的产业定义问题是一个困扰学术界已久的问题，至今没有得到解决。而作为旅游业下的一个分支，乡村旅游业同样没有严谨的定义，目前我们描述乡村旅游业都是采用特征描述，即将存在特征吻合的产业归类为乡村旅游业。这种定义上的困难也是长期以来阻碍我国乡村旅游业发展的一个重要原因，因为没有明确的定义，自然也就不会有明确的产业方向和产业标准。

我国的旅游业经过数十年的快速发展，已经拥有了完备的产业体系和较为统一的产业标准，基本实现产业化。而乡村旅游业作为旅游产业下的一个产业分支，其真正有效的发展历程较短，是近几年借助国家一系列三农领域的相关政策才得到了相对快速的发展。当前的乡村旅游产业虽然经历了高速发展的一段时期，基本的产业体系也已初步形成，现阶段我们也将其称为一种产业，但是从当前我国乡村旅游业的发展现状来看，我国乡村旅游业的产业化发展水平还相对不足。当前我国乡村旅游业的产业链发展还不够完善，产业与产业、主体与主体的协作和分工体系也尚未健全，同时也没有形成自身完整的产业价值机制，而除了这三个核心问题之外，存在一定数量的乡村旅游从业主体仍然没有摆脱原有的单一的“行业”思维，仍然只是以“行业”的视角来从事这个产业，而不是用一种“产业”化的思维。

未来的乡村旅游业要想实现自身的产业化发展，就必须在产业链条、分工与协作体系、价值机制这三个核心问题上做出更多产业化的探索，与此同时，未来的乡村旅游业主体必须以产业化的思维方式来发展乡村旅游业。

当前乡村旅游业产业链上的不完善突出表现为乡村旅游产品链的不完善，旅游产业的核心产品餐饮、住宿、观光游览、交通出行、娱乐以及旅游体验活动、购物这六大块，都各自存在各自的问题。以餐饮业为例，乡村旅游业的餐饮服务，主要由当地的餐饮企业、旅游酒店、村民这三个主体提供，主要问题集中在供应能力、安全性、乱收费这三个方面。部分乡村旅游目的地，在游客数量较大时完全无法满足游客的用餐需求，给游客留下了较差的旅游体验。与此同时，处于乡村地区的餐饮服务从业者们，处于食品安全和物价监管的相对末端，餐饮服务主体所提供食品的安全以及价格问题都难以得到有效监管，尤其是由村民自主提供的餐饮服务，少部分从业主体连从业资质都不具备，乱收费、安全事故等问题也较多出现在由村民自营的餐饮服务中。而其他几个核心产品领域也都存在各自的问题，如乡村民宿的住宿安全问题、部分乡村交通通达度差、娱乐项目低俗化、强制购物等，乡村旅游业要想形成完整的产业链条，就必须提供更加高质量的旅游产品，而当前乡村旅游产品的开发依旧任重而道远。

乡村旅游业分工与协作机制与其他产业并无太大差异，主要就是协调各个主体之间的关系，但是乡村旅游业因为自身的产业特性，又存在许多与传统产业所不同的特点。首先是大部分地区的乡村旅游业都有政府深度参与，这就意味着乡村旅游业的分工协作机制中存在许多官方因素。政府作为行政主管部门，大多数情况是不承担生产任务的，但是政府又在产业发展过程中扮演了一个很重要的角色，绝大多数地区的乡村旅游业发展都是由政府主导发展的，所以政府在乡村旅游业的分工协作机制中扮演一个怎样的角色是一个很重要的问题，政府到底是扮演主导者的角色还是服务者的角色？主导是不是等于绝对干预？权限下放又以怎样的尺度为佳？当地政府如何回答这一系列的问题，将对本区域的乡村旅游发展产生重大影响。

而除了政府之外，另一大问题就是乡村旅游业中数量众多的村民参与者。村民是乡村旅游业发展过程中绕不开的绝对主体，在乡村旅游业的分工协作体系中扮演着重要的角色。村民作为乡村旅游业发展的第一受益人，首先要考虑的问题就是他们的利益绝对不能受到不当侵害，所以在乡村旅游的就业过程中往往要优先考虑乡村居民群体。但是乡村居民群体受限制于文化素质和专业能力，对于一些岗位往往不能胜任，所以这就产生了矛盾。此外，鉴于我国乡村地区严重的空心化现状，农村人口以老人和妇女为主，缺少青壮年劳动力，这样的现实状况也影响了乡村居民在乡村旅游业的分工协作体系中所处的位置。

乡村旅游业的分工协作体系中，除了政府和乡村居民这两个相对特殊的角色之外，乡村旅游业也要像其他产业一样处理与旅游企业以及资本之间的关系。乡村旅游企业作为乡村旅游业的专业主体产业，在乡村旅游业的分工协作体系中占有重要地位，发挥好乡村旅游企业的专业能力，能极大促进乡村旅游事业的发展。当前乡村旅游业发展的一大阻碍就是资本渠道单一，缺少投资，现阶段对于乡村旅游业而言，吸引更多的资本参与投资是比处理资本在产业内分工协作体系关系更重要的问题，等到有足够丰富的资本参与到乡村旅游产业的投资中之后，再考虑资本的驱动效应也不迟。

3.4.3 乡村旅游业的价值机制

乡村旅游的重要价值在前文中已经有过论述，乡村旅游业确实能够带来多面的积极价值，但当前乡村旅游业自身的价值机制却尚未完备。当前我们所说的价值机制一般是指乡村旅游业的价值创造机制、价值分配机制以及价值可持续机制。对于一个产业而言，形成完整的价值机制是该产业能否扩大自身产业规模，并获得可持续发展的关键，对于乡村旅游业而言也是如此。

乡村旅游业的价值创造机制与传统旅游业并无太大差异，都是通过发展旅游及其他相关产业来获得收益。但是与传统的景区型的旅游产业不同的是，由于乡村旅游业所处区位——农村的特殊性，相较于传统旅游业，乡村旅游业对于乡村地区而言，除了创造经济价值之外，也能为生态、文化、社会治理等方面创造积极的价值，这是乡村旅游业区别于传统旅游业所不同的价值创造。对于乡村旅游业价值创造机制的研究，有利于最大化地发挥乡村旅游业的价值效能，探索出乡村旅游业更多的价值。

与价值创造机制相比，乡村旅游业的价值分配机制才是乡村旅游业价值机制的核心。乡村旅游业与传统旅游业最大的不同就在于它肩负着振兴乡村的重任，与其他旅游业相比，乡村旅游业更像是一个服务乡村发展的经济工具，所以如何分配这个工具所创造的价值就成了重中之重。有一个大的原则是始终不变的，那就是始终要把乡村居民的利益放在第一位，而这也是乡村旅游业价值分配机制的核心所在。当前乡村旅游业的价值分配机制对于乡村居民的重视程度仍然有待提升，甚至依然存在侵占乡村居民经济利益的不良现象。在保证自身产业健康发展的前提下，乡村旅游业价值分配机制最重要的任务就是保障乡村居民利益最大化。

一个产业能否获得可持续发展，基础是它的价值创造方式与价值分配方式是否具备一定的可持续性。很显然，乡村旅游业在价值创造和价值分配上足够重视自身的可持续发展，所以乡村旅游业的价值可持续机制已经内生于价值创造机制和价值分配机制之中。只要乡村旅游业在发展过程中不破坏性的损坏基础资源，也不恶意改变价值分配机制，那么乡村旅游业的价值可持续性就能具备相对较强的生命力。

未来乡村旅游业的产业化发展重点将集中于上述的三个核心问题，如何解决好这三个问题将会成为乡村旅游产业未来发展的重中之重。在未来若干年，乡村旅游业仍有较大的发展空间，乡村旅游业倘若在这个阶段内把握住了发展机遇，获得快速发展，并且在自身产业建设上取得一定突破的话，乡村旅游业将会来到一个全新的发展阶段。产业化建设对于任何产业而言都是永无止境的探索，我国乡村旅游业的产业化探索才刚刚起步，面对的问题有很多，但这同时意味着未来的可能性也更多，只要乡村旅游业在当前的大环境下保持自身的发展节奏，未来取得全产业性的成功将成为一种必然。

未来乡村旅游业的产品开发，将在自身的品牌建设、产品特色化、服务专业化、开发专业化以及文化内涵上做出更多探索。在之前的发展阶段中，我国乡村旅游业所提供的旅游产品存在各式各样的问题，突出表现就是产品重复雷同严重缺少特色，旅游产品的开发不仅缺少品牌思维同时专业性也不足，所提供的旅游服务不够专业化，并且大部分的旅游产品都存在文化内涵不足这样一个通病。

在注重专业旅游产品开发的同时，对于旅游产品的品牌化建设也应当引起足够的重视。当前我国的乡村旅游产品市场，品牌化的旅游产品极其少，对于乡村旅游业的发展极为不利。当前我国乡村旅游产品严重的雷同问题，就与品牌建设的缺失有关，没有品牌意识，别人就可以随意抄袭，这不仅阻碍了我国乡村旅游产品市场的多样化发展，对于产品的初始开发者而言也构成了一定程度的知识产权侵害。除此之外，品牌建设的缺失，是我国乡村旅游业在实现规模化发展上的一大掣肘，因为要想实现规模化发展，就必须借助品牌效应来实现规模的快速扩展。在当前全域旅游的背景之下，品牌化乡村旅游产品将带来极大的发展优势。以浙江莫干山的乡村民宿产业为例，正是因为前期重视对“莫干山民宿”这一品牌的建设，在后期快速发展时才能取得如此巨大的成功。所以乡村旅游产品一定要加强自身的品牌化建设，只要开发出了富有特色的旅游产品，就应当重视对这个产品的品牌建设。

旅游产品很多都是服务型、体验型的产品，所以产品的特色化和服务的专业化就显得尤为重要。特色旅游产品的开发，基础是本区域内的特色旅游资源，而当你本身具备相对独特的旅游资源后，后续的开发就尤为重要。

未来乡村旅游业旅游产品的开发应当更多依靠专业的旅游产品开发公司，这与乡村旅游项目开发更多依靠政府主导要区分开来。前文我们论述了未来乡村旅游项目的开发将由当前多主体共同开发的模式，转向未来由政府主导的模式。旅游产品开发与旅游项目的开发在侧重点上有所不同，前者更加注重旅游产品带给人们的旅游体验，旅游的专业性更突出，后者则更加侧重整个项目开发的综合推进，以及在基础设施建设、协调各方面关系、资金筹集等方面的能力。所以乡村旅游产品的开发应当以专业的旅游产品开发企业为主导，更好地发挥旅游产品开发企业在这方面的专业性优势，只有更加专业的旅游产品才能带给游客更好的旅游体验。

特色旅游产品的开发，要以当地特色的自然人文景观以及特色的生产生活习俗为依托。特色的旅游资源是特色旅游产品的基础，我国幅员辽阔文化多样，广大乡村地区的旅游资源各有各的特色。总体上来说，当前乡村旅游的特色旅游资源可以分为这几大类：少数民族的特色民族风情，以贵州苗族的特色村寨为代表；独特的生活习俗所带来的旅游资源，以特色围屋旅游为代表；特色农业生产所带来的旅游资源，以梯田农业为代表；特色历史文化遗产类旅游资源，以古村落、“红色”村落为代表等这些各具特色的旅游资源是构成我国乡村旅游的基础，但是在拥有如此丰富的旅游资源的情况下，我们对于资源的利用情况还有待提升。而更好的资源利用方式，就是依托乡村旅游产品，将特色资源优势转化为经济优势。

产品特色以外，乡村旅游产品应当更加重视产品的文化内涵，充分利用我国乡村地区丰富的历史文化资源。过往的乡村旅游产品，无论是在形式上还是内涵上都相对有所欠缺。乡村旅游不仅要满足游客在休闲放松、娱乐消费等方面的需求，还可以通过利用我国乡村地区丰富的各类传统文化资源，满足游客文化体验、求知方面的需求。而要想满足游客这方面的需求，就必须依靠那些具备深层次文化内涵的旅游产品，所以未来乡村旅游产品的开发，更加重视产品的文化内涵将成为一种必然。

我国的乡村地区作为我国农耕文明的发源地，有深厚的历史文化积淀，如何利用好这些文化资源，是乡村旅游业发展必须面对的问题。我国乡村地区经过几千年的文化积淀，形成了丰富的文化资源，比如大量的古建筑、古遗址等实物性的文化资源，以及优秀的传统手工艺以及不同地区所形成的独特的风俗习惯、艺术活动等。当前乡村旅游业对于乡村文化资源的利用还处于一个相对较初级的阶段，主要以参观古建筑、古遗址以及参加各类的集体“文化”活动为主。这种类型的旅游产品，虽然也具备了一定的文化内涵，同时成本较低也较易开展，但弊端是文化体验感受不强，所体验的文化层次也相对较浅。未来，我们需要更多体验感更强，并且关注的文化层次更高也更加多元的旅游产品。比如关注一些面临传承危机的传统手工艺技术，可以在旅游过程中设置一些学习体验这类手工艺的活动；关注一些富有地方特色且文化内涵丰富的艺术门类，诸如地方戏曲或者其他乡村民间艺术，乡村旅游业可以依托这些文化艺术资源，开发出各种体验性强的旅游产品，不仅能满足旅游者对于文化体验方面的需求，也能间接地促进这些传统手工艺或者地方艺术的传承与发展。

文化类的旅游资源与自然景观类的旅游资源存在很大的差异性。首先文化旅游资源很多都是无形的、不可见的，都是依托于某种外在形式而存在，其次文化旅游资源相对于景观类资源而言有一定的利用门槛，无论是对于旅游产品的开发者还是消费者而言。基于此，我们在进行文化旅游产品开发时，首先要把握的就是不同文化的不同表现形式，根据它的表现形式把握它的规律和特点，进而抓住各类文化的核心体验，依托核心体验来进行旅游产品的开发。其次，要找准文化旅游产品的定位，这个定位既包括对于产品本身的定位，也包括对目标消费群体的定位。例如开发一个传统农耕知识科普的产品，就应当找准自身文化科普类的定位，目标消费群体也应当为那些低年龄段的学生群体。

相对于其他资源而言，“文化”始终是有一定门槛的，即使是大众文化，对于少数群体而言也会有一定的接受困难，所以找准文化定位是一件很重要的事情，只有资源定位精准，才能做到接下来产品和消费群体定位的精准。文化型的旅游产品应当层次分明，既有满足绝大多数人的大众文化产品，也有针对不同文化水平、不同需求的高级产品，虽然说文化有“门槛”，但是旅游产品应当做到让每个人都“有门可进”，做到真正的雅俗共赏。文化的“门槛”不应当成为一种限制，而是应当被视为更好细分文化旅游产品与市场的一个工具、一个标准。文化的门槛是双向性的，不仅仅表现在产品上，同样适用于旅游产品的开发者，并且对文化型旅游产品的开发者有更加高的要求。而要想开发出好的文化旅游产品，开发者自身必须要具备较高的文化素质，这个文化素质的具体表现为对文化旅游资源的深刻理解、对旅游产品开发专业知识的熟练运用，以及对大众文化心理的准确把握。只有开发者自身具备了足够高的文化素质，才能与文化资源处于同一个高度上，只有这样才能做出高质量的文化旅游产品。

除了旅游产品之外，提升乡村旅游服务的专业性也是一个急待解决的问题。当前乡村旅游的从业主体主要有三类，一是村民，二是政府公开招聘的服务的人员，三是旅游企业专门从事旅游服务的人员。这三个群体中，政府公开招聘的服务人员一般从事的都是行政性的工作，即便有部分专业从事旅游服务的人员，他们的专业素质也能够有所保障，毕竟经过政府招聘的人员各方面素质都相对较高，我们唯一要担心的就是他们在行政服务中的态度，以及是否会对产业发展做出过多的不必要的干预。旅游企业的专业服务人员一般而言，在服务质量和服务能力上是能够有所保障的，毕竟会有系统的专业技能培训，并且旅游企业也会对他们的从业水平进行监督。

村民是三个群体中数量最多的一个，但同时也是存在问题最多的。前文提到过，为了提高乡村居民的收入，保障乡村居民的经济利益，除了部分自主从业的乡村居民之外，政府和乡村旅游企业也必须安排一些就业岗位给当地居民。自主从业的乡村居民相对于政府和企业安排的乡村居民从业人员而言，整体的服务质量稍高一些，因为毕竟自身作为一个从业主体，要有好的服务水平才能维持自身的发展，这也是市场条件下的一种生存约束，会倒逼他们提升服务质量。而另外一类乡村旅游从业人员，鉴于文化素质、专业能力上的限制，服务水平就相对较低，这个“低”主要表现为服务态度相对较差、无法熟练掌握部分专业技能以及学习与自我提升的空间相对有限。

乡村旅游业本身最大的意义就是作为一种产业来带动乡村经济的发展，促进农村居民增收。同时，旅游服务业作为乡村旅游业中创造就业岗位最多的部门，是通过就业带动村民脱贫致富的重要抓手。而就一个产业本身而言，要想维持自身的良好发展，就必须保证产业内部各部门所提供的产品和服务的质量，尤其是旅游业这种强调体验的产业，所以这就产生一个矛盾，即带动就业与自身产业发展质量之间的矛盾。这个矛盾并不是不可调和的矛盾，但是鉴于当前我国乡村旅游业的发展水平，以及现阶段的主要目标，这个矛盾并没有得到足够的重视。而在未来乡村旅游业转型升级发展的大背景下，解决好这个矛盾，将会成为未来乡村旅游业升级的一个突破口。

当前乡村旅游服务部门对于乡村劳动力从事乡村旅游服务的重视程度相对不够，在就业培训、岗位分配等方面都存在一定的不足。对从事乡村旅游服务的乡村居民进行岗前培训是提升有关从业者从业水平的一个有效举措。

但是目前对于乡村居民从事旅游服务业的就业培训普遍效果不够好。一方面确实是乡村居民在文化素质上有所欠缺的现实情况，而另一方面则是培训者自身在内容设置、培训周期、专业素养等方面的缺失。

当前居民从事旅游服务的就业培训主要由当地政府承担，政府主导有其在人员组织等方面的好处，但是也有专业能力不够这样的短板，所以二者需要有所结合才能发挥出更好的效果。未来的乡村旅游服务就业培训可以采用由政府组织人员并筹措资金，但是将培训的任务委托给第三方，由专业的旅游服务企业来进行的模式。在这样的模式下，能够充分发挥乡村旅游企业的专业能力，同时政府也能在一旁对培训的质量进行监督和把关，相对来说，能够最大限度地保证乡村居民得到充分、高质量的就业培训。与此同时，考虑到乡村居民从业者在文化素质、学习能力上的相对不足，应当尽量合理地延长培训时间并且合理设置培训内容，而不是像过往那样三天草草结束，内容繁杂琐碎且实用性较差。并且考虑到乡村旅游业的快速发展，对于从业者的培训应当是一个持续性的过程，只有通过不断的学习和提高，乡村居民作为乡村旅游服务的从业者才能够跟上产业发展的节奏而不被淘汰。

除了就业培训以外，合理地安排就业岗位，使乡村从业者的从业能力与岗位需要相适应也是提升乡村服务从业者从业质量的一个重要举措。虽然目前乡村居民从事的岗位总体上都是门槛较低的一些岗位，但政府和乡村旅游服务企业依然要实事求是地考虑从业者从业能力的实际情况，合理安排就业岗位，做到物尽其用，人尽其才。另外，对于一些能力突出、文化素质高的乡村青壮年劳动力，政府和乡村旅游企业不能存在就业歧视，应当尽量安排其从事与其能力相符合的岗位。

很多人认为解决乡村旅游服务业服务质量与产业发展之间矛盾的关键在于提升乡村旅游服务业的就业门槛，从根本上提升从业人员的素质，但这并不是一个好办法，反而有“因噎废食”的嫌疑，并且考虑到乡村旅游业的产业价值，这个办法并不现实。基于我国乡村地区常住人口结构的不合理性，要想从根本上解决这个问题，关键是通过乡村旅游业发展来吸引更多的乡村青壮年劳动力回流乡村。这并不是对乡村旅游业就业门槛的提升，而是买方市场（旅游服务业部门）对卖方市场（乡村劳动力）进行的供给升级，而要想做到这一点，就要求乡村旅游业继续做大做强，创造更多的经济价值，吸引更多的乡村高质量劳动力回流农村，乡村旅游业还有很长的一段路要走。

全域旅游是旅游业发展的一个大趋势，乡村旅游业因其自身的特殊性，具备许多发展全域旅游的特殊优势，全域旅游是未来乡村旅游业发展的一个重要抓手，发展好全域旅游将成为未来乡村旅游产业在产业规模和产业辐射效应扩大上的关键所在。

受制于规模、开发能力以及营销上的不足，过往的乡村旅游业发展的辐射区域相对较小，产业内部缺少协同整合，未能进一步扩大自身产业规模以及产业效能辐射区域。当前，受惠于近几年国家对乡村产业发展的重视，乡村旅游业借助一系列的优势条件迅速扩大了自身的产业规模，这为乡村旅游业的全域化发展创造了基础条件。除此之外，乡村旅游业资源相对集中，一般以县为单位，区域面积较小，在一个相对狭小的空间范围内，有利于整合区域内的所有旅游资源和旅游产业，做到资源、产业、环境的综合利用，促进全域旅游的发展。自 2017 年政府工作报告正式提出发展全域旅游以来，我国旅游业在探索全域旅游发展方面付出了较大努力，尤其是乡村旅游业的全域旅游发展，走在了整个旅游行业的前面。但目前乡村全域旅游的发展仍然存在许多的不足，还有很大的发展空间，在产业边界的拓展以及产业上限的提升上依然存在许多可能性，所以未来乡村全域旅游的发展还有很长的一段路要走。

全域旅游，顾名思义就是“全区域”的旅游，这个区域一般是以县为单位，具体是指“将一个区域作为旅游项目的目的地来建设，实现区域资源的有机整合、产业融合发展、社会共建共享，以旅游业带动和促进经济社会协调发展”。按照这个定义，我们可以简单地将全域旅游理解为，在整个区域内综合利用旅游资源，使得各乡村旅游企业实现融合、协同发展，这是空间维度和资源利用维度下的全域旅游。而随着全域旅游内涵的不断丰富发展，理解全域旅游还可以从多个不同维度、不同视角出发，除了空间和资源利用维度以外，还可以从时间维度上理解，即“全时间”，这个概念是基于当前乡村旅游业发展存在严重的“淡旺季”问题，存在严重的时间不平衡，“全时间”段的发展，打破原来淡季旺季的限制。除此之外，还有“全产业”视角，即将乡村旅游业打造成一个全产业参与的综合性产业，摆脱原有的单一思维，将乡村旅游业的创收模式转变为产业性的收入模式；“全民”参与视角，即积极鼓励本区域内的人民群众投身乡村旅游产业，做到全民参与、共建共享；“全受众”视角，开发出更加丰富多元、层次分明的乡村旅游项目和旅游产品，以此来进行市场细分，并满足更多受众群体的消费需求；“全文化”视角，即将某一个有共同文化基础的区域打造成一个文化共同体，然后依照共同的文化基础开发文化旅游项目和旅游产品。

全域旅游中的全域是一个相对的空间概念，在“旅游业”中全域可以是一个很大的范围也可以是一个很小的范围，主要看不同主体的行政区划级别。但“乡村旅游业”中的全域概念与传统旅游业的全域概念有所不同，这个全域的空间一般是县级的行政区划，在部分乡村旅游业较发达的区域，这个空间可以进一步缩小到乡镇乃至行政村。我国的农村一般都是由县一级的行政主管单位管理，行政区划上也一般位于县级的行政区划内，所以一般乡村旅游业的全域化都是以县为单位，强调县域内的全域旅游发展。乡村旅游业以县为单位发展全域旅游既有出于行政区划上的现实考量，同时也受乡村旅游资源区域性集中这一现状的影响。县级区域是一个不大不小的区域，再过小的细分则可能无法发挥出产业的规模化效应，在开发时也存在效率上的问题，需要增加大量的资源进行不同的细分开发；而区域过大的话，则又会在协调统筹上产生一定的困难。一般在同一个县域空间内，旅游资源一般相对集中，并且具备一定的相似性，这样就为综合开发和有机整合区域内资源提供了便利条件，在推进全域旅游开发时，也能充分满足项目开发的统一性。所以，乡村全域旅游在空间上一般都是以县为单位，在本县域内推进乡村旅游业的全域化发展。

在县域内推进乡村旅游的全域化发展，最大的优势就是能够协同开发，综合利用乡村旅游资源。过往的乡村旅游开发，缺少必要的统筹规划，造成了一系列的问题。例如两个相邻的自然村，拥有相似的旅游资源，但在乡村旅游项目的开发上却各行其是，一般而言这样临近区域内拥有相似旅游资源的情况，最好的办法就是统一开发，让两个自然村共同发展同一个旅游项目，但现实情况是，由于缺少统筹规划，两个村在意见上不统一、步调不一致各干各的，最后开发出两个项目，同时又由于两个自然村旅游资源上的相似性，最后必然造成这样两个村的旅游项目重复雷同严重，而这对于双方而言都是一种伤害。能够统筹推进区域内乡村旅游项目的开发，同时有机整合区域内的各类旅游资源，是乡村旅游全域化发展的最大优势，而能否将这项工作做好，也是乡村旅游业能否在区域内实现高质量发展的关键。

发展全域旅游，关键是区域内的各个旅游项目互相之间能协调发展，即各自发挥各自的优势，互相之间又能有效地联系起来，成为一个互相联系的综合性产业集群。要想将区域内各个乡村旅游项目有机整合为全域旅游背景下一个互相联系的综合性产业集群，其中最关键的部分就是在区域内旅游项目开发的初始阶段，由政府主导进行有序科学的统一规划。开发时既考虑各个不同项目的实际情况，同时又从全局把握，将各个旅游项目统一到全域旅游的大战略之中来。当前绝大多数地区在发展全域旅游时，都需要对本区域的各个旅游项目进行重新规划，乡村旅游业也不例外。这其中的原因，主要就是因为各个不同的旅游项目，开发的时间不同，开发时无法进行统一的科学规划。而当前为了推进全域旅游发展，对本区域旅游项目的重新规划整合已经不可避免，所以未来乡村旅游业的发展不管是出于旅游全域化还是出于其他考量，一定要进行统一的科学规划。不过好在我国大部分地区的乡村旅游业发展尚处于起步阶段，已开发的乡村旅游项目数量还远未达到饱和，对于未来新增加的项目已经明确了实行统一科学规划的思想，而这也是为什么乡村旅游业如此重视自身全域化发展的一个原因，不仅是因为自身区域相对较小且资源相对集中的这一优势，未来巨大的发展空间和相对容易取得成功也是其中一个重要原因。

我国旅游业普遍性地存在淡旺季问题，乡村旅游业也不例外，有些地区甚至存在更为严重的情况，所以乡村旅游的全域旅游化发展不仅要考虑空间上的全域化，面对严重的淡旺季问题，也应当考虑自身的“全时间”化发展，即突破原有的淡季旺季限制，具备时间上的可持续的发展能力。

淡旺季问题是一个困扰全球旅游业已久的问题，并且一直没有找到解决的办法，实际上这个问题也无法得到根本性解决，只能尽可能地改善。淡旺季问题，根源上是旅游资源的问题，因为有些旅游资源本身就是一种季节性的资源，比如冬天东北的雾凇景观或者是季节性开放的花卉景观，所以旅游业的淡季和旺季问题有时候是不可避免的根源性问题。因为旅游资源作为旅游业的核心基础，其自身就是季节性存在的，所以说这个问题无法彻底解决，只能尽量改善。对于乡村旅游业而言，大部分的乡村旅游项目，都不以季节性的资源作为自己的旅游核心吸引物，只有少部分的乡村旅游项目是建立在那些季节性的资源基础之上的。

一个旅游目的地，是依赖于旅游资源而存在的，倘若旅游资源存在季节性问题，那它自身的季节性问题也就无法避免。而过于严重的季节性问题，即旺季的经营收入无法弥补淡季经营收入的不足，这对于一个旅游目的地而言是极为不利的。对于乡村旅游业而言，对于季节性问题带来的产业短板，它的承受能力是不如传统旅游业的。一方面是因为乡村旅游业即使是在旺季，也无法产生像传统旅游业那样的爆炸性客流量，它在游客承载能力上的不足决定了它的客流量上限无法和传统旅游业相比，所以存在季节性问题的乡村旅游项目，很可能无法在旺季获得足够的收入来弥补淡季的不足。另一方面，乡村旅游业有数量相当庞大的从业群体是村民，倘若淡季持续的时间过长，对于他们的经济条件而言是较难接受的，同时较长的淡季会让大量的乡村居民从业者处于一种无所事事的状态，这对于乡村治理而言也是一个考验。较长的淡季也会增加已经从事乡村旅游业的乡村居民脱离乡村旅游业的概率，寻找其他的就业方式，而重新成为输出劳动力成为一个城市打工者是他们绝大多数人的选择，这对于缓解乡村人口结构的不合理状况也会造成一定的不利影响。所以对于存在季节性问题的乡村旅游项目来说，找到缓解季节性问题带来的不利影响的方法是它们能否继续留在这个产业内的关键。

要缓解乡村旅游业季节性问题所带来的不利影响，需要根据不同旅游目的地存在问题的严重程度以及其他具体情况，采取不同的针对性措施。通常来说，倘若是核心的旅游资源存在特别严重的季节性问题，一般而言是不建议以其为资源基础开发旅游项目的。但是存在一类政府开发的旅游项目，也存在季节性或项目寿命周期相对较短的问题。由于此类项目一般所起的主要作用是进行形象宣传，并不是为了产生经济收益，所以不在我们的考虑范围之内。为什么不建议开发季节性问题严重的旅游项目呢？主要是因为此类旅游项目不仅无法获得可持续性回报，还需要不断地投入一定的维护运营成本，很可能在成本还未收回的情况下就已经无法维持了。倘若是已经开发的旅游项目，一方面要尽可能的让它价值最大化，即在最短的时间内发挥出最大的价值，这需要运营主体对相关项目进行更加彻底的商业化开发，同时在营销上进一步发力。倘若开发此类项目的经营主体是村民不是政府或旅游企业的话，建议居民寻找其他产业扩大自己的收入来源，不要单纯依靠这样的旅游项目。

对于季节性问题相对较轻的乡村旅游目的地而言，它们的问题没有那么严重，但也会产生一定的不利影响。对于此类的乡村旅游而言，倘若能够补齐季节性问题这一短板，对于自身发展将会起到极大的促进作用。这一类乡村旅游目的地的季节性问题一般而言，是由于旅游资源本身的季节性差异不会太过明显，并且除了带有一定季节性的旅游项目之外，还有一些非季节性的旅游项目。对于此类乡村旅游目的地中存在的季节性问题，要从项目本身入手，优化自身的旅游项目配置，根据自身资源，加强对非季节性旅游资源的开发利用。不过度依赖这些有季节性缺陷的旅游项目，同时要在允许的范围内加强季节性旅游项目的商业开发，使其经济效益最大化，同时在“旺季”要加大营销力度，吸引更多的游客参观游览。

对于旅游目的地的季节性缺陷，我们只能根据其特点尽可能地将季节性缺失的伤害降到最低，要最大化地利用旺季的游客资源，使效益最大化。全域旅游中的“全时间”概念也是一个相对的概念，这个时间上的全是相对于过往的不全而言的，是通过开发现有资源，优化本目的地的旅游项目配置，同时加强商业开发，最大化利用旺季客流量。优化旅游目的地本身的旅游项目配置，不过分依赖有时间缺陷的旅游项目，能一定程度上在时间上弥补此前的“不全”，而使季节性项目效益最大化，是一种效益上的补全，即以旺季的最大化效益，弥补相对不足的淡季效益。

乡村旅游全域化发展的“全民”与“全受众”是两个相对较好理解的概念，即在从业主体上强调区域内居民的全体参与，以及消费客体上的全民容纳。

乡村居民的参与是乡村旅游业赖以生存和发展的基础。当前我国乡村旅游业乡村居民的参与力度呈逐年上升趋势，这其中既有乡村旅游业本身对于乡村居民的必要性需求，也有为进一步深入推动打赢精准脱贫攻坚战助力乡村居民脱贫致富的政策性推动。从总体上来看，随着未来我国乡村旅游业在产业规模上的不断扩大，以及产业发展质量不断上升，对于乡村居民的参与需求也会逐渐扩大。但与此同时，乡村旅游业在吸引村民参与到产业环节的运转过程中也仍存在一些不足之处，最突出的表现就是即便有大量的村民参与到乡村旅游业大发展之中，但是只有参与的广度而缺少参与的深度。

村民作为从业的主体，是乡村旅游业从业主体中最主要的人群，但是当前乡村居民在乡村旅游业的发展中并不处于核心地位，他们的参与方式也只是更多地集中在就业参与，而考虑到旅游业的劳动力密集属性以及相对较低的就业门槛，绝大多数乡村居民都停留在产业参与的最表层。造成这种现象的原因，首先不能忽略的是乡村居民自身在文化素质和专业能力上存在的现实性不足，其次是政府和有关乡村旅游企业为了确保产业的健康发展在产业的进一步参与层次上并不会考虑村民，而更多的是安排政府人员或者是专业的旅游业从业人员。除此之外，部分地区对于村民进一步参与到乡村旅游业中的支持力度不够，导致很多居民心有余而力不足。并且目前乡村旅游业本身对于村民的参与吸引力度还不够大，还有一大批文化素质等各方面条件都更优秀的村民仍然作为输出劳动力在外务工，而乡村旅游业要想在未来获得更进一步的发展，就不得不依靠更多的乡村优秀人才参与，这是未来乡村旅游业发展所不得不面对的一个重大问题。

发展全域旅游对于乡村居民而言是一个参与乡村旅游业的良好契机，不仅能吸引更多的人参与其中，全域旅游也在为村民深度参与乡村旅游业创造一定的有利条件，而要想在这两方面都取得一定成功的话，乡村旅游业自身还需要解决一系列的问题。首先是要加大对村民自主参与乡村旅游业的扶持力度，有许多的村民想自主创业进一步参与到乡村旅游业中来，但是苦于缺少资金以及其他政策性的扶持，未能再更进一步，所以基层政府对于那些有意愿自主创业更进一步地参与到乡村旅游业发展中的村民要加大各方面的扶持力度。其次乡村旅游业要吸引更多的乡村人才参与到乡村旅游业的发展中来，人才对于任何一个产业而言都是至关重要的，考虑到乡村旅游业中村民群体的庞大数量，并且这个基数在未来还会不断地扩大，而在数量增加的同时，提升人才的质量就成了关键所在。乡村旅游业应当鼓励更多的乡村优秀人才更加深度地参与到自身的产业发展中来，因为对于优秀的乡村人才而言，只有更加深度的产业参与，才能获得更加丰富的经济回报，对于他们而言，仅仅是简单的从事层次较低的服务工作，既不能与他们的能力相适配，也无法满足他们对于经济收入的需求。

乡村旅游要想实现全域化发展，就需要更多的乡村优秀人才更加深度地参与到产业发展中来，同时乡村旅游的全域化对于那些有志于从事乡村旅游业的乡村居民而言也是一个良好的契机。以江西省赣州市大余县为例，大余县就是借助推进本县乡村旅游业的全域化发展，鼓励全民参与乡村旅游业发展，并且通过一系列措施，成功将自身打造成为“中国最美绿色旅游生态县、中国最美乡村旅游目的地”。在发展推进乡村旅游全域化发展的进程中，大余县创造性地提出了“一乡一品牌”“一村一优势”“一庄一特色”的全新发展思路，并整合全县红色、古色、民族、生态等各种旅游资源，聘请国家级的专业规划设计队伍对区域内的所有乡村旅游项目进行统一的综合开发。大余县出台了一系列支持性政策鼓励乡村居民参与乡村旅游业发展，并吸引了一大批优秀人才回乡参与乡村旅游创业。同时大余县十分重视将乡村旅游业与精准扶贫战略相结合，以大余县黄龙镇大龙村为例，该村作为深度贫困村，有一大批贫困户通过深度参与乡村旅游业发展，有了产业依靠实现了脱贫致富，户均增收 3 万元以上。目前大余县农民占乡村旅游业从业人员的比例已达 60%以上，农民的深度参与，使得大余县的乡村旅游业真正做到了共建共享，不仅达成了自身的全域化发展，在全民参与方面更是取得了极大成功。

与传统的旅游业相比，乡村旅游业在受众群体上存在一些先天上的劣势。首先是乡村旅游业的旅游资源不具备传统旅游业所依赖的那些旅游资源的强知名度，就算是再有名的乡村旅游目的地，它的知名度肯定也无法和黄山、西湖这样的传统旅游目的地相比。这一现象是很多因素共同造成的，除了乡村旅游资源本身在历史积累、资源独特性方面的现实不足之外，乡村旅游对于品牌建设以及营销推广方面的缺失也要承担一定的责任。而除了旅游资源本身的不足之外，乡村旅游业在受众群体上的天然劣势是乡村旅游的目标受众群体并不包含广大的乡村居民本身而主要面向城镇居民。原因在于旅游是多种心理共同推动的消费行为，求异心理是推动人们外出旅游的重要推动力，而乡村旅游项目的旅游吸引力对于长期生活在乡村地区的村民而言，难以吸引其成为乡村旅游的消费者，只能作为供给的一方。

对于村民而言，乡村是他们惯常的生活环境，绝大多数人不会将乡村选做自己的旅游目的地。虽然当前我国的城镇化率在不断地提升，城镇居民占总人口的比例不断上升，但考虑到我国农村将近六亿的庞大人口基数，以及一大批近年来由农村人口转变为城镇人口的城镇居民，实际上有将近七亿人口是缺乏乡村旅游的内生推动力的。而近年来随着我国乡村居民收入的提升，他们的旅游需求也日渐增长，但是很显然这一部分需求不会过多地惠及到乡村旅游业，所以这一系列现实的情况确实不利于乡村旅游业的“全受众”发展。

乡村旅游业要想进一步的拓宽自身的受众群体，就必须依靠于更进一步的市场细分，在更精细的细分市场的基础上，根据不同群体的不同需求，针对性地开发出更多面向不同需求的细分旅游产品。所以问题的关键又回到了旅游产品的开发上，对于乡村旅游业来说，要想获得持续健康的发展，就必须进一步提升自身的产品开发能力。一方面是要精准把握不同群体的不同需求，以需求为导向；另一方面是要准确把握自身旅游资源的特点，以此作为产品开发的基础。既把握不同群体的需求，又具备自身的资源特色，才能进一步拓宽乡村旅游业的受众群体，真正做到“全民参与，全民享受”。

伴随着未来我国旅游消费需求规模扩大、质量上升的大背景，实现自身转型升级发展已成为未来乡村旅游业发展的必由之路。乡村旅游业的转型升级，与当前国家大力推行的各行业供给侧结构性改革存在许多相似之处。而乡村旅游业转型升级的关键，就在于能否持续地开发出高质量的旅游产品，改变以往缺少特色缺少层次的产品供给结构，淘汰那些雷同严重、体验感低、对生态环境破坏大的低质量旅游产品，以更加高质量的旅游产品取而代之。其他诸如自身的产业建设、品牌开发、全域化发展等方面，都建立在高质量的旅游产品的基础之上。

从目前的发展趋势来看，未来会有越来越多的专业队伍进入乡村旅游业的发展之中，为乡村旅游业提供更多更加高质量的目的地。而随着未来乡村旅游业的不断发展，创造的经济效益规模越来越大，会吸引更多的乡村人才回乡投身乡村旅游业发展，这对于乡村旅游业以及乡村自身而言，都具有重大意义。未来，国家对于乡村地区发展的重视程度会持续提高，会在投入大量资源的同时出台更多的支持性政策来推动乡村的发展，在这个过程之中，乡村旅游业要明确自身定位和发展方向，把握住各种有利条件，在更好实现自身发展的同时，以更加高的效率和更加强的带动效应服务于未来我国的乡村振兴事业。

第 4 章　乡村振兴战略与环境审计

4.1　环境审计发展服务乡村振兴

20 世纪 60 年代，随着环境问题日益严峻，出于对环境保护的强烈需求，一些国家和相关组织开始寻求新的环境保护对策，并采取了一系列积极行动，环境审计因此应运而生。环境审计的产生，体现了审计应有职能的发展以及审计在社会发展中所能发挥的重要作用。

虽然经过了几十年的发展历程，并且发挥了自身的重要作用，但是截至目前学界对于环境审计的具体定义依然存在一定争议。但总体上，各个环境组织、世界银行、审计职业团体以及个人研究者对于环境审计的概念定义大体上都是依照以下框架：

①由一定的审计组织（如政府审计机关、企业内部审计部门、社会审计服务团体）实施；

②根据具体审计内容（如财务审计、合规性审计、绩效审计）和审计准则及其标准的审计程序实施审计；

③取得审计证据并参照一定的标准从而得出审计结论；

④产生对环境保护管理活动及其成果的独立的监督和评价效能。

参照这个框架，包括我国在内的各个国家在过去的发展历程中，环境审计事业都取得了长足的发展和进步，但与此同时，随着环境审计本身内涵的不断丰富和发展，这个总体框架也需要不断地丰富和发展，所以环境审计总体而言仍然处于一个不断发展的阶段。

随着经济和科技的快速发展，以及社会各个方面的不断进步，如今的审计与传统审计相比发生了许多变化。传统的审计主要涉及经济活动，主要以财务审计为主，而现代审计既涉及经济活动，同时还深入到各个社会领域乃至科技领域。同时审计内容也大大扩展，除传统的财政财务审计之外，增加了绩效审计、管理审计、质量审计以及社会相关审计等。环境审计就是社会相关审计中的一种，是伴随着经济发展中出现的环境问题而产生发展的一项审计门类。

审计机关受政府委托进行独立的第三方监督，根据政府公共受托责任的扩大，审计机关的职能也必然随之延伸。同时政府受托责任的扩大带来审计机关受托责任的扩大，政府以此寻求对自身环境管理责任的监督。传统审计认为，监督是最重要的职能，而现代审计除了重视监督职能，还有评价、鉴证、管理、服务等多种职能，审计职能的扩大和丰富，为审计事业更好服务社会发展奠定了坚实的基础。

乡村振兴战略是解决我国社会主要矛盾的重大战略，也是弥补乡村治理短板从而推进整个国家治理能力和治理体系现代化的重要举措。国家审计是国家治理的重要工具，因此，国家审计要为乡村振兴战略服务是应有之义，同时也是利用审计手段，更好地解决当前乡村存在的各类问题的现实要求。

此前，我国的审计事业尚未完全覆盖乡村地区，乡村地区的国家审计主要集中在对乡镇一级政府财政资金的审计上。而随着现今乡村振兴战略的深入实施，乡村产业、社会治理、乡村文化不断发展，乡村对于审计服务的需求也愈发广泛而迫切，这是实施乡村振兴战略对我国国家审计提出的新课题。

当前乡村地区各个领域存在的问题需要找到更加高效便捷的解决方法，环境审计恰好能满足这一需求。具体而言，以经济环境审计为例，随着乡村振兴战略实施，大量的专项资金涌入乡村，如何更好地监督这些资金的使用，使其发挥最大化的效能是党和政府以及乡村居民共同关注的一个重点问题。在过往，对于乡村专项资金的监管主要依靠上一级政府内部对于下一级政府的财务审计，以会计账簿审计为主。对专项资金的使用进行会计账簿审计确实能起到一定的监督作用，但是对于资金使用是否合规，资金使用效能是否最大化发挥等方面都存在不足，而这也正是为什么乡村地区需要建立乡村环境审计制度的原因。建立起完备的环境审计制度能够对乡村发展进程中的各个领域都进行更进一步地审计监督，对于解决当前乡村各领域存在的各种问题，推进乡村振兴战略更好实施有重要意义。

乡村环境审计的概念有广义和狭义之分。具体而言，实施乡村振兴战略必须发展乡村产业，而发展乡村产业必然会引起各式各样的乡村生态环境问题，解决乡村发展过程中的生态环境问题是当前乡村环境审计最重要也是最迫切的任务之一。为了更好落实习近平总书记和党中央的绿色发展理念，保护乡村生态环境，在推进乡村振兴战略深入实施的同时，有必要将环境审计机制引入乡村，建立乡村环境审计机制，更好地服务乡村发展。在乡村建立环境审计机制，让环境审计机制服务乡村生态环境保护，使环境审计的对象从集中的城市生态环境扩展到分散的乡村生态环境，这是狭义的乡村环境审计。

乡村环境审计是乡村治理的一部分，是服务乡村发展的一个有效治理工具。治理有效是实现乡村“产业兴旺、生态宜居、乡风文明和生活富裕”的保障。因此，乡村环境审计要把促进乡村治理现代化和提高治理效率作为任务，推动乡村“治理有效”。这时，乡村环境审计的对象不再局限于单一的生态环境，而从乡村生态环境扩展到乡村经济环境、政治环境、文化环境和社会环境，亦即广义的乡村环境审计。这需要乡村环境审计提高战略高度和政治站位，落实习近平总书记和党中央的重大决策，从经济、政治、文化、生态和社会五位一体的角度实施环境审计。

乡村环境审计广义与狭义视角的差异，具体表现为乡村环境审计在审计对象上的差异。乡村环境审计，首要任务是助力乡村生态环境保护，这既是环境审计的主要职能，同时也是乡村生态环境重要性的具体体现，以及乡村目前生态环境问题亟待解决的现实要求。对于乡村而言，良好的生态环境是赖以生存的空间基础，也是未来乡村可持续发展的必要条件，对乡村的重要性不言而喻。而乡村环境审计作为服务乡村生态环境治理的重要治理工具，必然要更加关注生态环境方面的问题，所以会产生狭义背景下的环境审计。与此同时，乡村振兴战略是一个全方位的战略，它在乡村经济、政治、文化、生态和社会发展的各个方面都发挥了极大的促进作用。但在快速发展的同时，各种各样的问题也应运而生。抛开生态环境方面，乡村在经济、文化、社会等各个方面存在的各式各样的问题，都可以利用审计手段更好地解决，所以会有广义视角下的环境审计。

对于乡村环境审计自身而言，它只是作为一种服务乡村有效治理的治理工具。无论是广义的乡村环境审计还是狭义的乡村环境审计，二者之间除了审计对象和审计方法上略有差别之外，并没有其他不同。乡村环境审计的任务始终都是利用审计手段更好地服务乡村发展，至于审计对象和所使用的审计方法的差异并不是主要的关注点，无论是广义视角还是狭义视角，乡村环境审计的核心职能始终是利用自身的审计手段，更好、更高效地服务乡村发展。

4.2　环境审计助力全面脱贫攻坚接续全面乡村振兴

2020 年，我国完成了全面脱贫攻坚的历史性目标，我国现行标准下的农村贫困人口全部脱贫，完成了战胜区域性整体贫困的历史任务。但是脱贫攻坚是我国乡村振兴万里长征的新起点而不是终点，在全面脱贫的基础上，我国要向实现乡村全面振兴的伟大目标继续迈进。习近平总书记在全国决战决胜脱贫攻坚座谈会上指出"要接续推进全面脱贫与乡村振兴有效衔接"，并从我国主要矛盾变化、工作思路、体制机制等方面提出了具体要求。当前，在全面脱贫背景下，在坚守打赢全面脱贫攻坚战防止返贫底线的同时，探索全面脱贫与乡村全面振兴的有效衔接已成为当前我国乡村工作的主要阶段性任务。

2020 年在全面脱贫的背景下，农村居民收入持续上升，农村居民与城镇居民收入差距持续缩小。经过全国干部群众长时间的不懈努力，全面脱贫接续全面乡村振兴已经有了良好的基础性条件。但是受新冠肺炎疫情影响，我国经济增长放缓，影响农民增收乡村发展的外部环境日益复杂。因此更需要在全面脱贫的基础上接续全面乡村振兴，以有效巩固和扩大全面脱贫攻坚成果。全面乡村振兴，仍然要以产业兴旺、生态宜居、乡风文明、治理有效、生活富裕为总抓手。抓住重点、因地制宜、补齐发展短板、巩固发展优势，真正做到脱贫攻坚与全面乡村振兴的有效衔接。

4.2.1　环境审计在全面脱贫接续全面振兴阶段下的治理工具价值

在产业兴旺、生态宜居、乡风文明、治理有效、生活富裕的总要求下，环境审计工具仍然能够发挥其自身的治理工具价值，且与全面脱贫阶段相比，环境审计工具更能发挥其广义环境审计意义下对于乡村各项工作的治理价值。

在全面脱贫攻坚背景下，审计制度作为国家治理工具参与脱贫攻坚的主要方式是对相关的扶贫建设资金进行严格的财务审计。在全面脱贫与乡村振兴有效衔接阶段，乡村用于扶贫工作的资金规模整体上将呈现下降趋势，但是用于乡村振兴具体工作环节诸如生态文明建设、文化建设、社会治理等方面的专项资金将会增加。这些专项资金，仍然需要审计监督以财务审计的方式监督其使用，审计制度的治理效能将继续发挥重要作用。但在具体环节上，环境审计可以在广义环境审计的视角下，发挥出环境审计除单纯的财务监督作用之外更重要的作用。

以乡村生态文明建设为例，环境审计能够发挥强大的综合监督效能。环境审计在生态文明建设领域，能够以各项生态资源为基点，以资源为导向，对各类涉及生态资源以及相关的环境保护工作进行更加有针对性的具体监督。

仅就生态文明建设一项而言，生态文明建设是我国全面乡村振兴阶段的主要任务。环境审计能够覆盖包括土地资源、矿产资源、水资源、森林资源等自然资源在内的自然资源审计。也能够以自然生态资源为基点，对生态环境的综合治理以及生态环境的保护和修复的相关工作发挥审计监督效能。同时还能够以领导干部自然资源资产责任审计为基点，抓牢、压实乡村生态文明建设的主体责任。

对于全面乡村振兴阶段下的乡村生态文明建设工作，需要更多的国家治理工具参与到具体的国家治理工作中来，以更好的完善国家治理体系，提升国家治理能力。生态文明建设将会是全面乡村振兴阶段的主线任务，而在完成全面脱贫的背景下，五位一体总要求下的生态宜居要求在未来的工作内容上必然发生具体的转变。

全面脱贫攻坚阶段，在生态宜居要求下我国更加注重对于乡村居民人居环境的具体改善。例如在此阶段内，我国开展了全国范围内的“厕所革命”和以垃圾治理为中心的农村人居环境整治，取得了巨大成就，农村居民人居环境得到了明显改善。而在全面乡村振兴阶段，生态宜居要求下的生态文明建设工作，必然在人居环境得到改善的基础上，由侧重宜居转向侧重自然资源和生态环境保护，由生态环境的改善而进一步促进乡村人居环境改善。而以自然资源和自然生态环境改善作为工作的重点，就必然涉及乡村自然资源的开发保护，以及乡村生态环境的修复和保护等领域的大量具体环境保护工作。对于这些资源和环境保护工作的评估和监管，环境保护和自然资源管理有关责任部门有自身的专门体系。而在其自身体系之外，环境审计的评估与监督体系加入整个资源环境保护工作中，将必然进一步丰富资源和环境保护工作的治理力量，且审计制度作为以监督为主要职能的治理工具，其监督效能将在未来的资源和环境保护工作中发挥更加重要的作用，有效弥补原有体系中的监督短板。

而在生态文明建设之外，环境审计在乡村文化环境、经济环境、政治环境等与乡村振兴五位一体总要求相关的各个环节均能发挥其独有作用。在这些相关环节中，审计监督效能中原有的财务监督效能将一如既往地发挥其作用。而与此同时，伴随着全面乡村振兴阶段与全面脱贫阶段各项工作具体细节的转变，环境审计也能够根据这些具体变化，在财务监督效能的基础上，发挥环境审计的自身独特效能。

综上所述，在全面脱贫攻坚接续全面乡村振兴有效衔接阶段，我国乡村工作将仍然以“五位一体”总布局作为重要工作依据，但是在具体的工作内容和工作细节上将会发生一定的转变。在这一基础上，审计制度作为国家治理工具的财务监督效能将一如既往地发挥作用，而环境审计工具具体治理效能的补充，将有效针对这些新阶段下出现的新变化。尤其是在生态文明建设领域，环境审计工具对于自然资源和生态环境保护修复工作进行监督的主要效能将能够得到进一步的发挥，为我国未来的自然资源和生态环境保护及修复工作提供更加有力的治理效能，切实在全面乡村振兴阶段推动乡村生态文明建设，以生态文明建设进一步促进脱贫攻坚成果的巩固扩大。

4.3　环境审计与新时代乡村生态文明建设

生态文明建设是习近平新时代中国特色社会主义“五位一体”总体布局中的重要一环，全面推进生态文明建设是我国未来发展的重要战略任务。中国特色社会主义“五位一体”总布局，与我国乡村振兴战略总要求一一对应，全面建设生态文明在乡村就是要全面建设生态文明乡村。

4.3.1　乡村——生态文明建设的主战场

生态文明建设最主要的“战场”在农村。我国国土面积的 94.7%都是农村土地，我国最主要的自然生态资源也都集中在广大的农村地区，生态文明建设，必然以我国广大乡村地区为“主战场”。

乡村成为我国生态文明建设的“主战场”，不单是由我国自然生态资源整体分布，以及我国城乡国土面积占比决定的。我国生态文明建设必然以广大乡村地区为中心，是多种条件作用下的必然结果。自然生态资源的城乡分布差异是基础性的要素，我国生态环境问题治理的城乡差异，以及我国生态环境治理的格局，也决定了乡村必然是我国生态文明建设的主阵地。

我国生态环境问题的具体治理格局，与我国当前的经济发展格局基本相适应，目前尚处于一个由城市向农村倾斜的进程之中。与农村相比，我国城市的生态环境问题治理呈现出面源集中、问题集中、监管集中等特点。城市生态环境问题，仅就污染问题而言，其污染面源的集中程度要远远高于乡村地区，我国城市的主要污染面源例如生产排放污染源以及生活废弃物污染源的集中程度要远高于我国乡村地区。这是由城市产业集中，经济规模效应较强，以及居民住宅集中化程度较高所决定的。而污染面源的集中，也就决定了生态环境问题的集中。问题层面的集中，又必然产生监管的集中。

我国乡村地区的生态环境治理整体情况与城市存在巨大差异。首先是与城市相比，我国乡村面积巨大，人口居住分散，主要的产业污染面源，即农业的面源污染也同样分散分布。与城市相比，城市是污染面源集中，环境问题集中，同时环境监管与治理也集中，而乡村地区在问题层面的分散分布，是否意味着乡村生态环境问题的治理与监管也应当分散分布？实际上我国当前乡村的生态环境治理与监管确实处于一种相对分散的状态，但并不是因为问题层面的分散使得我国乡村生态环境治理与监管分散化。我国乡村的生态环境问题与城市一样需要集中的统一治理与监管。之所以呈现出一种分散状态，是目前我国乡村环境治理体系不完善、整体治理能力不足的体现。

与城市生态环境治理相比，乡村生态环境虽然在污染面源以及具体环境问题的分布上更为分散，但是实际上却比城市地区更加需要集中治理与监管。而矛盾之处在于，我国城市的环境治理能力已经伴随着我国城市治理能力的提高，可以做到对城市生态环境问题统一治理的同时对个别问题进行专项治理。而当前我国乡村地区整体的治理体系和治理能力，在生态环境治理与保护方面，尚需要得到进一步的改善和提升。所以当前以及未来的生态文明建设必然以乡村为中心，并且应当紧紧围绕完善乡村生态环境治理体系，提升乡村生态环境治理能力这个中心点上来。

而除了在地域上的以乡村地域为主之外，我国当前以及未来生态文明建设的主要挑战以及能够取得的主要成就也集中在乡村地区。乡村地区的生态文明建设之所以是我国当前及未来生态文明建设需要面对的主要挑战，原因在于：首先是上文已提及的，我国乡村地区目前生态环境治理体系和治理能力都有待完善和提升。完善乡村生态文明治理体系与治理能力是一件久久为功、任重道远的系统性工程，难度相当之大。其次是我国乡村自然生态资源较分散，整体的面源污染以及具体的生态环境问题呈现出分散分布的状态，同时由于自然生态资源的丰富性，以及乡村产业、居民生活与城市的差异，乡村的生态环境问题又存在相当程度的复杂性。这一复杂性，首先是乡村各类自然生态环境资源存在的问题各有其不同的复杂特点，水资源、大气资源、土壤资源、自然生物资源等在各自领域内的具体生态环境问题其复杂性均与城市环境存在一定的差异。最后是我国乡村居民生活与城市居民相比，随意性、生态环保意识、生活面源污染处理与管控等方面均存在更多需要处理的问题。

主要的区域集中在乡村，主要的挑战也来自乡村，生态文明建设能够取得的成绩自然也在乡村。当前我国已经完成了全面脱贫攻坚，并且在建党百年之际全面建成小康社会，在生态文明建设之外的领域我国目前已经取得了举世瞩目的阶段性成果。而生态文明的建设，是一件久久为功的系统性工程，需要长时间努力。也正是基于当前我国社会发展阶段所取得的成就，乡村在经济发展、文化建设、社会建设等方面均取得了举世瞩目的成果，并且长期巩固的接续发展体系也基本形成。而在乡村的生态文明建设领域，因生态文明建设自身的长期性特点，目前我国虽然取得了相当的成就和进步，但在诸如转变乡村居民生态文明保护观念、建成乡村环境问题综合治理体系等长期性系统性问题上仍然需要在未来进一步解决。党的十九届五中全会提出了坚持绿水青山就是金山银山理念，以及促进社会发展全面绿色转型，建设人与自然和谐共生的现代化乡村等关于乡村生态文明建设的重要理论。提出了乡村在未来生态文明建设进程中的重要使命与任务，同时也表明了在十四五时期我国乡村地区生态文明建设的巨大机遇与挑战。总之，未来我国乡村生态文明建设任务依然艰巨，而任务的艰巨更展现出这一领域大有可为的未来。在党和政府的带领下，我国必然能够在未来的乡村生态文明建设中攻坚克难，取得一个又一个伟大成果，必将完成中国特色社会主义五位一体格局中的生态文明建设目标。

4.3.2 环境审计——乡村生态环境治理体系的有效补充

审计制度是党和政府治国理政进行国家治理的重要制度，是以监督为主要职能的重要国家治理工具。环境审计作为审计制度整体的重要组成部分，将监督对象精确对准自然资源和生态环境，服务于我国生态环境治理工作是其职责所在，更是环境审计制度作为一项国家治理工具的应有之义。

在我国整体的国家治理体系中，各类治理体系均自中央向地方垂直延伸各自治理功能。在当前我国的生态环境治理体系中，生态环境部以及自然资源部是主要的治理机关，并向下在各省市政府中建制，实现治理体系和治理能力的向下延伸，我国的审计机关亦然。而在治理体系垂直延伸的同时，我国的社会治理又有一套以行政区划为单位的治理体系，大到省、直辖市、自治区，小到自然村，均有以行政区划为单位的治理体系格局。当前我国的生态环境治理，在垂直层面，治理能力根据机构建制自上而下地延伸基本上覆盖到了县乡一级，审计制度基本上覆盖了县一级。

在我国的治理体系和治理格局中，乡镇是治理体系的末梢，是我国治理体系在基层的基本治理单位，同时我国的治理在乡村又基本以行政村为基本单位。在这样的治理格局之下，基层治理体系和治理能力的完善就显得极为重要。具体到生态环境治理领域，当前我国乡镇一级基本上都有专门的环保部门建制，负责所辖区域内的环境保护工作。而在审计领域，我国目前乡镇一级还未建立专门的审计部门，审计监督主要由上一级审计机关完成。作为能够在生态环境治理中发挥相当作用的治理工具，环境审计能够有效充实我国基层的环境治理体系，提升我国基层政府的环境治理能力。

当前情况下，环境审计因为部门建制原因，并未完全融入我国基层的环境治理体系中。但是环境审计作为有效的环境治理工具，其加入我国基层环境治理体系，对于完善我国基层尤其是乡村生态环境治理的正向价值是不言而喻的。也正是基于当前我国基层生态环境治理体系所存在的缺失，环境审计工具的加入，是对我国基层生态环境治理体系的精确对接。即使在当前基层尚未设立环境审计机关的情况下，根据现有的审计职能体系，环境审计依然能够在我国的基层环境治理体系中发挥相当的作用。对于完善我国未来的基层生态环境治理体系，提升治理能力，推进广大乡村地区的生态环境治理有重大价值。

4.4　乡村生态环境以及乡村环境保护工作的现状

当前乡村生态环境存在的具体问题，表现在多个领域的多个方面，覆盖了从大气环境到水环境到土壤环境再到动植物生存环境的各个方面，而除了各个方面的大环境所遭受的破坏之外，乡村生产生活所产生的垃圾处理问题也是当前影响乡村生态环境的一个重要问题。而在严峻的生态环境形势前，乡村的生态环境保护建设却未能同步跟上，基层环境保护机构的缺失以及环境保护体制机制建设的滞后，令我国乡村环境保护所面临的压力越来越大。

从大气环境到水环境到土壤环境再到各类生物的生存环境，每一项都存在其自身的问题，虽然造成每一个问题的具体原因都不尽相同，但是由于生态系统的统一性，很多问题都交叉产生且互相影响。

4.4.1　乡村大气环境

大气环境是目前乡村生态环境各个组成部分中受到损害最小的部分，乡村工业化程度相对较低，以及乡村地区有森林和各类绿色资源，因此，乡村大气环境一直以来都保持了相对良好的状态。但是目前随着乡村经济的发展，乡村废气污染排放源呈现日渐增多的趋势，部分乡村的森林已遭到破坏，这是目前乡村大气环境污染所要面对的主要问题。当前乡村废气污染排放源的增多主要表现在乡村工业企业的增多、乡村机动车保有量的不断增加、乡村地区屡禁不止地焚烧废弃农作物和生活垃圾，以及频发的各种大小不一的森林火灾。

乡村工业企业的增多是乡村产业发展的必然趋势，部分工业企业也难以避免的会大量排放污染气体，并且由于监管的缺失，这部分工业企业所排放的废气大部分都是未经过处理的，不仅会污染大气环境，对人体健康可能也会产生一定的不利影响，目前这部分工业企业已经成为乡村大气污染最重要的污染来源之一。而乡村机动车保有量的上升，所造成的机动车尾气排放量的增加目前来看是一部分必须承受的污染源，因为当乡村居民的收入水平不断上升时，有更高质量的生活需求是一种合理的必然，但所幸这一部分污染源的排放量并不是很大，对乡村大气环境所造成的污染并不是很严重，在乡村大气环境的可承载范围之内。虽然出台了一系列禁止焚烧秸秆和生活垃圾的规定，但是由于我国农民的整体素质较低，以及居民长期在乡村生活，产生了极大的生产和生活的惯性，所以焚烧废弃农作物和生活垃圾的现象在我国广大的农村地区还是屡禁不止、时有发生。由于大面积焚烧秸秆是一种带有季节性特征的行为，其所产生的污染排放量会在短时间内达到一个峰值，而这样短时间内的大量排放，完全超出了自然环境本身在单位时间内的自然净化能力，会在短时间内对大气环境造成严重的伤害。而焚烧生活垃圾，由于生活垃圾中有各种各样的物质，尤其是塑料制品，在燃烧时会产生大量的有害气体，不仅污染环境，还会对人体造成一定的伤害。

与污染排放源增多相比，乡村绿化覆盖面积的下降，会对乡村大气环境造成更加严重的伤害。乡村绿化覆盖面积是乡村生态环境的命脉所在，由于乡村生态系统的整体性，森林等绿色植被覆盖面积对乡村生态环境的各个方面都极其重要，不仅仅是对于大气环境而言，对于水资源、土壤、生物资源都会产生重大影响，是整个乡村生态系统的重中之重。造成我国部分乡村地区绿化面积减少的原因，不同地区有不同的情况，比如西北地区的主要原因是土地沙漠化、过度的放牧以及严重的水土流失等。而在南方地区，造成绿化覆盖面积减少的原因主要是各种建设侵占绿化用地，以及频发的乡村森林火灾。以村民宅基地建设为例，由于近年来村民的宅基地需求不断扩大，部分村民会在原本有森林或者灌木覆盖的山脚下开挖宅基地，这样不仅破坏了原有的植被覆盖，还造成了潜在的更大的山体滑坡隐患，会造成更大面积的绿化伤害。除此之外，南方乡村地区频发的各类型森林火灾也对乡村绿化覆盖造成了很大伤害，并且乡村地区消防力量较为薄弱，一旦发生大面积的森林火灾，无法在第一时间得到有效扑救，往往会造成更大的伤害。森林火灾一旦发生就会对森林资源造成毁灭性伤害，并且会在短时间内排放出大量的有害气体。在大气污染物排放呈现不可逆的增加趋势时，在尽可能地限制大气污染物排放量的同时，也要加大对各类绿色资源尤其是森林资源的保护力度，只有守住了乡村的“绿色”红线，才能守住乡村的“蓝天”红线。

4.4.2　乡村水环境

水环境问题是目前乡村生态环境保护所面临的最严峻的问题。水体不同于大气或者土壤，它没有大气或者土壤那样的自身稳定性，它极易受外界因素影响而发生外在形态以及内在水质的改变。水体最容易遭受污染，且自身的净化能力也最差，并且乡村“水”与人类活动的接触也最为密切，这可以看作是乡村水体环境被污染的内在因素，而造成乡村水体污染的主要因素还是人为因素，因为不管水资源自身有怎样的特点，它都是作为客体在被动地接收人类所排放的污染物。除了水体污染，乡村水环境还存在许多问题，具体而言有水资源短缺问题、洪涝灾害问题、河流含沙量过大，以及河湖湿地的面积萎缩问题，而这些都是乡村生态环境保护所面临的必须要解决的问题。

我国国土面积广大，自然气候、地形地貌多样，不同地区所面临的水环境问题并不一样，这些问题有的独立存在，也有一部分存在互相交叉的情况，产生这些问题的原因也不尽相同，其中既有自然原因也有人为原因。具体到不同区域不同水环境形态的不同问题，也都有各自不同的形成原因，这里我们只讨论部分有代表性地区的代表性问题，其他更为具体的问题本书暂时不予讨论，同时本部分所提到的地区均指该地区的乡村，后文不再另做说明。

西北地区——严重的水资源短缺以及水土流失问题。西北地区的范围一般包括陕西省、甘肃省、青海省、宁夏回族自治区、新疆维吾尔自治区、内蒙古自治区等，其中水资源短缺问题以新疆维吾尔自治区为典型代表，水土流失以及河流含沙量过大问题则以陕西省为典型代表。水资源短缺问题在西北地区大部分乡村都普遍存在，是一个与其他问题交叉在一起的问题，但是新疆以水资源短缺问题表现最为严重。新疆地区的水资源问题主要是自然原因造成的，内陆地带缺少暖湿气流降水量不足，且气候炎热蒸发量巨大。在这样的现实条件之下，应对新疆地区水资源短缺的困境已经难以从供给侧入手解决，只能针对人为可控的部分采取有效的措施，让有限的水资源发挥最大化的价值。而陕西地区水土流失问题的形成也是自然因素多于人为因素，但与新疆水资源短缺的问题相比，我们在治理陕西水土流失时所能采取的办法和措施远多于应对新疆水资源短缺时。除了不可控的季节性短时间强降雨这一气候上的因素以外，植被覆盖率下降和黄土高原土质疏松、结构松散的问题并非不能采取措施进行治理，采取切实有效的措施不断提升黄土高原地区的植被覆盖率就是最为有效的办法，而一旦水土流失的问题得到了解决，河流含沙量大等一系列问题都将收到积极治理效果。

南方地区——以广东、福建、江西、浙江、江苏、安徽、湖南、湖北等省份为例，这一部分地区水资源丰富，水环境突出的问题是水体污染和洪涝灾害问题。南方地区的乡村与北方以及西北地区的乡村相比，首先是单个乡村的人口规模普遍大于北方的乡村，尤其是西北地区那些地广人稀乡村，这是由南方地区区域环境人口承载力以及不同的生活方式、主要经济活动所共同决定的；其次是南方地区的乡村对农牧业的依赖程度普遍比北方的乡村要低，南方地区乡村不仅劳务输出要多于北方的乡村，在部分经济较发达的地区，部分乡村的第二和第三产业也获得了相对较好的发展。这样的两个特点决定了南方地区乡村水体污染的污染源数量要远远多于北方地区，尤其是在南方部分人口和工业、养殖业都很集中的乡村，每天会产生大量的生活污水和工业污水，由于习惯、监管缺失等原因，这些污水大部分都未经处理直接排入当地的河湖水系中，同时少数地区还存在严重的垃圾入水问题，这部分进入水体的各类污水以及垃圾会对区域内的水体环境造成极大的污染。加强对乡村地区水体污染问题的防治工作，是目前乡村生态文明建设中最为紧迫的一项工作，所以为了更好保护乡村生态环境，建设美丽乡村，十分有必要在乡村建立一套行之有效的水污染防治制度。南方地区的洪涝灾害一般是由自然原因所造成的，季风性气候所带来的季节性强降雨、沿海地区的台风等极端天气状况会在短时间内带来极大的降水量，这一部分降水量超出了排水系统相同单位时间内所能承受的最大排水量，加之南方地区地势本来就低，河湖水库等水域面积广大，发生洪涝灾害的可能性远高于北方和西北地区。

4.4.3 乡村土壤环境

我国乡村目前所面临的土壤环境问题主要是人为造成的土壤环境污染问题，以及部分自然原因和人为原因共同引起的不良的土壤性状质变以及土壤形态改变问题。近年来土壤环境污染问题在我国乡村地区呈现出受影响范围越来越广、污染程度越来越深、污染来源越来越广泛的趋势，这种发展趋势对于我国的生态环境保护工作而言，是一个亟待解决的问题。而由自然原因和部分人为原因所共同引起的这部分土地盐碱化、盐渍化、沙漠化、荒漠化以及沼泽化等问题目前也亟待得到有效的控制和解决。

乡村土壤污染在全国各个地区的外在表现形式和形成原因上存在一些差别，但是大体上，全国乡村地区的土壤污染深层次的表现形式和形成原因都存在一定的相似之处。乡村土壤污染按照土地利用类型可以分为两种，一种是农业用地污染，一种是非农业用地污染；按土壤污染后的表现形式分类，可分为土壤性状污染和土壤成分污染；按照污染来源划分，可以分为化学污染、固体垃圾污染和其他污染。

除了人为因素所造成的土壤环境污染之外，耕地土壤污染是目前乡村土壤环境污染的重灾区，过量使用含有大量化学物质的化肥农药以及工业废水由灌溉系统排入耕地是目前造成乡村耕地土壤污染的最主要原因。为了提高单位面积的生产效率，使用化肥农药在乡村的农业生产中已经成为普遍行为。我国农作物亩*均化肥使用量 21.9 千克，远超过世界平均水平的每亩 8 千克，是美国的 2.6 倍，欧盟的 2.5 倍。大部分乡村居民都对化肥农药缺少科学的认识，同时环保意识薄弱，没有认识到长期过量使用化肥农药会对土壤环境造成严重伤害，同时食用大量施用化肥农药的农产品对人体可能也会造成一定的伤害。而由于乡村灌溉系统还有待完善，很多地区的乡村生活污水、工业废水和灌溉用水使用同一个排水系统，使得污水跟随灌溉进入耕地，生活污水和工业污水中的有害化学成分会大量在耕地中沉淀，所造成的污染破坏甚至比化肥农药所带来的破坏更大。

垃圾填埋、固体废物的大面积倾倒覆盖等点源型土壤污染随着乡村人口和经济不断发展，已经呈现出愈发扩大的发展趋势。随着人口的增加和经济的发展，乡村所产生的垃圾数量呈现出高速增长的趋势，各类垃圾成了乡村生态环境保护的一个重大问题。目前，由于乡村环境保护工作存在的种种缺失，有相当一部分乡村的生活垃圾是进行填埋处理的，会对被填埋地块造成极大的污染。而除了乡村本身所产生的垃圾外，很多城市也将生活垃圾的填埋场所选在城市的近郊乡村，这类垃圾填埋场经过长年累月的大量垃圾堆积之后，即便所填埋的垃圾事前已经经过了一定的处理，但其所产生的各种危

* 亩为非法定计量单位，1 亩≈667 平方米。

害，对于被填埋地块以及周边地块的土壤而言所造成的污染伤害可以说是毁灭性的。尤其是对于部分乡村自建的垃圾填埋场而言，由于环保理念以及垃圾处理技术的不足，各种垃圾长期堆积所产生的渗滤液若得不到处理对于下层以及周边土壤而言可想而知会产生多么大的危害。

近年来随着乡村建设以及乡村经济的发展，所产生的大量固体建设垃圾以及工业废物也是危害乡村土壤的重要污染物来源。由于我国乡村地区的各项环境保护制度建设起步较晚，加上乡村居民环境保护意识的缺失，乡村的建筑垃圾和工业垃圾的处理可以说是一直处在一种无人监管的状态，部分乡村的建筑垃圾和工业垃圾一直处于随意倾倒的状态。抛开固体的建筑垃圾和工业废物中的有害化学物质不谈，光是大体量的固体建筑垃圾和工业垃圾大量堆覆在自然地块上，对于被堆放地块的土壤而言久而久之也会造成重大的破坏。同时这一类固体垃圾的随意堆放对被堆放地块上原有的植被造成了毁灭性的伤害，并且随意堆放的大量各类固体垃圾对于农村的村容村貌而言也是一种破坏，这种现象不仅不利于乡村的生态环境保护，且明显与我国建成“美丽乡村”的战略规划相冲突。

土壤沙化、盐碱化等主要由自然原因所引起的土壤问题有相对明显的区域化特征。土壤盐碱化、盐渍化问题主要分布于我国的华北地区；沙漠化以及荒漠化问题主要集中在西北地区；沼泽化问题则主要集中在南方以及东北的部分地区。引起这些土壤问题的主要原因一般都是自然性的原因，如西北地区的土地沙漠化和荒漠化，在人类活动影响较小的沙漠和荒漠地区，沙漠和荒漠会有自然的扩张趋势；华北地区的土地盐碱化和盐渍化问题，主要原因是地下水以及灌溉用水含盐量增加，加上自然蒸发，这两部分原因虽然也掺杂着人为因素，但是总体上而言仍属于不可人为控制的范畴。东北和南方地区的沼泽化问题同样是由地势低洼、降水较多等自然因素占主导。所以对于这一部分的问题，在尽可能控制的前提下，要重点关注受损害地块的恢复和治理，尽可能地在减少新增损失的情况下利用科学合理的手段让更多盐碱化、盐渍化土壤得到有效恢复。

4.4.4 乡村生物环境

生物环境一般都是指各种类型生物所生存的实体的自然环境，因为各类实体的环境是各类生物赖以生存的基础，所以对于各类生物而言最为重要。

除了普遍意义上的自然环境，生物环境应当还包括人类与自然界各类生物的关系和相处方式，因为人类与其他生物处在一个共同的自然环境之中，同时人类活动能对自然界其他生物的生存环境产生决定性影响。

由于生物环境与自然环境之间关系的特殊性，保护生态环境与保护生物环境是一个同步的过程。大气环境、水环境、土壤环境这些自然环境都保持良好状况的话，生物环境同步保持良好也就是一种必然，所以对于生物环境而言，在各项生态环境都得到较好保护的情况下，人类对于各类生物的态度和行为就显得异常重要。同样是由于生物环境与自然环境的特殊性，不仅保护生态环境与保护生物环境是相同步的，相反的破坏生物环境与破坏自然环境同样具有同步性。举一个很简单的例子，损害植被就是在破坏自然环境，并且由于植被对于自然环境的重要性，破坏植被会对水环境、大气环境、土壤环境等自然环境的各个方面都产生不利影响。

人类活动对于各类生物的不利影响首先主要体现在直接地对动植物进行砍伐、捕获、侵占、引发破坏性的自然灾害（如森林火灾）等行为；其次是人类活动对自然环境造成的破坏间接地破坏了生物环境，例如将有害的工业污水未经处理直接排放到水体中，造成严重的水体污染，让原本生活在该水域环境中的各类动植物完全无法生存。虽然整体上人类与所有的其他生物都处于一个共同的生存环境之中，但是缩小到城市与乡村之间，由于城市建设使得城市环境中产生一种与传统意义上的自然环境所不同的“城市建筑环境”，这个“城市建筑环境”在城市与自然界的其他生物之间产生了一个有形的“隔离带”。虽然这个“隔离带”本质上是人类对于自然界其他生物生存环境的一种占有，但是也减少了城市人口与自然界其他生物尤其是各类动物接触的可能，而这也减少了城市人口对于自然界生物的直接破坏。与城市不同的是，由于乡村地区没有像城市那样密集的建筑集群，乡村地区的居民与自然界的其他各类生物处于一个可以直接接触的共同空间之中，所以乡村居民与各类生物直接接触的机会远远高于城市地区，并且由于乡村地区保留的一些生产生活方式，加之乡村居民的生物保护意识普遍薄弱，所以人类直接损害自然界其他生物的行为主要发生在乡村地区。

乡村居民对于乡村生物的直接性伤害行为，例如非法捕猎各类野生动物、无序砍伐灌木、森林以及人为原因造成的森林火灾等，都会对乡村的生物环境造成破坏。而产生此类行为的主要原因为以下几点：一是目前仍有部分乡村由于未接通天然气或煤气管道，将植物作为主要的燃料来源；二是乡村居民因建设或生产需要，砍伐树木作为木材；三是因为原始的农业生产习惯或者出于其他生产需要所引发的烧荒或炼山行为；四是单纯出于经济原因大面积砍伐森林作为木材出售以获得经济利益。虽然目前我国的大部分乡村都已建立保护各类动植物资源、打击非法捕猎以及破坏森林的各项制度，但是由于我国乡村地区面积大、人口数量多，监管难度相当之大，这也是目前乡村地区仍然存在非法破坏区域内动植物资源现象的一个重要原因。

前文我们指出了当前乡村生态环境在水、大气、土壤、生物方面所存在的各类问题，可以说我国目前乡村地区正面临着严峻的环境保护问题。而目前我国乡村地区的环境保护机构设置以及环境保护体制机制建设的滞后，严重阻碍了我国的环境保护事业发展。

目前我国乡村地区的环保机构设置以及相关职能建设仍处于起步阶段，这与我国乡村地区严峻的环境保护形势不相适应。长期以来，我国环境保护工作重心集中于城市和工业方向，各项环境保护制度的顶层设计也严重的向城市和工业倾斜，对于乡村和农业的关注度严重缺失。我国多部生态环境保护方面的法律如《大气污染防治法》和《水污染防治法》都规定由县级以上环境主管部门行使环境保护主要行政权力并负有主要责任。这样的规定，使得基层的环境保护工作局限于区县一级，未能继续深入基层。由于区县一级所设立的单一的环境保护机构——一般指区县一级的环保局，在机构设置、人员组成以及专业能力上都存在一定的不足，仅仅依靠环保局这一个单一的环保机构，既无法将环保工作覆盖整个县域，也无法解决一些专业性强的复杂问题，这就导致县一级的环境保护工作无法再向基层即乡镇农村延伸，造成了基层环保工作的断层。

环境监管要向下延伸到乡镇一级就必须要在乡镇建立起相关的环境保护机构作为依托。“针对环保链条断在最后一公里的问题，在区县一级以下建立乡镇环保机构，可以在一定程度上缓解基层环境保护任务繁重但是相关工作却无法开展的困境[①]。”当前环境保护工作的现实情况，对在乡镇建立相关环境保护机构提出了明确要求，但是截至目前，我国除了一些省市在进行

① 丁存凡．我国乡镇环保机构面临的困境及对策［J］．南方论刊，2018（4）：65－67。

该项工作的试点之外，还有相当一部分地区仍然没有系统的开展该项工作。归结其原因，主要有以下几个方面：

第一，在乡镇一级建立环境保护机构缺少立法支撑，前文已经提到过《大气污染防治法》和《水污染防治法》都规定了县一级的环境保护工作由县一级的环境保护机关负责，《环境保护法》也仅仅是规定："县级、乡级人民政府应当提高农村环境保护公共服务水平，推动农村环境综合整治。"并没有对乡镇一级的环境保护工作做出更加细致明确的规定和要求。近年来，随着全国上下对环境保护工作尤其是乡村环境保护工作重视程度的与日俱增，相关的指导政策也相继出台，2015 年 9 月中共中央办公厅、国务院办公厅印发《关于省以下环保机构监测监察执法垂直管理制度改革试点工作的指导意见》(以下简称《指导意见》) 中指出："乡镇（街道）要落实环境保护职责，明确承担环境保护责任的机构和人员，确保责有人负、事有人干；有关地方要建立健全农村环境治理体制机制，提高农村环境保护公共服务水平。"由于我国在制度层面没有对乡镇环保机构的设立做出具体的规定，该《指导意见》的出台可以看作是党中央、国务院对在乡镇设立相关环境保护机构提出的明确意见和具体要求。虽然《指导意见》提出了相关意见和要求，但是毕竟不是以立法的形式。在乡镇一级设立专门的环境保护机关、更需要在立法层面进行努力，以立法的形式将环境保护机关确定为基层政府的固定组成部门。只有在立法上确认了乡村环保机构的建制和职能，才能使其切实发挥环境保护职能。

第二，乡镇一级的环境保护专业人才缺口极大，所需的各项硬件设施也亟待完善。由于长期以来我国的环境保护工作都是以城市环境为中心，乡村环境保护工作的人才队伍建设严重滞后，与乡村愈发繁重的环境保护工作相比，我国由乡村到城市的环境保护人才配比呈现出明显的倒金字塔形，这种人才配比结构的不合理严重阻碍了我国乡村环境保护事业的发展。而抛开人才配比的不合理，整个社会的环境保护专业人才都存在相应的缺口，即便是在城市地区，对于专业的环境保护人才的需求也一直未得到满足。而除了人才上的缺口，要建立乡镇一级的环境保护机构，各类硬件设施和相关设备的不足也是一个需要解决的问题。

第三，乡镇环保机构与乡镇政府之间的关系问题。目前已经有一部分乡镇政府自发成立了环保机构，但是这些环境保护机构从职能和权限上都存在不足。首先是职能方面，由于存在各种人才、设备、权限上的限制，此类环境保护机构的职能一般都是以本乡镇的环卫工作为主，并没有能力承担更多更专业的环境保护职能，而由于缺少立法以及相关环境保护机关的支撑和授权，此类环境保护机构也缺少进行环境保护工作的一些必要权限，而权限的缺失必然导致了它在职能上的缺失。目前乡镇一级所设立的环境保护机构很少有独立于同级别乡镇政府的，大多都由乡镇政府出于解决具体环境问题被动或临时设立，或者由上一级的环境保护机构委托乡镇政府所设立，不仅受乡镇政府管辖，其人、财、物等资源也大都由乡镇政府供给。设立的有关环保机构倘若附属于同级别的乡镇政府，环境保护机构开展工作会极易受同级政府的掣肘，对于乡镇政府而言，经济发展和环境保护相比，其选择的往往是前者，环境保护机构不能独立行使环境监管的职能，那么很可能会出现环境保护机构无法落实对污染源的监管责任。乡镇环境保护机构的设置，最好是由上一级的环境保护机关直接派出到地方，让乡镇的环境保护机构成为上一级环境保护机关在基层设立的一个派出机构，直接对上一级的环境保护机关负责并由其直接垂直管理。只有这样才能确保乡镇环境保护机构有独立的监督权和执法权，保证在环境保护工作中环境保护机构的独立性和专业性，不受基层政府的掣肘，否则受损的不仅仅是乡村生态环境，更是乡村居民切实的公共利益。

环境保护机构与环境保护体制实际上是互相依存的，各个环境保护机构因环境保护的各项体制机制而设立，而各项体制机制要想发挥其效能也必须依靠各个机构各自履行其职能。“我国的传统环境保护管理体制机制是为了解决城市和工业的点源环境污染问题，维护生态平衡，保护和改善城市生活环境和生态环境，基于对生态环境保护的狭义理解而建立起来的，是一种政府主导型的环境保护管理模式。”这种基于城市环境问题特点的环境保护体制并不适合在我国乡村地区推广。所以为了更好地服务乡村环境保护工作，必须建立起新的区别于城市环境保护体制与乡村环境保护工作相适应的新的环境保护体制。

在过往很长的一段时间里，我国的乡村环境保护工作都处于一种无序的非体系化和非专业化的状态之中，没有形成系统的环境保护工作制度体系。以往的环境保护工作，除了特别严重的环境问题之外，一般的环境污染问题长期以来都未能得到有效监管。过往的乡村环境保护工作由于基层乡村未设立环境保护机构，加上环境保护机关各项资源的不足，往往是由上一级的环境保护主管部门将各项环境保护工作委托给基层政府代为执行。将环境保护工作委托给基层政府的方式虽然能够发挥一定的作用，但是弊端也显而易见，一是政府出于对本区域经济发展或者其他因素的考量，对于一些乡村企业的环境污染会采取睁一只眼闭一只眼的态度；二是环境监管保护是一项专业性较强的工作，基层政府并不具备这样的专业人才储备；三是基层政府由于不是专业的环境执法机关，缺少直接的执法权，在处理环境污染问题时只能行使监管的权利。而抛开这些弊端，这种上级机构将工作委托给基层政府的做法给基层政府增加了许多额外的负担，在基层公共服务资源本就紧张的情况下，这样的委托很难把相关工作真正做好。这样的现实情况更加突显了当前在基层乡村设立环境保护机构，建立体系化的环境保护体制工作的紧迫性和必要性。

鉴于以上所提到的种种具体原因加上一些现实存在的困境，目前要在基层乡村设立环境保护机构完善乡村环境保护体制仍然是一项任重道远的工作。而要想尽快地解决目前在基层乡村设立环境保护机构以及完善环境保护体制时所面临的种种困难，需要各方面共同努力，尤其是需要党和国家在制度和法律层面发力从制度和法律层面推动。只有在制度和法律层面的顶层设计得到了完善，才能在根本上推动基层乡村环境保护各项工作。而除了党和国家在顶层设计上的努力之外，基层政府、各级环境保护机关等部门也需要承担起相应的责任，共同发力推进乡村环境保护工作的深入开展。

4.5　狭义环境审计对接乡村环境保护

随着乡村振兴战略的深入推进以及各项支持乡村产业发展的政策不断出台落实，乡村各类产业获得了空前的发展，而这也必然会带来生态环境的破坏。上文已经对乡村生态环境所面对的各方面问题进行了具体的阐述，而如何解决经济发展与生态环境保护之间的矛盾是未来乡村建设的一个重大命题。乡村要发展，由产业带动乡村经济发展是根本，未来乡村产业发展会进一步提速，同时各类产业的整体规模也会有所扩展。但同时党中央也明确提出了“既要金山银山，也要绿水青山”的绿色发展理念，这种绿色发展理念，不仅对经济发展提出了更高的要求，也对乡村的生态环境保护提出了新的要求。在这样的背景之下，在乡村建立环境审计制度，利用审计手段保护乡村生态环境，既是对原有生态环境保护体制的有利补充，也是适应当前新形势下生态文明建设的需要。

环境审计最初产生的主要原因就是为了应对当时日益严峻的生态环境恶化形势，利用审计手段保护生态环境是环境审计制度最基本也是最核心的职能。将环境审计由城市扩展到乡村，在乡村建立环境审计机制，这是简单意义上的乡村环境审计，即单纯的针对生态环境一个方面进行审计监督。但环境审计由城市到乡村的过程，却不仅仅是区位环境的改变，由于乡村生态环境与城市生态环境的不同，审计的内容对象和审计方法等各个方面都会有所变化。

城市大面积土地被建筑以及道路覆盖，生态环境保护的主要重点是大气环境以及水环境，而乡村生态环境保护不仅包括水环境、大气环境，还有土壤环境、生物环境等多个方面需要重点保护。同时与城市相比，由于城市的经济以及城市化发展进程已经较为深入，环境保护在防与治的结合上，将更加侧重于对已破坏环境的修复工作，而乡村地区由于生态环境底子好，经济和人口发展带来的压力也远比城市要小，所以乡村生态环境保护更加注重事前保护，重点做好生态环境防治工作中的预防部分。在审计方法上，浙江省审计学会课题组提出："审阅、观察、查询、鉴定和复核等常规、传统的审计程序和审计方法同样适用于环境绩效审计是被普遍接受的观点，并指出开展环境绩效审计还需要引入费用效益分析法、跟踪检测法、边际分析法、环境经济评价法等先进的科学方法。"可见，环境审计需要采用许多不同于传统审计的先进审计方法，对于乡村环境审计制度而言也是将要面临的一大挑战。

环境审计制度对接乡村环境保护，是以第三方的身份利用自身的审计手段对环境污染以及环境保护实效进行独立的审计监督。

4.5.1 环境审计的事前预警价值

事前预警是环境审计制度相比于传统环境保护的最大优势。以往的环境保护，由于预警手段的缺失以及专业环境影响评估方法的不足，绝大多数都是先污染后治理的路径。这样的模式弊端显而易见，首先是部分地区以及部分生态系统本身极其脆弱，一旦被破坏就有可能是不可逆的伤害，很难依靠后期治理得到恢复；其次是修复被破坏的生态环境需要付出极高的人力、物力以及时间上的成本，不仅投入大，所需周期还极长，不仅需要付出极高的显性成本，还要承担环境修复周期内所隐含的隐性成本。环境审计的事前预警机制，是利用审计手段，同时借助专业的环境评估，以事前介入的方式对某些人类活动可能产生的生态环境影响进行事先评估。通过科学的手段生成可量化的环境影响指标，利用审计手段评估生态环境承载力与环境影响指标之间的关系，在事前对各类活动的环境影响进行事先评估，将环境污染扼杀在“摇篮”中。对有可能的环境污染进行事前预警，最大限度地对可能的新增的污染源进行有效管控，真正做到“预防是最好的治理”。

环境审计对可能污染进行事前管控的最大价值，在于从污染源入手，减少污染源排放，从根本上保护生态环境。与治理已经被污染的生态环境相比，对可能的污染源进行事前管控所需要的各项成本要低得多，只需要建立起一套成熟的环境影响审计评估体系，就能收到极大的环境保护效益。相比于传统环境保护先污染后治理的路径，加强事前的污染源管控，能最大限度地节约环境保护的成本，这部分节约出来的资源，能投入到环境保护的其他领域，将有限的环境保护资源发挥最大化的效用。

建立环境审计的事前管控体制，需要环境审计机构和生态环境保护机关通力合作，发挥各自的专业作用。建立乡村环境污染的环境审计事前管控与预警机制，关键是要建立科学有效的环境影响评价体系。要建立这样一个体系，需要专业的环境保护机关和环境审计机构合作。环境保护机关负责将各项可能的环境污染从专业的生态环境角度利用各项环境指标进行一个科学的评价，并对可能影响区域的环境承载力做出科学的判断。而环境审计机构则需要根据环境保护机关所得出的各项数据指标，利用审计手段进行可量化的分析，得出一个科学可靠的审计结论。环境审计机构作为第三方，可以根据得出的审计结论，联合环境保护机关和基层政府管控可能的环境污染。这样的作用路径，要远比原有的先污染后治理模式更加科学有效，对于乡村生态环境保护而言是一个有重大促进意义的举措。

4.5.2　环境审计的第三方监督

在乡村建立环境审计制度，能对环境保护机关的履责情况以及乡村各项环境保护工作的实效进行独立的第三方监督。过往，相关环境保护机构对本区域内的生态环境进行监管保护，监督各个社会主体可能的环境破坏行为，对已破坏的生态环境进行保护修复，履行它的各项有关职能，但是存在一个问题就是对于有关环境保护机关的履责实效缺少必要的评估和监督。通常意义上来说，都是环境保护机构监督其他各主体可能的环境破坏行为，但是对于环境保护机构的监督长期以来都处于一个缺位的状态，环境保护机关通常只需要对同一级的政府以及上一级的环境保护机关负责，但同级政府以及上一级的环境保护机关实际上都缺少对于相关环境保护机关履责实效的监督。而在乡村地区，环境保护工程以及环境监管的履责实效监督往往更加困难，由于基层乡镇没有设立专门的环境保护机构，县一级的环境保护机关在基层履行环境监管职能以及开展各类环境保护工作时，下一级的乡镇政府既没有监督和管辖的权限，更没有相关的专业能力对各类专业的环境保护工程实效进行科学有效的评估，造成了乡村环境保护工作无人监督的窘境。

鉴于目前对有关环境保护机关履责情况以及各类乡村环境保护项目实效性的评估监督存在严重缺失这一现实情况，在乡村引入环境审计制度，利用环境审计手段对有关环境保护机关履责情况以及各类乡村环境保护项目实效性进行监督就显得十分必要。环境审计机构作为介于环境保护机关以及各类环境保护项目之间的第三方，能够独立进行评估监督，同时，还具备进行专业的环境保护项目实效性评估所需的各项专业技能，是对有关环境保护机关履责情况以及各类乡村环境保护项目实效性进行监督的最佳第三方主体。

环境审计机构对有关环境保护机关履责情况以及乡村各项环境保护工程实效性的监督效用路径，与一般的绩效审计并无太大差异。而对于环境保护机关的履责情况以及各类环境保护项目的实效性审计，主要以绩效审计为主，辅之以合规性以及财务收支审计，利用合规性审计以及财务收支审计为绩效审计提供基础性的审计信息依据，并且从成本效益出发综合全面地评价项目的环境效益性，同时注重各类环境专项资金的利用效率，综合评估各类环境监管保护项目的实效。即以最终环境绩效审计成果来评估各类环境审计项目是否形成了系统有效的环境监管能力和环境污染治理能力；区域内主要污染物排放量是否有所降低；整体的环境质量是否得到切实改善或者达到了规定的目标。

利用环境审计监督环境保护机关的履责情况以及各类环境保护项目的实

效性，填补了过往这一监督的缺位，对于乡村的生态环境发展具有重大意义。首先是环境审计监督环境保护机关的履责情况，能够促进有关环境保护机关积极履行职权、落实各项有关政策。对于各类环境保护项目的实效监督，能倒逼各有关主体切实履行职能，使各类环境保护项目起到应有的效果，能有效减少以往各类环境保护项目中存在的侵占项目资金、项目实际质量差等问题。除此之外，科学有效地利用环境审计所得出的审计结果，能够反映出我国现有的各项环境保护政策以及当前环境保护体制所存在问题，对于之后相关政策的出台以及环境保护体制机制建设能够起到一定的借鉴作用。

4.5.3　环境审计与领导干部自然资源离任审计制度

利用乡村环境审计，能更好推进落实领导干部自然资源审计制度。领导干部自然资源离任审计制度自 2018 年以来已经由试行阶段转入全面推进阶段，但是目前领导干部自然资源离任审计制度对于乡村生态环境的重视程度相对不足。首先是《领导干部自然资源资产离任审计规定（试行）》办法中只是规定了县一级的主要党政领导干部在自然资源上所需要承担的责任，对于乡镇一级的主要党政领导干部并没有做出明确的责任规定，而由此会衍生出一系列的问题。其次是目前领导干部自然资源离任审计制度中对于自然资源的审计并未做出明确而具体的规定，使得有些地方的党政领导干部认为有空子可钻。环境审计制度能够部分弥补目前领导干部自然资源离任审计所存在的一些缺陷，推动领导干部自然资源离任审计制度更加深入实施。

环境审计制度对领导干部自然资源离任审计制度的推动作用，主要体现在乡村环境审计能够弥补目前领导干部自然资源离任审计制度对乡村资源环境关注度相对不足的问题。当前乡村环境问题日趋恶化的一个重要原因，就是一些基层的地方政府和干部没有把党中央、国务院有关环境保护的要求落实到位，所以治理乡村的生态环境问题要先从基层政府尤其是基层政府的主要党政领导干部抓起。通过利用环境审计制度，明确区域内的生态环境以及资源状况，利用好狭义环境审计所得出的各项结果，详细参照各类环境指标和资源数据，得出科学可靠的结果，并与上一级的政府以及环境保护机关合作，将领导干部自然资源离任审计制度通过环境审计制度深入乡村所形成的监督压力自上而下地传达给基层领导干部，进一步规范基层政府主要党政领导人的各项行为，使领导干部自然资源离任审计制度的影响力深入乡村，在促进领导干部自然资源离任审计制度真正在基层发挥作用的同时，对乡村生态环境和自然资源也起到了重要的保护作用。

4.5.4 动态、长效、精准的环境监管机制

建立动态长效的环境审计跟踪监督机制，能够切实有效监督乡村生态环境在不同时期内的具体变化情况。随着环境保护科学的发展，评估生态环境状况的各项指标已经逐渐变得可量化、可跟踪，尤其是对于大气环境、水环境以及土壤环境污染情况的各项数据指标已逐渐发展得更加全面和完善，这样全面可量化的环境保护数据不仅能够直观地反映出生态环境的具体情况，同时也为环境审计提供了更为有利的可量化的审计条件。在这样的审计条件之下，建立起长效的环境审计监督机制，借助有关环境保护数据，利用审计手段进行量化分析，得出相关的结论并反馈给有关机构，做到以第三方的身份对区域内的生态环境情况以及相关环境保护机构的环境保护工作实效进行动态化监督。这样的动态化监督，能够实时有效的对本区域的生态环境情况以及有关环境保护机构的工作实效进行独立的监督，对于有关区域的生态环境保护能够起到极大的促进作用。

环境审计能够利用审计手段，对乡村各类污染起到具体的监督和把控作用。环境审计制度相比于传统环境监管手段的优势所在，就是能够利用各种审计手段量化地分析环境状况，得出更加科学更加系统精确且更有说服力的环境结论，从而能够更加精确地从污染源入手进行监督和把控。

以往乡村环境保护中对于各类污染源的管控都呈现出一种过于粗放的状态，缺少对于各类污染源的精准管控。造成这一情况的原因首先是乡村环境保护工作中所面临的各项资源不足的问题，其次是乡村各类污染源排放呈现出来源广、分布分散的特点，给污染源管控造成了很大的困难。在乡村地区建立起环境审计机制，能对当前的乡村环境保护工作起到有力的补充作用，增强了乡村环境保护的力量。同时，对于乡村的重大污染源排放，环境审计能够利用审计手段对各项污染排放指标进行量化的数据分析，能够更加精确直观地反映污染源的排放状况，对各类污染源进行更加精细化的管控。

环境审计制度对接乡村环境保护，对于乡村生态文明建设具有重大意义。加强乡村振兴中乡村产业发展对生态环境影响的审计，对乡村生态环境

影响进行事前预警、事中控制和事后评估；把乡村生态环境审计与领导人自然资源资产离任审计结合起来，审计结果作为考核、选拔领导人才的重要依据，促进领导人自然资源离任审计制度在乡村发挥重要作用；建立长效的环境跟踪监测机制，发挥环境审计制度的长效作用；通过科学合理的手段，实现对污染源的精细化管控，进一步控制乡村环境污染源排放。以上是乡村环境审计制度对接乡村环境保护的主要内容，通过这些措施，环境审计制度能够在乡村生态文明建设工作中发挥自身的独特优势，促进建成生态友好的美丽乡村。

4.6　广义环境审计对各方面的积极价值及其具体实施

4.6.1　乡村经济环境审计

经济环境的审计监督，是乡村环境审计的重中之重。审计活动最初的职能就是对经济活动中所涉及的各项资金以及各种经济行为进行审计监督，可以说是最基础但也是最重要的一项审计监督，对于乡村环境审计而言，经济环境审计的重要作用同样不言而喻，可以说是乡村环境审计中不可或缺的基础。

乡村经济环境审计，重点是要审计各类兴农、支农、扶贫资金以及其他与乡村振兴战略有关的公共资金的合法性、合规性、合理性和效率性。对于乡村地区而言，缺少资金一直是制约乡村发展的一大掣肘，而在当前乡村振兴战略以及打赢精准脱贫攻坚战的战略背景下，会有大量的政府以及社会公共资金进入乡村。这些资金可以说是推动乡村发展的第一推动力，如何合理合法的使用这些资金，并最大化地发挥其效用是推动乡村发展的关键所在。

以往对于这些资金使用的监督主要是由政府内部的反腐监督机构以及上一级的审计机关负责，主要是对各项资金的相关账簿和会计报表进行审计监督。这样的监督方式直观、审计效率高、最能直接反映问题，但是也存在一定的不足。首先是相对而言只能看到相关账簿和会计报表以内的东西，对于相关账簿和会计报表之外存在的问题关注的并不够。我国审计监督运作的流程一般都是先对相关账簿和会计报表进行审计，再以账簿、报表的问题为导向进行下一步的审计监督，这样的审计流程有利有弊，好的方面就是问题导向能够直观清晰的直面存在的问题，而不足之处就是会计账簿的真实性以及说服力问题。一般而言，政府以及企事业单位的相关账簿和会计报表在真实性上不存在问题。但是相关账簿和会计报表反映的资金流向，在脱离了相关账簿和会计报表走向具体使用流程之后，使用过程是否合理合法？所使用的资金能否产生与资金同等甚至高于其自身的效用？这都是有可能存在问题的地方，并且都表现在相关账簿和会计报表之外。

建立乡村环境审计制度，通过合规性审计、绩效审计等手段，可以进一步地深入监督乡村各项公共资金的使用情况和实际使用效果。对于乡村的各项资金而言，有两点是最重要的，一是资金流向、二是资金使用效率，资金流向可以靠对相关账簿和会计报表的审计进行监督，而资金使用效率可以通过环境审计中的合规性审计以及绩效审计手段进行监督。利用合规性审计在项目开始之前就进行事前审计，审计项目开发的可行性和合理性，同时对资金使用进行事中审计，审计在具体实施的过程中资金使用是否合理合法。而项目结束之后进行整体绩效审计，审计资金使用所产生效益是否正常，同时还要评估项目产生的相关负面效应是否造成了较大损害。

经济环境审计除了要关注资金使用外，对于未来乡村产业规划以及各项经济政策也能起到一定的积极作用。对于未来乡村产业规划而言，可以通过审计手段进行合理性和科学性的事前审计，对现有产业的经济效益进行事中和事后审计，为乡村产业振兴提供政策建议。另外，通过环境审计还可以反映出各项乡村振兴的经济法律、法规、制度所存在的优势和不足，根据环境审计所反映出的实际情况，提出改进建议，优化乡村振兴经济环境的各个环节。

通过建立乡村环境审计制度，利用环境审计手段对乡村各个经济项目进行审计监督，能大大优化乡村经济环境，对推动乡村振兴战略深入实施意义重大。

环境审计对于乡村振兴的积极意义，具体表现在首先确保了各项政府专项资金以及其他社会公共资金使用的合理性、合法性以及效率性，能做到物尽其用，最大限度地保障各项资金能够发挥自身的最大价值；其次能通过环境审计所提供的审计反馈评估各项经济政策以及相关法律法规的实施效果，提出进一步的优化整改建议。利用环境审计制度，能够在好的政策和其他制度保障的基础之上，合理化乡村产业规划开发，并通过合理使用相关资金落实各项政策、发展各项产业。环境审计能够深入经济领域的各个方面，能够对经济环境产生全方位的影响，同时由于审计本身的监督功能，在建立了制度的基础之上，环境审计能够对乡村经济环境产生持续性的制度性影响，这对于推动我国乡村振兴战略在未来的进一步深入实施有重大意义。

4.6.2　乡村政治环境审计

过往，审计监督不过多涉及政治方面，政治环境监督主要依靠国家的纪律检查机关和检察机关，但是与传统审计不同，环境审计也将政治环境审计囊括在内。良好的政治环境是基层政府推动乡村振兴战略深入实施的必要保障，建立乡村环境审计制度，通过审计手段优化乡村政治环境，是对现有制度的有力补充。

乡村政治环境本身存在一定的特殊性。首先，乡村除了基层政府之外还有自身的基层自治组织；其次，乡村居民的政治意识普遍不足；最后，乡村存在强大的文化和传统惯性，对基层自治以及基层政府的治理都会产生一定影响。这些特殊性，对于乡村政治环境建设而言有利有弊，具体到乡村环境审计的政治环境审计上，乡村环境审计服务乡村建设的重点是监督各级政府对党中央乡村振兴战略以及各项政策的落实程度。除此之外，尤其加强对基层党组织凝聚力、“战斗力”以及“两个维护”情况的审计，确保乡村振兴战略举措落地生根，推动乡村治理体系现代化。

对于基层政府对党中央乡村振兴战略以及各项相关政策的落实程度的审计监督，是审计基层政府是否切实履行主体责任的重要方式。利用审计手段审计基层政府的履责情况，首先要审计中央的各项专项资金是否都使用在了乡村振兴领域，是否存在挪用、贪污等情况；其次要审计基层政府出台的各项相关政策的合法性、合理性，以及具体的实施效果；然后要审计政府主持推进的各项乡村振兴项目，数量是否足够，是否符合乡村振兴的战略要求，以及是否达到项目的效率预期等。通过这一系列审计得出的审计反馈，能够客观地反映出基层政府对于党中央重大战略决策的执行程度，也从侧面体现出了基层政府的政治认识是否与党中央的重大战略决策存在认知偏差，这是衡量基层政治环境情况的一个重要标准。

鉴于我国乡村地区居民个人的政治意识和政治素质方面都略有不足的现

实情况，要优化乡村政治环境，就必须发挥基层党组织在乡村政治建设中的桥头堡作用。乡村环境审计对于基层党组织的审计监督，主要关注基层党组织凝聚力、“战斗力”以及“两个维护”情况的审计。除此之外，还要关注基层党组织开展各项组织活动，尤其是基层两委的换届选举，要审计各项活动的流程是否合理规范，是否按照规范的组织程序进行。除了对基层党组织的组织活动进行程序上的合规性审计之外，村两委的日常治理活动、上级政策落实情况、村公共资金的使用、公共权力的使用等各个方面都是环境审计的监督对象。通过环境审计监督，能更好督促基层自治组织行使自身职能，切实推进乡村振兴战略的各项政策措施，坚决实行“两个维护”，并且在发挥自身在乡村治理中的基础性作用，提高自身的政治素质的同时，提升乡村居民的整体政治素养，优化乡村政治环境。

利用环境审计手段，优化乡村政治环境，能为乡村振兴战略深入实施提供良好的政治基础。环境审计是现有乡村政治环境监督体制下的一个有利补充，环境审计能很好覆盖到那些相关国家纪律检查机关以及检察机关覆盖不到的地方，是对检察机关和纪律检查机关职能的良好补充。环境审计与国家纪律检查和检察机关相比，后者更加重视的是对公职人员事实政治违法违规的处理，而环境审计更加侧重对整体政治环境的优化建设。良好的政治环境不仅能够促进基层政府更好履行各项职责，还能一定程度上预防公职人员的职务犯罪。由于乡村地区的治理主要依靠基层政府和基层自治组织，治理能力上存在一定的短板，而通过环境审计为其创造良好的政治环境可以一定程度上弥补治理能力的不足，乡村政府以及基层自治组织治理能力的提升是实现乡村振兴的必要保障。

4.6.3 乡村文化环境审计

文化环境方面，当前的乡村文化需要解决许多问题，尤其是优秀的传统文化在各种文化冲击下的传承问题。乡村振兴战略的深入实施对乡村文化带来一定正面影响的同时，也带来了一定的负面影响，尤其是以消费主义文化为代表的城市文化，对乡村文化环境产生了极大影响，乡村传统的文化环境受到了极大冲击。实行文化环境审计，能够利用审计手段评估各类活动对文化环境的影响，并以此为依据，有的放矢的保护优秀传统文化，抵制不良文化，建设文化乡村。

乡村文化环境审计，关键是加强对乡村振兴战略实施中各项活动对乡村文化影响的审计。文化作为一种“人造物”，极易受人类活动的影响，人的各类经济政治活动都会对文化产生一定的影响。加之乡村文化由于辐射区域小，在具备稳定性的同时，也缺少面对文化冲击时所需的必要的缓冲和抵抗能力，所以稳定的文化环境对于乡村文化的重要性是不言而喻的。

当前影响乡村文化环境的各类活动主要包括乡村人居整体规划、乡村文化娱乐活动、伴随乡村旅游业发展的商业开发等各项文化经济活动。这些活动对于乡村文化产生的影响既有积极的也有负面的，这里我们主要讨论各类活动对于乡村文化环境的负面影响，以及如何利用环境审计手段创造更好的乡村文化环境。

为了提高乡村居民的生活质量，我国大部分的乡村都在推进改善乡村人居环境。乡村人居环境改善不可避免地会涉及乡村建筑、整体布局等方面的变动，建筑物、道路、河湖和整体布局的改变对于乡村文化而言就意味着其依附的环境实体发生了改变甚至消失，而这些乡村文化所依靠的空间实体一旦发生变化，对于乡村文化环境的稳定性而言将会是一个极大的挑战。当前随着各类文化娱乐活动越来越丰富，一方面是乡村居民精神文化和娱乐活动得到了极大满足，而另一方面，有越来越多不健康乃至低俗的娱乐活动也趁机在乡村生根发芽，极大破坏了乡村文化环境，腐蚀了乡村居民的精神世界。我们要在乡村通过开展各类具备优秀文化内涵的娱乐活动来丰富乡村居民的业余生活和精神世界，同时，我们也要警惕那些低俗、色情、赌博等不健康的娱乐活动损害乡村的文化环境。还有部分乡村在发展乡村旅游业的同时，进行了大规模的深度商业开发，商业化程度已经远远超过了乡村所能承载的范畴，乡村传统文化被城市商业文化和消费文化所包围，出现了严重的乡村文化城市化问题。

当前涉及乡村文化建设的各个主体，无论是政府还是有关单位，对于乡村文化环境的关注程度都相对不足。目前对于乡村文化的主要关注点集中在推动乡村建立优秀社会主义文化以及保护乡村优秀传统文化上，对于乡村文化环境而言需要有其他外部机制的介入，发挥保护乡村文化环境的作用。鉴于此，建立乡村环境审计机制，发挥环境审计在文化环境保护方面的积极作用就显得必要且可行。

由于文化环境的无形性、非量化性，环境审计要想利用审计手段起到保护监督的作用就必须具备有效的文化环境审计手段。一般而言，审计各类活动对于文化环境的影响时，多利用绩效审计手段，但是考虑到文化环境的特殊性，即在受到影响之后需要较长的表现周期，并且是一个隐性过程，往往在能够利用显性的绩效审计手段进行审计时文化环境已经受到了较大的影响。所以对于文化环境的审计而言，一定要重视对各项活动的事前审计，针对各项活动对文化环境的各个方面所产生的预估影响进行有针对性的事前审计。并且由于各项活动对于乡村文化环境所产生的影响的持续性，必须建立持续性的长效环境审计监督机制。

乡村文化环境审计，重点要审计政府以及其他主体（如旅游开发企业）在乡村进行的涉及乡村人居环境以及整体布局的规划开发，在项目具体实施以前，要审计该项目开发是否会对乡村的历史文化古迹、风土人情、历史典故以及历史人文环境产生不利影响，并且对所产生的不利影响进行具体的量化评估。对于乡村低俗、不健康甚至违法的娱乐活动的有关审计监督，既要有事前审计也要重视事中和事后审计，同时还要加强各相关单位之间的交流合作，审计机关、政府、公安机关之间可以建立起有效的联动机制，由审计机关发现问题，公安机关进行打击，政府机关进行综合整治等。为了保护乡村优秀传统文化，避免乡村振兴过程中出现乡村文化的城市化，必须控制对乡村的商业化开发，尤其是在乡村旅游业发达的部分乡村，不能放任市场将文化积淀深厚的乡村变成一个变相“商场”。过度的商业开发对于乡村文化环境会造成严重的不可逆伤害，首当其冲的就是商业人口会挤占乡村原住民的生存空间，导致乡村人口外迁。无论是乡村人居环境整治的重新规划建设还是商业开发，都要重视保护乡村的文化环境，最好是能够与文化环境互相结合，找到一个二者之间的结合点。而除了重视各项活动对文化环境影响的事前审计以及后期的绩效审计之外，环境审计还要重视对乡村文化建设以及文化保护专项资金使用的审计，对各项文化建设以及文化保护活动的成效进行绩效审计。

利用审计手段保护乡村文化环境，能够在当前大力建设和保护优秀乡村文化的潮流下，加强对乡村整体文化环境的保护，使得文化建设和文化保护更加富有成效。与此同时，通过审计保护乡村传统文化精华，避免在乡村振兴中出现乡村文化的城市化，确保乡村文化朝着社会主义先进文化方向发展，促进乡村振兴中乡风文明的形成。

4.6.4　乡村社会环境审计

广义上的社会环境是由政治环境、经济环境、文化环境和居民心理环境所构成的一个综合性整体。随着乡村振兴战略的深入推进实施、精准扶贫战略的成效在乡村日益显现。同时，伴随着各项促进乡村地区发展的有关政策的不断推出执行，我国乡村地区的政治、经济、文化和居民心理环境等各个方面都取得了长足进步。由于社会环境是多种要素环境所共同组成的一个整体，所以改善社会环境的根本应当是把构成社会环境整体的各个要素都发展好，尤其是经济环境方面，让构成整体社会环境的各个要素环境自身都保持良好发展，整体的社会环境自然也能保持良好发展。

除了以上所提到的几大构成整体社会环境的要素环境之外，社会治安、基本公共服务、社会和谐程度、社会公共基础设施建设水平以及居民获得感、幸福感等方面也是影响社会环境整体质量的重要因素。

伴随乡村社会的不断向前发展，以上所提到的各个方面都在过去取得了一定的进步，但是与此同时我们也要看到乡村社会环境发展目前所存在的问题和不足。首先是乡村基本公共服务水平的问题，由于基层政府以及乡村自治机关在基本公共服务方面存在人才、经费以及制度方面的缺失，以及乡村居民的公共服务需求项目细分较为琐碎等原因，目前我国乡村地区的基本公共服务水平还有进一步提升的空间和可能。在乡村公共基础设施建设方面，目前我国除少部分自然地理条件较特殊的地区以及边远山区以外，绝大多数的乡村公共基础设施建设已经相对完善。目前存在的基础设施建设问题是部分乡村在基础设施建设已经趋于完善的基础上，另有一些不合理、不科学的基础设施建设项目，这部分基础设施建设项目是对本就不充裕的乡村公共资源的极大浪费。

人民群众的获得感、幸福感、安全感是衡量社会环境状况的重要评价标准。习近平总书记在党的十九大报告中指出："我们要牢记人民群众对美好生活的向往就是我们的奋斗目标，坚持以人民为中心的发展思想，不断增强人民的获得感、幸福感、安全感，不断推进共同富裕。"人民群众是否有获得感、幸福感和安全感是社会环境好坏的晴雨表，要加强人民群众的获得感、幸福感和安全感，就是要坚持人民主体地位，让人民切实且充分地享受各项发展成果，具体来说就是要在确保乡村居民在政治、经济、文化等方方面面的各项权益都不受侵害的同时，不断提升乡村居民生活水平，确保乡村居民生活在和谐、安全的社会环境之中。要做到这些并不是一朝一夕就能完成的，需要广大乡村建设者们不断努力，坚持不懈地为乡村发展而奋斗。

在乡村建立环境审计制度，利用审计手段，能够有效促进改善上述乡村社会环境所存在的各方面不足，促进乡村社会环境更好地持续性改善。审计机关能够利用审计手段，审计乡村基层政府在为乡村居民提供基本公共服务方面的履责情况和具体的服务体系，利用审计手段监督乡村基层政府是否在能力范围内为乡村居民提供了其所能提供的必要基本公共服务，同时对服务质量也进行必要的监督评估；审计乡村基础设施建设项目立项的科学合理性、项目建设过程中的各项资金使用情况，以及项目建设成功后的整体建设质量水平；审计乡村居民应当获得的包括经济利益在内的各项权益的落实，是否存在侵占、政府未落实相关政策等居民权益受损的情况。

利用审计手段促进乡村社会环境改善，既是环境审计制度促进乡村经济、政治、文化环境改善的具体体现，也是环境审计对乡村社会环境各个组成部分开展针对性监督的具体体现。利用环境审计手段，能够有效监督乡村基层政府以及各个有关乡村社会治理责任单位履行自身社会治理主体责任及其效能的具体情况。能够通过审计，倒逼基层政府以及相关社会治理责任单位积极、切实的履行相关职责，发挥乡村社会环境治理第一责任主体的应有作用。更重要的是，利用审计手段，切实保障乡村居民包括经济利益在内的各项权益能够充分落实，让每一个乡村居民都切实享受到乡村发展的各项成果，这是增强乡村居民获得感和幸福感最有效的措施。能让乡村居民有获得感、有幸福感、有安全感的乡村社会环境，就是乡村社会环境的最好形态。

对乡村振兴进程中农民的获得感、满意度以及乡村社会和谐程度开展相应的审计调查，通过审计调查结果，为党的各项乡村振兴政策的修改和出台提供依据，推动惠农支农各项政策发生实效。通过对乡村基础设施、公共服务水平等社会公共服务体系的审计，提高相关服务水平，维护农民切身利益，助推乡村振兴。

第 5 章　全面构建乡村环境审计监督职能介入体系

现阶段，由于我国审计机关的建制问题，以及审计监督效能覆盖的问题，在乡村地区环境审计的治理效能还未完全介入我国乡村地区自然资源和生态环境保护工作中。环境审计作为有效的环境治理工具目前尚未在乡村地区完全发挥其应有的治理价值，因此在现有的条件下，有必要构建环境审计制度全面介入乡村生态环境保护工作的体系。

当前，我国审计机关的建制只到区县一级，乡镇以及更加基础的行政村并没有建立专门的审计机构。而在短时间内，要想完成乡镇一级的审计机关的全国性建制既不现实，目前也没有必要。所以在机构建制尚欠的情况下，环境审计无法发挥在乡村地区的直接治理效能，但是仍然可以以职能介入的方式发挥其作用，因而全面构建环境审计在乡村生态环境保护和治理体系中的介入体系以发挥其效能就十分有必要。使环境审计的治理价值以通过不同的介入方式得到发挥，在现有条件下尽可能地发挥环境审计的治理价值。同时在目前条件下尽可能以成本相对小的方式，在不更改目前审计体制的前提下，使环境审计在未来的乡村振兴中发挥出其应有的价值。

5.1　决策层面环境审计监督效力的介入

决策层面环境审计监督效力的介入首要是践行并完善领导干部自然资源责任制与离任审计。从决策层面而言，当前我国许多环境问题的产生很大程度上都是在决策层面缺少对于生态环境视角的考量。无论是专门的环境保护部门，还是环境审计部门，在原始决策层面都无法参与到许多项目的决策中，而更多的是在环境问题已经产生之后再以追责或者治理的方式介入。而要想打破这种先污染后治理的模式惯性，很有必要在政府决策环节由专业的环境监管机关介入，提供相关的专业意见建议。

当前我国环境审计治理效能的应用模式，仍然是传统的公共责任受托模式。政府承担了由公众委托的管理和治理自然资源以及生态环境的责任。对于政府的履责程度及效能就需要有独立的第三方进行监督，而环境审计正是承担了这样的职能。但是在这样的运行模式下，我国的环境审计制度治理效能的发挥一直受到多方面的限制。一方面是政府领导以及被审计的单位部门对于环境审计的认识缺位，接受程度较低，环境审计效力有限。另一方面是在整个环境审计效力运行体系中，从环境审计机关选定审计项目，审计任务开始，到得出审计结果，为政府给出相应审计建议并进行审计结果公开的整个过程中，环境审计制度的监督效能并没有通过有力的问责制度得到发挥。往往是环境审计机关得出了审计结论，下发审计建议后，环境审计的介入就已经结束，对于后续的问责，则环境审计机关不再参与，而是交由别的政府部门。这就导致长期以来，我国环境审计工具的治理效能无法得到彻底的发挥。

2015 年，党的十八届三中全会决定实施领导干部自然资源资产离任审计，对领导干部的生态环境保护工作终身追责，并于当年 11 月开始试点工作。2017 年 6 月中共中央办公厅以及国务院办公厅正式印发《领导干部自然资源资产离任审计规定（试行）》标志着这项重要的环境审计制度正式在我国试行。领导干部自然资源资产离任审计制度的建立，是直接将环境审计的治理效能施加于各级党政机关层面，是环境审计效能从决策层面介入环境保护工作的主要途径和当前为数不多的有效途径。

从《领导干部自然资源资产离任审计规定（试行）》（以下简称规定）的内容来看，领导干部自然资源离任审计涵盖了针对领导干部任职期限范围内对本地区、部门的各项自然资源的管理和开发利用情况，对大气环境、土壤环境、水环境等自然环境的治理和保护情况，以及对各类生态系统的保护修复工作。可以说十分全面地覆盖了党政领导干部所应当承担的资源和环保职责，同时在审计对象上也不单单局限于地方政府的党政机关领导人，环境保护部门、自然资源管理部门等承担资源保护和环境保护责任相关部门的主要领导干部同样在审计对象范围内。而从审计内容上来看，领导干部自然资源资产离任审计主要包括贯彻和遵守国家生态文明建设与环境保护有关政策法规的情况，有关资源利用和环境保护决策以及目标履行情况，以及有关环境保护资金的利用情况。在审计方式上，根据主要的审计内容，主要以财务审计、合规性审计、责任审计以及绩效审计等方式为主。

对于环境审计机关而言，《规定》给环境审计机关划定了明确的责权界限，给予了环境审计机关有力的履职支撑，改善了以往环境审计机关审计过程中职权不明晰的困境。而对于环境审计的结果，《规定》虽然未能给出明确的定性评价体系，但是划定了领导干部自然资源离任审计的评价档次，并对各档次的划分以及后续的处理做出了明确的界定。这方面的相关规定对于环境审计机关而言，毫无疑问是其履行环境审计职权最为有效的政策支撑。而也正是基于《规定》带来的环境审计机关对于领导干部自然资源离任审计职权和结果评定方面的明确而有力的政策支撑，使得当前环境审计在决策层面介入全面乡村振兴工作具备了实行的基础。

领导干部自然资源离任审计，以领导干部的任期为基础，属于事后审计，但是其审计监督效能能够从事后审计传导至事前（决策环节），以及事中（执行环节），这也就使得环境审计的监督效能能够介入领导干部领导其部门机关开展相关资源环境保护工作的全过程。但是对于事后审计效能反向传递的过程中，即由事后审计向执行环节以及决策环节传递的过程中，监督效能的约束力存在弱化的可能。领导干部任期结束之后所进行的自然资源离任审计，是环境审计机关监督效能的直接介入。而在监督效能反向传导的这个过程中，环境审计机关如果不在其他环节参与相关部门单位的决策与执行，其效能的发挥就只能以一种无形的方式反向传导，其介入效能也就难以得到保障。

因此在全面乡村振兴阶段，环境审计机关治理效能的介入可以采取离任审计监督效能自然反向传导与环境审计机关直接介入相结合的模式。根据《规定》的主要内容，关于自然资源资产和生态环境保护的重大决策本身便是领导干部自然资源离任审计的主要审计内容。领导干部自然资源资产离任审计发生在事后阶段，而相关的资源和环境保护决策一般都发生在事前阶段，如果仅仅依靠离任审计效能的自然反向传导以约束决策环节的领导干部，环境审计监督效能在决策环节约束力不够的情况就有可能发生。因此有必要在领导干部进行重大资源和环境保护决策时，由环境审计机关进行事前的有限介入。

事前的有限介入正符合审计监督传统的事前监督与事后监督相结合的治

理特点。审计机关的事前监督，主要是以预算审计为主，而在环境审计内容上的决策层面的有限介入，可以看作是审计机关事前预算审计在决策层面的有效约束。这里强调审计机关在决策环节的介入是有限的介入，即不能干预党政机关部门主要领导人的正常决策。环境审计机关可以在有关的资源和环境保护决策过程中为领导干部提供建议和参考，并对预期的离任审计结果做出预估，为领导干部提供更多的决策支持和决策参考。这样的有限介入，既可以确保环境审计的效能在决策环节发挥更大的作用，还能对领导干部的相关决策提供更多的合理支撑。

环境审计在乡村振兴工作中对于有关的资源和环境保护决策的监督效能介入，还是要依靠领导干部自然资源资产离任审计产生的效能。同时当前审计机关在乡镇一级没有建制，环境审计机关的监督职责主要由上一级审计机关执行，这样的情况既有利也有弊。弊的一方面在于同级别部门机关建制的缺失使得环境审计机关的监督效能无法得到最大程度的发挥，并且过于依赖上级机关也不可避免地会对审计机关产生较大的工作压力。而利的一面则在于由上级机关来执行离任审计以及在决策环节提供咨询和指导能够提升环境审计治理的监督效能级别。

对于上一级的环境审计机关而言，考虑到工作覆盖能力的有限，环境审计机关无论是对于同级别党政机关的有关自然资源和环境保护决策，还是对于下级政府部门的有关决策，都应当尽量以有限而有效的方式来进行介入。对于乡村的生态环境保护决策而言，执行上级部门的有关决策部署是主要任务。其根据自身管辖范围内的资源和环境保护情况而做出的有关资源环境保护决策相对有限。对于其中的重要决策，环境审计机关可以根据实际情况，发挥自身的专业能力，对有关部门的决策提供更多可行的参考和建议，以此方式来介入乡村环境治理决策，发挥自身的监督效能。

5.2 乡村振兴进程中环境保护具体环节的环境审计介入

从当前乡村自然资源保护以及环境保护修复工作的具体情况来看，当前乡村有关的资源环境保护工作，主要集中在以下几个环节。首先是对于土地资源的监督，集中在耕地保护环节以及水土流失治理；其次是矿产资源开发过程中的资源合法利用以及环境保护问题；再次是水资源的利用和保护，集中在水污染的防治领域；此外还包括了森林资源的开发利用及保护，以及生物资源的开发和保护等其他具体环节。

以自然资源对环境审计机关的审计对象分类是目前环境审计工作中常用的分类方式，同时要考虑到乡村自然资源和环境保护与城市的差异，以及我国的环境审计工作目前还未发展成熟的现状。环境审计制度的治理效能，对于乡村资源环境保护工作各项具体工作的效能介入都需要探索出合适的方式方法，以期更好发挥环境审计监督在乡村资源环境保护工作各个具体环节中的作用。

5.2.1　对乡村水环境审计的介入

当前我国环境审计工作对于水环境审计方面的主要侧重点仍然是对于重要湖海的环境质量检测和治理，而治理工作主要集中在排污管控和重点污染源的集中方面，且主要的工作重心仍然放在城市工业企业的污染排放和治理环节。对于乡村的水环境治理，仍然是以面源污染治理为主。这样一种水环境审计工作格局，与我国水环境保护的现实状况相适应。一方面是最严重的水环境问题仍然是城市工业企业过度排放造成的重要水域环境的污染，必须以城市工业企业水环境问题为重点。另一方面是当前城市水环境污染要普遍比乡村更为严重，且城市在水环境治理方面已经形成了较为完善的治理和监督体系，环境审计监督有较为合理的监督效能介入切入口。

对于乡村的水环境治理，环境审计监督要想找到合理的介入途径和效能发挥方式，首先要明晰的一点是乡村水环境问题对于环境审计监督的具体特点。水环境治理，基础在于对于水资源环境质量的明确掌握，通过环境保护部门以及环境审计机关自身的检测调查，掌握目标水资源的水质状况、污染物来源以及水质变化情况的基本要素。而乡村地区的水域资源，除了在乡村地区分布的主要河流湖泊湿地之外，绝大部分的小型河湖湿地尚未建立完善的水环境质量检测系统，对于水资源的具体环境状况并不明晰。这是审计部门介入乡村水资源环境审计所需要面对的第一个基础性困境。其次是对于乡村水环境审计而言，由于乡村的水资源环境与城市相比，污染源并不像城市那样明晰，各项污染物的类型也与城市存在较大差异，且每个区域的乡村与乡村之间也存在较大的差异，所以建立一套具有相对普适性的乡村水环境指标评价体系也就成为环境审计在具体介入乡村环境审计过程中所必须解决的问题。

目前我国的水污染防治，基本上是以国务院确定的重点流域水污染防治规划为基础，各省市再根据流域范围将水污染防治的目标逐层分解，直到县区一级。这样一种以流域为主要划分依据的水污染防治责任格局，为乡村的水环境审计提供了相对较为现实的介入途径——即以县域流域为单位，对区域内的水资源环境治理进行统一的、分类的监督。

以县域流域为单位将乡村水环境审计纳入整个县域的水环境审计监督体系内，而不是单独地以乡镇乃至行政村为单位划分水资源环境审计单位是基于当前我国水资源环境治理格局以及水资源自身特点而言相对可行的模式。首先是水污染防治责任分解以县域作为责任分解最小单位，县域内再进行乡镇流域的再一次责任单位划分将会产生繁重的工作量，不仅环境审计机关的职能覆盖无法完成，政府部门以及环境保护部门同样无法做到完全覆盖。并且考虑到随资源自身的流动和汇集特点，乡村地域的河流更多还是会汇集到县域内的主干河流内，以县域为单位是根据河湖自身资源特点较为妥当的划分。

而在县域内再划分，即进一步的责任分类，应当以目前实行的河长湖长制为基础。目前我国在全国范围内均已实施河湖长制，大到长江、黄河等重要水系流段，小到乡村区域内的小河小湖，均有明确的河湖长进行负责。而在河湖长制的基础下，对于乡村的环境审计以县域内的河湖水资源保护作为乡村环境审计的审计整体，再以河湖长制进行乡村区域范围内的具体审计监督对象。这样不仅明确了乡村水资源环境审计的审计对象，也明确了审计对象的责任范围。

当然，以这样的方式进行审计对象的整体限定和进一步的责任划分虽然是环境审计介入乡村水资源环境的可行路径，但是仍然要面对许多需要解决的问题。首先，在以县域为整体审计监督对象的情况下，如何再向下进行区域内各具体河湖的责任划分。虽然在河长以及湖长制下，在乡镇乃至乡村范围内有了明确的责任人，但是河流的流动汇集特点，还是会给具体的责任划分造成一定的困难。例如一条县内的主要河流，在流域内共有若干乡镇的若干条河流汇入，县域内主要河流水环境保护的主要责任人是县级政府以及县环境保护部门的主要领导人。而如何评估由各乡镇范围内汇入河流对于县域主要河流所造成的主要影响以进一步划分责任则需要进行大量的不同河段的环境治理检测。同理，在乡镇范围内的主要河流同样可能会有若干条支流汇入，这若干条支流同样由不同流域内的河长负责，这些范围内的污染责任如何划分又成为更加细节的问题。

同时，在乡村范围内的小河流，村级的河湖长往往职权并不明晰，且人员更换频繁。根据《河湖长履职规范》，村一级的河湖长只负责本村范围内河湖的专管，确保河湖监管到位，保障河湖清洁整治到位。对于村一级的河湖长而言，其对于自己范围内的河湖水资源保护职权并没有明确的界定，在相当多的乡村虽然设立了河湖长，但是却并没有承担明确的责任，存在由村民义务履职的情况。在这种情况下，乡村的河湖水资源保护，实际上还是更多地由乡镇政府在承担主要责任，对于村一级的河湖水资源环境监管责任并不明确。

而要想解决以上的问题，根本还是在于建立责任流域内各主要河流的水质检测体系，通过科学明确的水质检测数据来进行合理的责任划分。而这样的工作显然不能由环境审计部门来完成，环境审计机关专业职能是进行环境审计而不是环境检测，也并不具备相关的专业能力。所以还是要依靠专门的环境保护部门来进行，并且环境保护部门与环境审计部门的合作能够发挥出二者各自在专业领域内的专业优势，有利于进一步促进乡村水资源的保护。

当前我国强调在乡村水资源环境治理中，以面源污染的管控为重点。但是乡村水环境面源污染，存在的一个主要特点就是面源污染源并不像城市那样集中，一个流域段内的面源污染基本上来自整个流域段内居住的全体居民和少量乡镇企业。对于乡镇企业的面源污染容易监管，但是对于其他分散分布的污染源，监管难度则相当之大。无论是在农业环节产生的对于乡村水资源的面源污染，还是乡村居民生活废物、废水的排放所形成的面源污染，都因分散性而难以监管。因此审计机关对于乡村的水资源环境审计，其职能介入方式，在注重面源污染管控的同时，更切合实际的方式仍然是要以责任审计和整体的绩效审计为主。以责任审计为主，是因为在乡村范围内难以像城市那样直接将审计对象对准某一具体的污染面源主体，而只能以对面源污染负有监管责任的单位或个人为主要的审计对象。注重绩效审计，是在当前尚未建立具有普遍适应性的评价指标的现实情况下，更加注重乡村水资源环境保护的整体绩效评定，以期尽可能地得出较为科学合理的审计结果。

综上所述，审计部门水域乡村水环境审计的介入，受到许多现实条件的制约。也因为水资源本身的流动和汇集特性，同时受部门职能特点和覆盖能力的限制，诸如河流、湖泊、湿地等不同类型的水资源作为乡村水环境审计的具体对象，在职能覆盖范围上，乡村水环境审计仍存在一定的不足。所以根据我国目前的水资源环境保护现状，以县域作为审计整体，再以目前现行的河湖长制为依据，在县域内依据审计结果，进行责任的下一级划分，以这种方式将审计监督效能传递至乡村一级。同时，对于水环境的审计而言，十分依赖各种水环境质量的检测数据，所以在介入乡村水资源保护的过程中，环境审计部门必须要加强与专业环境保护部门的合作。并且在审计方式的选取上，根据当前水资源环境审计的现状，一方面要积极加强对于评价指标体系的建设，另一方面要尽量使用责任审计以及绩效审计的方式，尽可能地获得更加科学可靠的结果。这样的介入方式，是当前现实基础上环境审计介入乡村环境审计相对可行的途径，也是环境审计在乡村水资源审计领域体现自身所具备的治理工具特点、发挥一定治理效能、助力乡村生态文明建设的一种相对合理可行的方式。

5.2.2 对乡村土地资源审计的介入

土地资源是乡村发展的根本性资源，是农业赖以生存的基础所在。作为重要的国有资产，土地是资产，更是资源，是各个产业环节和生产要素的基本载体，也是最基础、最重要的生产要素。同时土地也是一切陆地自然生态环境资源的基本载体，森林资源、生物资源都以土地为存在前提，是生态环境之本。

2014年审计署在全国范围内开展土地出让收支跟耕地保护情况的专项审计行动，对全国范围内的土地资源利用和耕地保护进行了一次全面“体检”，揭开了我国环境审计介入土地资源保护的大幕。在这次全国范围内的土地资源环境审计大清查行动中，审计机关在全国范围内动用了大量的人力物力，对于土地出让环节涉及的土地管理和资金监管，以及农村的耕地保护问题，进行了重点的审计清查。

在这次审计行动中，在土地出让的资金管理环节中查出了一大批贪污腐败问题，同时我国土地出让环节的许多管理问题也在这次清查活动中暴露出来。而在另一个重点领域，即耕地保护领域，同样存在许多职员在利用和保护环节的违法违规问题，耕地红线保护落实不到位，耕地质量下降，占用耕地挪作他用等情况屡见不鲜，耕地整治专项资金使用违规现象严重。从这次全国范围内的土地资源审计开展至今，国家在土地资源保护上投入了极大的人力物力，完善相关管理制度，加强监管，目前我国在土地资源领域的违法违规行为已明显减少。

对于乡村土地资源的环境审计介入，相比于其他资源类型，环境审计在前文提到的专项行动中，就已经在乡村范围内进行全面的介入。环境审计介入乡村土地资源监管所能发挥的治理效能也在这次专项审计行动中得到了体现。这说明，相比较于其他资源类型，在全面乡村振兴阶段，环境审计机关介入乡村的土地资源监管已经具备了一定的基础，路径也较为清晰。同时也应当看到，2014年的专项行动，并没有形成常态化的环境审计对于乡村土地资源监管的介入体系，虽然已经有了具体路径，但是其效能的发挥并没有得到完全的保障。因此，在全面乡村振兴阶段，环境审计对于乡村土地资源监管的职能介入，仍需要在充分发挥原有路径效能的基础上探索新的介入方式，形成新的监督效能发挥的有效路径。

从目前现有的路径来看，主要是三个方面，一是对于土地出让资金管理的财务审计，二是耕地保护环节的资金审计以及责任审计，三是涉及所有土地资源利用审批的合规性审计。

对于乡村土地出让资金的使用，环境审计监管的重点是土地出让环节审批的合规性审计以及资金使用的财务审计。土地资源的利用，在我国有严格的审批程序，任何土地尤其是涉及耕地利用的项目都需要逐级上报审批，涉及面积巨大的还需要国务院亲自审批。而对于乡村土地的利用，乡镇政府必须要得到上级政府的依法审批，未经审批非法利用，少批多征，以租代征，改变土地利用方式的问题都是非法的。对于环境审计机关而言，重点需要关注的是在审批通过后的不按照审批规定、擅自更改土地用途的问题。我国乡村土地面积广大，虽然对于审批的文本审计可以很容易通过审批文件项目规划文本和审批文件等手续完成审计，而对于审批项目实际用途的监督，则需要通过更加进一步的方式方法进行监督，需要审计机关通过利用卫星地图、GIS等技术手段，必要时进行实地调查切实完成调查监督。

土地蕴含着巨大的资产价值，在出让环节能够产生巨大的出让收入，而作为社会的共同财富，土地出让资金的使用，必须依法依规。尤其是在广大乡村地区，基层政府在自身财政资金相对较少的情况下，土地出让资金是基层开展基层建设、保障治理、维护民生的重要支撑。对于土地出让环节的资金使用问题，对于掌握资金使用权的基层政府，政府环境审计机关应当重点关注基层政府是否存在擅自挪用土地出让资金，利用土地出让资金兴建楼堂馆所、违规发放津贴奖金等问题。同时应当重点关注被征地农民的权益保障问题，土地作为农民最重要的生产资料，征用农民土地必须给予规定的安置补偿和必要的社会保障，保障农民的合法权益得到土地出让资金的合法保障。

合理利用土地和切实保护耕地是我国土地政策中的一条基础性、底线性的基本国策。为保障国家粮食安全，切实实行最严格的耕地保护制度，坚守18亿亩耕地保有量红线，我国近年来实行了愈发严格的耕地保护政策。对于基本农田总保有量的保护，确保耕地总量不减少，质量不下降，用途不改变是我国耕地保护的基本目标。对于耕地的环境审计也围绕这一目标而开展。

为了耕地保有总量不下降，我国实行了严格的责任制度，各地区的政府负责人，对于区域内的耕地保有数量负有直接责任，并提出了明确的考核标准。在耕地保有量直接责任制下，对于耕地保护的环境审计不仅要聚焦耕地实际保有面积的数量审计，更要根据审计结果，开展耕地保护责任审计。我国自省向下一直延伸到乡镇一级，都逐级签订了《耕地保护目标责任书》，将区域内耕地保有量的保护责任直接落实到人，并且行政系统内部也已经建立了一套自上而下的责任考核体系。对于环境审计机关而言，对乡村的耕地保有量审计应当重点关注耕地保护责任制下的责任审计，依托行政部门内部现有的责任制体系，将自身审计监督的效能逐级传达，直至直接管理乡村耕地的乡镇一级。环境审计对于耕地保护的责任审计，与政府部门内部的责任考核制度配合，将形成对于乡村耕地保有量保护的双重监督体制，最大限度压实乡村耕地保有量保护责任，确保国家耕地保有量目标达成。

对于农田质量的审计监督，涉及多个方面。首先是对于原有耕地质量的监督，确保原有耕地不因抛荒、环境污染等因素造成耕地质量的下降。其次是在耕地占补平衡管理制度下，新补充的耕地质量不能低于原有耕地。对于耕地质量的监督，难度要远大于对于耕地数量的监督，一方面是目前我国还未建立普适性的耕地质量标准评估体系，对于耕地质量的评估难以进行准确的量化评估。另一方面是我国国土面积广大，即使是村级行政单位的耕地数量相对于环境审计机关的职能覆盖能力而言也是巨大的。

对于耕地质量的环境审计监督，还是要依靠与土地管理部门以及环境保护部门等有关部门的密切合作来进行。对于大面积的耕地质量下降，环境审计部门还要依靠土地管理部门以及环境保护部门的相关数据材料，以责任审计的方式来进行。尤其是因为环境问题而产生的耕地质量下降，环境审计机关应当切实履行监督责任，通过科学正确的审计结果，明确耕地污染的直接责任，以及监管责任。

同理，对于耕地用途改变的监管，也只有依靠和土地部门的合作才能得到切实实行。监管耕地主要用途不改变是土地管理部门以及政府部门的主要责任，环境审计部门不可能直接对耕地用途进行实地调查，所以还是要依靠土地管理的监管数据进行责任审计。我国的土地管理部门在建制上已经深入到了乡镇一级，每一个乡镇都设有土地管理所，对乡村土地基本用途的管理负有直接责任，同时同级政府也负有领导责任，是对于耕地用途保证环节责任审计的直接对象。同时土地管理部门由于承担了领导和监管责任，也应当纳入环境审计的范围内，对其履责情况进行审计。

综上所述，对于我国乡村土地资源的环境审计而言，实质上与其他资源类型相比存在明显的差异。主要表现在，由于土地污染问题在我国土地问题的格局中并不突出，而土地资源的利用以及耕地保护在我国土地资源的保护中拥有更高的优先级，因此乡村针对乡村土地资源的环境审计也以这两个方面为重点，其中重中之重是对于耕地保护的监管。对于土地资源的开发利用，以及耕地保护，政府部门以及直接负责土地管理的部门系统内部实际上已经有了一套严格的监管系统，并且对于其中涉及的资金利用的监管问题传统审计部门也早已形成完整的审计监督介入体制。对于环境审计而言，更为重要的是作为一种有力的外部监督补充机制，更多地以责任审计的方式，来介入乡村的土地资源监管。通过发挥环境审计自身的独特优势，产生更为切实严密的监督效果，在原有的乡村土地监管体系之上，通过自身的职能介入，发挥更为强大的外部监督效能。

5.2.3　对乡村矿产资源审计的介入

对于矿产资源开发利用的环境审计，是我国环境领域的一项重点工作。尤其是在近年来党和政府愈发重视生态文明建设的趋势下，对于矿产资源开发利用以及由此所产生的环境影响的监管成为我国生态环境治理的一项重要工作。对于乡村而言，其区域内存在的矿产资源，在给当地带来了巨大社会经济效益的同时，也无法忽视在矿产资源开发过程中伴随的严重生态破坏问题。

矿产资源，有相当一大部分都分布在我国的乡村地区，由于存在巨大的经济价值，往往在开发利用的过程中对于生态环境的保护工作不够重视，造成严重的生态问题。集中在乡村地区的部分规模较小的矿山，环境保护意识欠缺，并且监管相对不到位，对所在乡村产生了重大的生态环境破坏。可以说在部分地区，矿产资源开发所造成的环境破坏，已成为影响最大的环境问题。

具体而言，矿产资源开发对于生态环境的破坏主要有以下几个方面。第一是采矿造成的植被破坏，露天开采的矿产资源必然会破坏原有的覆盖在地表上的植被，例如露天开采的煤矿、大理石矿等。这类露天开采的矿产，往往大面积地开挖地表，如果不进行及时的生态修复，会造成永久性的生态环境破坏。不仅仅是失去地表植被的覆盖，长期缺乏植被覆盖的地表很容易造成严重的水土流失，产生不可逆的扩散性的环境破坏。第二是开采矿产资源造成的水资源污染，在矿山开采利用的过程中，尤其是选矿洗矿环节，会产生大量的含有重金属、各类化合物的生产废水，这类污水对于周围水资源会产生严重的破坏，并且会传导至整个关联生态系统。第三是矿产资源开发利用过程中产生的土地资源污染，矿产资源开发利用的过程中会产生大量的固体废物，同时矿山的水污染也会渗入周围土壤，造成严重的土壤污染。矿山开采过程中大量的地表土剥离开挖，废弃矿石的长期堆积，都会对土地产生很严重的负面影响。第四是矿产资源开发利用所造成的大气污染，主要体现在矿山开采造成的大量扬尘和各类有害的大气漂浮物对空气产生的影响，以及在矿物冶炼环节所产生的大量废弃排放。

由于矿产资源的开采往往是体量巨大，持续周期长，同时产生的环境负面因素较多，以上任何一类负面环境影响都能对乡村地域的生态环境产生严重的破坏。因此对于乡村范围内的矿产资源利用，要更加重视对于生态环境的保护和修复，一旦造成大面积、不可逆的环境破坏，对于当地的生态环境，以及当地居民的生活而言都是巨大的灾难。

目前我国对于矿产资源开发利用的环境审计主要集中在两个方面。一是对于矿产资源开发利用环节所造成的具体生态环境问题的监管；二是对于矿产资源开发环节有关环保资金的监管。

对于由矿产资源开发利用所产生的环境问题的环境审计监管介入，在一些大型的矿区，基本上都进行专项的环境审计监管。而在乡村地区，一般如果不存在大体量的矿产资源开发，对于矿产资源开发利用的环境问题监督往往纳入乡村环境审计监督的整体环节。将矿产资源开发利用所造成的环境问题按照资源类别，纳入区域内资源环境审计的整体范围。例如县域内的水资源环境审计，通常是以整体流域为审计范围，将由矿产资源开发利用所造成的水资源污染纳入县域水资源污染的整体。而不是将由矿产资源开发环节所造成的资源环境问题单独划分进行审计。

这样的审计方式有其实施的合理性，对于矿产资源开发利用所产生的环境影响较小的地区而言，能够简化审计范围，减轻审计人员的工作量。通常也能够根据整体的审计结果，再进行矿产污染的责任划分。但是对于部分分布在乡村地区的规模较大的矿产企业，或者是区域内存在相当数量矿产企业的地区而言，这样一种审计方式欠缺针对性，难以精确评估环境影响，划分环境责任。所以有必要对于乡村地区的矿产资源开发利用项目建立专项审计，尤其是对于具备一定规模的矿产开发项目，只有对其进行专项环境审计，才能准确评估其造成的环境影响，以进一步提升环境审计监督效能的精确性和针对性。

对于矿产资源开发利用项目所造成的生态环境问题，由于矿产资源自身的特殊性，这类环境问题比一般的环境问题相对更为复杂。所以在环境审计监督的过程中，要根据矿产污染的具体特点，开展针对性的审计监督，同时还要加强与环境保护部门以及乡村矿产资源监管部门的合作。以矿产项目为审计对象，开展有针对性的环境审计监督。尤其是重视矿产项目相关责任人履行法定环境保护责任的责任审计，以及具体生态保护和修复项目的绩效审计。

对于矿产资源专项资金的征收和使用，一直以来都是我国针对矿产资源管理领域的一项重要政策，即指对矿产资源征收专项资金并对该资金进行分配使用的政策是我国资源勘探、开采、保护以及修的重要资金来源。我国矿产资源专项资金主要由五个部分构成，分别是矿业权价款、矿业权使用费、矿产资源补偿费、资源税以及其他矿产资源相关专项资金。矿产专项资金由中央财政（中央财政分成部分）统一支出，地方政府也有一定比例的矿产资源专项资金分成，由地方政府规划使用。其中用于矿山地质环境的恢复治理部分，在我国矿产资源专项资金的支出中占了相当的比重。

对于用于矿产地质环境恢复治理部分的矿产资源专项资金，应当成为乡村矿产资源环境审计的重点。对于各项矿产资源专项资金的收取和使用，税务部门以及资源管理部门已建立自身的监督体制，而对于用于矿山生态环境治理修复部分的专项资金，环境审计可以利用绩效审计的方式，对资金使用绩效进行专业的审计评估。作为审计机关的核心职能，对用于矿山环境保护和修复部分的专项资金进行严格的财务审计是审计机关发挥监管效能的基础方式。而对于用于环境保护和修复部分的专项资金，更为重要的是评估其资金使用的实际绩效。

环境修复和保护项目需要大量的资金投入，并且是一个长期性的过程，往往实际的资金绩效无法在第一时间展现，同时也可能出现绩效衰减的情况。而对于矿山的保护和修复项目而言，审查其实际绩效比审查其资金使用更为重要。因此对于用于保护和修复矿山生态环境的专项资金，无论使用主体是政府部门还是矿产企业，其重点都要放在资金使用的实际绩效上。尤其是对于乡村地区，更应当重点关注资金使用的实际绩效。而对于资金使用绩效的审计，需要审计机关在财务审计的基础上，建立长期的绩效审计监督计划，分阶段进行审查。同时审计机关应当由自身或者有关的环境保护部门在审计项目结束之后进行适当的回访，确保审计机关对于专项资金使用的长期监督效能。

综上所述，环境审计机关对于乡村地区矿产资源环境审计的职能介入，应当集中在两个乡村矿产资源开发利用造成的乡村问题，以及矿产资源专项资金中用于乡村矿产资源生态环境的保护和修复。前者应当对乡村的矿产资源项目进行更有针对性的专项审计，以责任审计为主。后者应当对乡村矿产生态环境保护和修复资金的使用，以长期的方式进行绩效审计。矿产资源对于乡村生态环境的影响很大，往往审计整个乡村生态系统，并且直接关系到乡村居民的日常生活。所以对于重大的乡村矿产资源开发利用项目，环境审计以适当的方式介入监管，发挥自身的专业能力，对于保护乡村矿产资源的有序开发利用与生态环境保护同步健康发展，具有重要正向价值。

5.2.4　对乡村森林资源审计的介入

森林资源是我国自然资源中对于生态环境保护意义最为重大的一项资源，直接关系到我国的生物资源、水资源、土地资源等多项重要资源，并且对于大气环境保护具有关键性价值。我国的森林资源，绝大部分分布在广大的乡村地区，是我国乡村地区生态宜居的重要自然资源基础。

我国对于森林资源的环境审计，主要集中在两个方面。一是对于造林工程的相关审计，我国投入了大量的人力物力用于植树造林改善生态环境，对于这些植树造林工程的审计，是我国针对森林资源领域的一个审计重点。二是对于森林资源保有量的动态审计，森林资源的保有量是评价一个地区生态环境的重要指标，我国森林资源保有量的监管目标一直是保持动态平衡，总量上升。而对于各地区开发利用森林资源，退耕还林，利用山地开展建设、开发矿山等行为都会对区域内森林资源的保有量产生动态影响。

对于植树造林工程的审计，由于大部分都是由国家以及各省市直接负责的项目，政府部门以及林业、环保等相关部门均以自身的方式开展监督。审计机关监督职能的介入方式，一般都是以对造林工程资金进行财务审计为主。系统性的重大植树造林工程往往由国家或者省市政府有关部门直接负责，虽然在地域空间上集中在乡村地区，但是乡村以及基层政府往往并不负有直接责任。并且此类项目国家往往建立了完善的监督体系，审计机关的参与也主要以传统的资金审计为主，环境审计介入发挥自身监督效能的余地相对较小。在全面乡村振兴阶段对于乡村森林资源的环境审计介入，环境审计应当重点关注，并且有较大职能发挥空间的两个重点领域是涉及乡村森林保有量的荒山改造工程，以及退耕还林环境工程。

乡村的荒山改造工程以及退耕还林工程，都直接涉及大量的财政补助资金，同时也注重工程实际绩效的项目，二者正好是环境审计监督职能的覆盖领域。对于荒山改造以及退耕还林工程，我国发放了大量的相关财政补贴到有关部门及个人，而对于这一部分资金的监管，有必要让审计机关介入予以强化。对于有关资金的监管，环境审计机关应当重点关注虚报冒领、违规发放等问题。在我国的荒山改造以及退耕还林工程中，基层林业部门与工程呈报人经常采用虚报面积、虚报地类、编造虚假名册等不当手段谋取不当利益。在退耕还林工程中，将山地、坡地、非耕地地类虚报为耕地，借用无关人员资信伪造账册，是在此类工程中常使用的不当手段，也是不易被监管机关察觉的手段。环境审计机关在介入监管发挥自身职能时，要着重对于此类问题的审查。

而对于荒山改造以及退耕还林等造林以及其他相关植被恢复项目实际绩效的监管，更是目前监管环节中的一个堵点。荒山造林、退耕还林等工程的实际绩效，验收评估时所体现的绩效水平，以及长期的绩效水平可能存在相当的差异。但是相关部门的监管往往以验收为节点，验收合格就发放相关补贴，对于更为重要的后续实际绩效往往有所忽视。环境审计机关对于此类项目的监督，应当以更为长期的实际绩效为评估标准，对于暂时退耕还林后续又变回耕地，造林通过验收但实际面积、密度、树种、生长情况严重不达标等问题应当给予更多的重点关注。只有重视此类恢复林地覆盖的长期实际绩效，而不是短期的节点性绩效，才能真正评估此类工程真正的实际绩效，确保相关资金能够最大化发挥实际效果，保障乡村林地面积稳步增长。

以往对于林地恢复相关工程的绩效审计，往往因为此类工程分布面积广且分散，并且相当一部分地区交通不便，给审计人员的实地审计造成了许多困难，而这些困难也往往成为不法分子得以利用的灰色空间。而在目前条件下，环境审计机关应当积极利用地理信息系统和遥感系统等能够对地表状态实施有效检测的科技手段，开展更加简易但实际上更加精确有效的森林资源审计。这些高科技手段能够清晰准确地检测到地表地类类型，以及林地的实际覆盖情况和质量情况，将这些基本情况与林业部门的相关数据做出对比，能够清晰地发现存在的问题。不仅能够减轻审计机关的工作难度和工作量，更能避免许多人为的监管效能流失，最大化审计机关的监督效能。

总之，环境审计机关对于乡村森林资源的环境审计介入，一方面要盯紧相关的财政资金，另一方面要紧抓相关项目的实际绩效。确保相关财政资金不被不法分子利用的同时，保障已开展的有关项目的实际绩效。而如今的科技手段，也为审计机关提供了更为有力的审计工具，审计机关要积极有效地利用这些科技措施的赋能，使自己在介入乡村森林资源环境审计监管的过程中，自身的监管效能能够得到最大化的发挥。

5.3　全面构建乡村资源环境绩效审计体系

乡村自然资源以及生态环境保护修复具有资金投入巨大、效果周期长、关联群体多、外部性强等基本特点，这些基本特点决定了在乡村资源环境审计的过程中，绩效审计是最为有效的方式。伴随着我国资源环境保护工作重要性的不断提升，绩效审计在整个环境审计体系中的重要性也得到了明显的提升，将绩效理念贯穿审计工作全过程成为我国十二五以来审计领域的重大转变。绩效审计的三大核心评价评估标的——经济性、效率性、效果性，与我国资源和环境保护工作资金投入巨大、使用涉及面广、项目绩效周期长等特点相契合。因此，将绩效审计作为乡村资源环境审计的主要方式和重要手段，既是乡村资源环境的现实要求，也是环境审计自身方式特点与乡村资源环境审计需求的双向契合。

从我国资源环境保护工作的现实出发，在乡村地区开展资源环境绩效审计，要想实现环境绩效审计效能的最大化，就必须建立涵盖从政策制定到政策执行，再到政策实施效果评估以及后续跟踪的全过程绩效审计体制。

从政策制定环节开始，目的是为了最大限度地避免我国以往生态环境保护过程中存在的先污染、后治理问题，避免生态环境保护工作中的滞后性问题。我国的自然资源利用和生态环境的保护都是在政府主导下开展的，具有明显的政策导向性。因而相关环境政策的制定是我国生态环境保护治理的开端，而在政策主导的体系下，政策制定、执行环节的外部性能够很快地就传递至实际的环境治理工作中。我国的环境审计机关虽然无权对政策本身实施审计，但是环境审计机关可以通过绩效审计的方式，对环境相关的环境政策进行纠偏、优化并促进其落实。首先是对于环境审计政策本身的内容而言，通过评估有关政策的实际效果与政策预期的符合程度，以及政策实施过程中存在的因政策本身而产生的问题。根据绩效审计结果来对环境政策自身的内容和结构方面的合理性和可行性进行进一步的纠偏和优化，以促进相关环境政策在结构和内容上的进一步优化以及相关环境审计政策的落实。

而对于环境政策执行环节的绩效审计，应当抓住执行过程中有关资金的使用绩效，以及政策执行过程中相关实施项目落实的实际绩效。

对于相关环境政策执行过程中相关资金的使用，根据绩效审计自身的评价原则，应当重点关注资金使用过程中的经济性和效率性。相关资金的使用，主要包括资金的分配、管理和使用三个环节。对于有关环保政策资金的分配，应当按照政策进行分配拨付，严格审核资质条件以及相关凭证，防止违规拨付。并关注资金分配拨付过程中的效率性问题，重点审查是否存在因为资金的拖延拨付而造成的有关政策落实滞后。而在政策资金的管理环节，应当关注有关单位是否按照相应政策规范，对相关政策资金进行严格管理，对于有关资金的管理是否纳入预算，是否建立专门账户台账，管理费用是否过高等问题进行严格审计。而在资金的使用环节，应对资金使用的合规性，资金使用实际用途与预算用途的一致性，以及在资金使用过程中可能存在的挪用、贪污、截留、浪费等问题进行审计。

环境政策的落地实施依靠的是一个又一个的具体环境项目，因此对于有关具体环境项目实施绩效的审计，是整个环境绩效审计的关键所在。对于乡村生态环境治理的相关具体项目绩效审计，是涉及全过程多环节的审计。从项目立项审批的规范性到运营以及贯穿整个项目进程的项目管理的规范性，都是绩效审计的对象环节。这些环节的规范性、经济性与效率性直接关系到环境政策具体落地实施的实际效果，同时环境项目是环境治理相关资金流入的“目的地”，项目实施的绩效，实际上也直接关系有关环境保护资金的使用绩效，因此对于推动相关环境政策落地的具体项目的绩效，是环境绩效审计应当重点关注的对象。

此外，由于相关环境项目自身绩效周期长的特点，对于其项目绩效的审计，还应当建立切实的跟踪反馈机制，进行长效的绩效审计监督。过往，环境审计机关对于相关环境项目的审计，往往以相关项目的验收和节点性绩效数据作为环境审计的基础。环境治理中的一般环境治理项目，以项目验收作为绩效审计的节点，也基本上能够反映项目的真实绩效情况。但在诸如矿山修复、植树造林、退耕还林等环境保护与治理项目上，项目验收时的实际绩效与长期的实际绩效之间存在绩效预期递减的可能性。因此对于这些实际绩效周期较长的项目，环境审计机关应当划定长期的实际绩效节点，在项目验收后进行持续的跟踪审计，确保项目验收时的节点绩效能够与长期的项目实际绩效相一致。

而对于相关环境项目的绩效审计，从项目审批立项，到招投标再到项目的实际运营与验收等各个环节，其中每一个环节都是环境审计机关进行绩效审计的具体对象。而在具体环节之外，评估项目绩效，更为重要的对于相关环境项目整体实际效果的绩效审计，即项目预期与项目实际效果之间一致性的绩效审计。环境治理政策能否得到有效落实，环境资金能否得到有效利用，根本都在于具体环境项目的实际效果。环境审计机关进行项目绩效审计时，既要盯紧每一个项目节点所产生的规范性即经济性绩效，更要从整体入手，综合全面的考评项目实施实际效果的整体绩效。

绩效审计的政策纠偏与优化、相关资金的绩效审计、具体项目的绩效审计基本上能够覆盖从政策制定到政策实施再到政策实施效果预期全过程的绩效审计。但在这个过程中，环境审计机关还需要关注的一点，是对于相关部门以及个人履行监管之责任的绩效审计。在整个生态环境保护与治理环节中，政府有关部门始终承担着环境监管的责任，有相当多的环境问题是由有关部门监管责任落实不到位所造成的。因此评估相关部门，主要是政府部门以及相关企业的环境监管履责绩效，同样是环境绩效审计职能覆盖的重要组成部分。

对于相关部门单位环境监管责任的绩效审计，主要是以有关部门单位履行监管责任的实际情况以及履责的实际效果作为评估其监管绩效的主要标的。我国政府的环境监管责任由中央政府根据我国的政府组织架构，逐层纵向地向下传递，直到基层政府一级，同时一部分的企业单位自身由于承担了较大的环境受托责任，也担负着一部分的环境监管责任。而在监管责任层层传递的这个过程中，以及由相关企业单位独立负责的环境机关部门中，基层政府以及独立的环境监管责任部门在监督效能延伸无法有效覆盖的情况下，比较容易出现环境监管责任履行不到位的情况。

环境审计机关作为由政府委托的第三方监督部门，其作用就在于通过发挥自身的监督效能，来对政府及相关部门的环境监督履责情况进行评价、鉴证，掌握相关治理项目的监管以及后续管理的实际情况。以弥补公共受托责任对于相关部门约束力以及政府系统监管部门职能覆盖不到位的缺失，以发挥独立第三方的监督效能。对于乡村环境监管责任的绩效审计，主要对象是基层政府部门。主要的审查标的是基层政府是否及时跟进相关环境项目的运行、管理情况；是否全面掌握本区域范围内的各类环境保护项目的具体实际信息；是否积极处理相关环境投诉、是否成立有关部门对区域内生态环境状况进行定期监测等。而对于乡村范围内负担有环境监管责任的部分企业而言，其监管责任的履行主要是审查企业是否严格按照企业自身以及政府相关规定进行环境有效的环境监管活动。

审计整个环境政策的全过程绩效，能够评估整个环境政策自身的实际绩效，促进政策的落实及优化。而将环境监管部门的监管责任绩效，也纳入整个乡村环境审计绩效审计整体，在督促相关部门积极履行环境监管责任的同时，通过促进环境监管责任的履行，保障相关环境政策落实的实际绩效能够得到政府部门的保障。只有政府部门积极有效的履行监管责任，相关环境政策的实际绩效才能得到长期保障。

综上所述，全面构建乡村环境绩效审计体系，是我国全面乡村振兴战略、全面生态文明建设、全面贯彻绩效审计三大制度的共同要求。全面地构建乡村绩效审计体系，全面是要求更是根本。乡村生态环境治理工作的每个环节，都与乡村生态系统的各个子系统一样，都能对整体产生重大的影响。环境治理工作需要做到每个资源类型之间的全面保护治理，防止出现资源之间污染的相互传递。乡村环境绩效审计体系，也要在立足整体的同时，盯住乡村环境治理与保护工作的每一个环节，只有对每一个节点的监管都到位，才能确保整体的监管职能不出现漏洞。全面构建乡村环境绩效审计体系，不仅需要环境审计机关切实提升职能覆盖范围，把审计对象和审计评价指标体系进一步做精做细。同时也需要被监督部门，提升责任意识，积极配合审计机关的审计监督，提高对于环境审计机关绩效审计结果的接受度，并积极依据审计结果自查自改，将环境绩效审计的监督效能最终落到实处。

5.4 乡村环境审计信息公开

审计信息的公开，是审计制度发挥并扩大自身监督职能的重要途径。通过相关审计信息的公开，审计机关不仅可以将相关的环境痕迹信息传递给乡村村民，让乡村村民更多地参与到环境保护与治理的监督过程中来，使环境审计的监督效能以信息公开的方式得以扩大。同时还能建立环境审计机关—基层政府—乡村居民之间监督与被监督的良好互动关系，发挥群众监督的作用，促进基层政府积极完善相关环境问题，促进环境问题的治理与改善的同时，提升政府公信力，提升乡村居民与政府之间的信任度。

环境审计不能是审计机关与被审计机关，主要是基层政府之间两者单独的活动。乡村居民作为生活在乡村自然生态环境之中的利益相关者，自然生态环境问题的治理与改善与其生活密切相关，同时作为我国公民，在法律许可的范围内对于相关的环境审计信息，乡村居民的知情权应当得到保障。从责任受托的角度来看，审计机关受政府委托对基层政府以及相关部门单位开展环境审计，而政府对于自然生态环境管理的受托责任又来自广大人民群众，审计机关对于人民群众的受托责任虽然间接地来自政府，但根本上还是对人民负责。

环境审计信息的公开，既是环境审计机关对人民群众负责的表现，也是环境审计机关完善审计机关、基层政府以及乡村居民三者在自然生态环境保护这一问题上三者之间关系的必要方式。在乡村自然生态环境保护问题上，基层政府负有主要的监管责任，乡村居民是主要的利益相关者，也会在一定程度上参与到自然生态环境的治理保护活动中，而环境审计机关则是政府之外对政府开展监督的独立第三方。如果不对乡村居民公开相关的环境审计信息，实际上乡村居民就很自然地被排除在外，环境审计就单纯地成了政府行为。

环境审计信息的公开，是乡村居民通过环境审计信息这一途径参与到乡村环境审计中的必要桥梁。环境审计机关对乡村居民进行相关的信息公开，居民知悉了相关的环境审计情况之后，与基层政府之间对于乡村自然生态环境领域相关信息不对称的程度就能得到缓解。缓解乡村居民与政府之间对于乡村生态环境治理与保护领域的信息不对称，一方面能够形成有效的群众监督，形成审计监督与群众监督的监督合力，扩大监督效能，促进基层政府积极履行环境治理保护的主体责任，促进环境审计问题的整改落实。另一方面，在乡村居民了解了更多生态环境治理与保护领域的相关信息后，能提高乡村居民的生态保护意识，能够一定程度上提升乡村居民对于区域内自然生态环境保护活动的积极性与参与度。

第 6 章　乡村旅游业具体产业环节的环境审计

6.1　乡村旅游业资源开发环节的环境审计

旅游资源是乡村旅游业赖以生存的基础，旅游资源的开发是乡村旅游业发展的基础。而乡村旅游业所带来的旅游资源中，有相当一部分是自然生态资源，或者是与自然生态环境有直接或间接关联的资源。旅游资源的开发是对相关资源的直接改造利用，开发过程中如若不注重对于资源自身以及相关联的自然生态环境的保护，就很容易造成直接的生态环境破坏问题。与此同时，作为乡村旅游业的起始点，资源开发环节若没有充分考虑到后续运营过程中可能的生态环境保护问题，也会造成相关旅游资源在后续的运营利用环节产生因开发失当而导致的环境问题。

乡村旅游资源开发环节是乡村旅游业与乡村自然生态资源产生互动影响的开始。科学合理的开发，并且在开发过程中充分考虑后续运营过程中可能的环境问题，才能确保在资源开发利用环节既不造成对资源环境的直接破坏，也能尽量规避后续可能出现生态环境问题。而要想做到科学合理充分考虑生态环境影响的开发，只依靠市场主体自身的生态责任意识，以及政府部门的有限监管，还无法形成更为切实完善的监督效能覆盖。环境审计机关在乡村旅游资源开发环境的介入，能够充分发挥环境审计自身与资源环境保护直接相关的专业优势，也能发挥环境审计机关作为审计机关的监督效能。对乡村旅游业资源开发环节施加更大的监管力量，促进乡村旅游业在资源开发环节的生态环境保护，尽可能在资源开发环节降低乡村旅游业整体的生态环境负面影响。

6.1.1　乡村旅游水资源开发环节的环境审计

根据乡村自然资源景观的分类，可以归入乡村水域景观的乡村水资源有江、海、河、湖、塘、溪流、湿地等。水体资源，是乡村旅游业自然资源景观的重要依仗，是构成乡村旅游自然景观的重要组成部分。

对于乡村水资源的开发主要是对各类具备景观价值的天然水体进行景观开发，其开发主要是围绕景观打造、基础设施建设与旅游服务设施建设三个环节进行。乡村的原生性天然水体，一般水域面积不大，原生水质好，水生动植物丰富。同时乡村的天然水体，由于自身在水体容积上相对较少，对于污染破坏的承受力也相对较差，一旦造成破坏所需的恢复周期也较长。所以需要特别注重对于乡村天然水体资源的保护。

根据乡村旅游资源开发的流程，一般需要经过项目审批、项目招标建设、项目投入运营使用并进入日常管理这几个阶段。在项目的立项审批环节，审计机关可以对项目审计的合规性进行审计，审查是否存在未批先开发、违规批准、实际开发数量与审批数量不符等问题。例如基层政府或某一旅游企业，希望对某一水体进行景观开发，但该水体水域内生存有国家重要保护动物，且水体生态脆弱，显然不符合生态环境保护要求。对于这样的项目，相关旅游主管部门以及基层政府在审批过程中就不应当予以通过。对于审计机关而言，在审批环节，审计机关的主要对象就是负责旅游资源开发项目审批的旅游主管部门，以及基层政府，审查其在审批环节是否存在违规，是否充分履行合理评估审批内容责任。

而在项目招标开发建设环节，环境审计机关首先可以审查招投标环节是否存在违规现象，避免不具备资质的相关企业承担开发建设，造成不必要的生态环境破坏。而在具体的建设环节，环境审计机关首先需要审核建设方案是否充分考虑对水体生态环境的保护，例如建设方案中过度建设基础设施以及旅游服务实施；预期规划的接待容量是否超出了水体的环境承载力；是否充分考虑开发完成后后续可能存在的环境污染等问题。其次，在开发建设的施工过程中，是否采用了会造成重大水体污染的方式；是否遗留了大量的施工垃圾；施工废水是否对水体质量造成破坏；施工完成后是否相应的对由开发建设所造成的环境破坏进行必要的修复等问题都可以纳入环境审计机关对与水体资源环境审计的审查范围内。而在开发施工完成后，环境审计机关在项目验收环节，可以通过对资源开发环节中直接涉及的水体进行水质检测，评估开发建设过程中是否对水体产生了直接破坏。

在开发建设完成后，相关的基础设施以及旅游服务设施都投入运营后，环境审计机关对于水域资源的环境质量可以开展不定期的审查。例如在水体资源完成景观开发投入运营的某一个时期内，相关的水体资源或者水体生态系统出现了严重的生态问题，环境审计机关可以在此时介入进行专业的环境审计监督。这样的审查主要以责任审计和合规性审计为主，审计景观运营和管理主体是否在日常的运营管理中切实履行环境监管责任，是否存在违规排放或超量向水体排放污染物的问题。

对于在乡村旅游业中被开发为水体景观的水资源进行环境审计，审计机关可以将其纳入区域水资源审计的总体范畴，环境机关也可以进行以项目为单位的审计。水体资源开发建设成为水体景观并投入运营的过程中，对于前期开发建设环境的环境审计监督比后期日常运营过程中的监管更为重要。在开发建设环节环境审计机关予以介入，首先是监督开发建设过程中可能出现的对于水资源的直接破坏，其次审查开发建设规划内容是否充分考量未来的水体生态保护，能够从源头上避免未来水体环境问题的出现。在开发建设环节的环境审计介入，实际上是以一种事前审计的方式发挥自身职能，发挥审计监督的预防作用。而在乡村生态环境的治理问题上，预防污染实际上能够起到比治理污染更好的效果。尤其是考虑到乡村水体资源自身污染承受能力偏低，且治理恢复周期长的特点。

6.1.2 乡村旅游生物资源开发环节的环境审计

乡村生物旅游资源主要是指森林资源、草地、动物等具有景观或者一定旅游吸引力的生物资源，其中以森林资源及其相关的动物资源为主。以生物资源为基础进行乡村旅游景观的开发，在生态环境保护方面，首先需要考虑到生物资源自身的特性。能够开发为旅游景观的乡村生物资源，主要就是动物资源与植物资源两类，而这两种资源在自然生态系统中的关系是动物资源往往依赖植物资源而存在。除水生动物之外，绝大多数的动物都生活在植被覆盖的山地丘陵地带，可以说保护植物资源就是保护动物资源，反之亦然。所以在乡村生物资源的开发过程中应当将植物资源与动物资源作为一个相互联系的整体，例如对于千岛湖的候鸟，其作为一种动物，栖息在岛上的森林植被中，同时又依靠水生动物作为主要的食物来源，三者之间关系紧密。开发植物资源中的林地、草地既要考虑对于植物资源自身的保护，也要考虑与其关联的动物资源的保护。而在保护动物资源时，要将其赖以生存的植物资源作为保护的首要因素。

对于乡村地区植物资源的开发，开发的过程中首要考虑的生态环境问题就是不能直接对植物本身造成大面积的破坏。在开发项目规划立项以及建设的过程中，应当尽量以对植物自身破坏程度低的方式进行。对于规划内容不符合环境保护原则的项目，在审批环节应当不予通过，对于在开发建设过程中造成大量直接破坏的项目，应当追究其责任。同时在资源开发建设的过程中，应当考虑开发过程中对整个生态系统会造成的可能的负面影响。而环境审计介入监督的职能展开方式，还是应当以责任审计和合规审计为主，主要的审计对象是旅游主管部门、基层政府以及负责具体开发建设的有关单位和个人。

对于生物资源的开发，开发过程中要充分考虑的首要因素是对某一类生物资源的开发，会不会对其生存栖居产生直接的负面影响，而造成大面积死亡、迁徙问题的出现。动物资源与植物资源相比，其突出特点就是其生命有机性，自身具有迁徙能力，且易受人类活动的直接影响。打造动物旅游景观，要以保障动物资源的健康生存和有序繁衍发展为前提，如果说开发的项目，或者在项目开发的过程中会造成此类后果，就不应当进行开发。与此同时，动物资源的开发往往依靠于植物资源和水资源，动物资源通常也不会作为单独的旅游吸引物进行开发，往往以当地原有的自然生态系统为依托，所以在开发动物资源作为旅游景观时，需要从整个自然生态系统的整体做出全面考量。环境审计机关发挥监督职能的方式，同样以责任审计和合规性审计为主，但是在审查过程中，应当考虑到整个资源开发过程中由于对于自然生态系统造成的整体损害而导致的动物资源的受损，但是在划分责任时应当按照不同资源的受损程度及其原因进行责任划分。

动物资源与植物资源和水资源相比较，由于动物资源自身具备繁衍能力而有可再生性，对于动物资源的开发可以尽量以人工繁育取代野生动物的方式，尽可能地降低对原始生态系统的破坏。同样的对于植物资源，虽然乡村以植物资源作为景观吸引物的旅游资源绝大多数都是依靠原生的植物，但是在开发过程中也应当以不破坏植物生长的方式进行，尤其是对于一些古树、珍稀植物，更应当以注重保护的方式开发。而在开发过程中，如果对原有的植被造成了破坏，应当尽可能以人工移植的方式予以修复。而作为乡村旅游业资源开发过程中的一项重要环境保护措施，复绿与恢复植被覆盖的有关举措应当成为环境审计机关在乡村旅游资源开发环节的一项重要审计内容。且其方式要以绩效审计为主，即更多的关注植被修复项目的实际绩效。

6.1.3 乡村农业景观资源开发的环境审计

富有吸引力的乡村特色农业资源是乡村旅游业除生态资源外最为重要的资源依托，同时也是乡村旅游业创造经济价值的重要方式。与前两类水体资源以及生物资源不同的是，乡村农业资源景观所依托的资源基础，并不是原生性的自然资源，而是人造的农业资源。其对于生态环境的影响也主要集中在因为打造和开发农业景观资源过程中，人为活动而产生的对于土地以及水资源间接的环境污染。

按照资源的分类，乡村农业景观类的资源主要有田园景观资源、畜牧景观资源、水产景观资源、林业景观资源以及科技农业景观资源等类型。从农业景观类资源所包含的具体资源类型中我们可以看到，农业景观资源实际上是建立在乡村水资源、草地资源、森林资源、土地资源等原生资源基础之上的，而对这些资源进行景观开发，就不可避免的会产生对乡村自然生态系统的破坏。以农业资源为基础的景观开发，普遍还具备游客参与性较强的特点，而与单纯的观光型景观相比，更多的游客参与意味着更多环境负面因素的产生。

农业资源型的景观，在开发建设环节首先应当重点关注的一个问题是田园型景观的开发是否会造成对耕地的破坏，例如占用耕地修建旅游基础设施或者是永久性的旅游服务设施，或者改变耕地用途用于种植非农作物。在当前耕地保护空前严格的形势下，占用耕地进行旅游开发原则上是不允许的，即使确实需要，也需要进行严格的审批。对于任何的农业景观资源开发项目，环境审计机关在开展审查监督活动时，都要将是否存在破坏耕地的问题纳入审查范围。发现此类问题的存在，要进行彻底的责任审计，明确对于耕地破坏问题的责任落实。

开发以农业资源为依托的农业型景观，其存在的主要环境问题就在于农业种植过程中使用的各类农资可能导致的面源污染。同时与一般的乡村旅游资源不同的是，农业旅游资源的生命周期较短，需要根据农作物的生命周期进行定期的重新种植打造，实际上也就大大增加了资源开发的次数，造成环境破坏的可能也随着开发次数的增多而增加。将农作物开发打造成具有旅游吸引力的旅游景观，在于依托农作物生长的地形、颜色、形状等要素重新组合，从而打造具有欣赏价值的作物景观。例如根据梯田的阶梯地形以及作物的颜色景观相结合打造的梯田景观；大面积种植油菜花、向日葵等能够通过作物花卉色彩营造出的大地景观等。

开发农业资源型景观的核心过程是按照规划进行作物种植。这个过程中会出现的环境问题主要是诸如农药、化肥等化学农资产生的可能的环境污染。当然，作为需要具备旅游吸引物价值的作物种植，一般不会大面积施用会对环境产生破坏的化肥农药。但是也不能排除出于加速作物生长、治理严重作物病虫害等目的，而在开发过程中使用会对周围水资源造成破坏的农资。环境审计机关对于此类作物型景观的审计，主要是以审计这两方面的资源环境问题为主，根据有关的环境数据，审查相关的环境问题，审计方式同样应当以责任审计为主。

而在作物景观之外，畜牧以及渔业等农业资源也可以以一定的方式开发打造成具有旅游吸引力的农业景观，其中以畜牧景观为主。乡村畜牧景观是以畜牧业所养殖的禽畜为主，配合禽畜生活的自然环境，其中草地牧场最为典型。此外在传统的畜牧模式之外，乡村工业化的畜牧养殖同样可以被打造成为农业景观。对于这两种不同类型的畜牧景观，其可能造成的环境问题也不同。对于传统的依靠自然植物放牧的畜牧景观，可能产生的环境问题是为了追求畜牧的规模，而在一定范围能养殖超过自然环境承载力数量的牲畜，破坏植被的自然恢复，并遗留大量的诸如牲畜排泄物的面源污染物。而工业化的乡村畜牧景观，由于其已经具备了工业化的特征，一般而言已经具备了相当的规模，因此其可能产生的环境问题比一般的畜牧养殖要大得多。以工业化的畜牧养殖作为旅游吸引物，需要重点关注的是牲畜排放物以及养殖污水的规范化处理，这两项污染源如果不能得到科学规范的处理，对于水源和土壤会造成巨大的污染。

对于畜牧农业资源旅游开发过程中环境问题的审计，主要的关注点在于对畜牧业造成的植被破坏，以及牲畜排泄废物和养殖废水处理形成的面源污染。这两者的常规审计都可以以责任审计的方式纳入乡村资源环境审计的总体范畴，尤其是对于后者的监督。而在开发建设环节的审计监督，环境审计机关可以对其项目审批及其项目内容的科学合理性进行源头性的审计监督。对其项目审计进行合规性审计，以及对项目规划内容中是否科学充分地考量生态环保问题进行审查。

6.1.4 乡村文化景观资源开发的环境审计

乡村能够开发为旅游景观的文化资源大致可以分为农耕历史资源、建筑历史资源、民俗历史活动景观等几大类。其中以古建筑、古植物以及民俗历史活动为主要的资源依托。对于文化型景观资源的开发，由于文化景观资源中有相当一部分是以民俗文化活动的形式存在，其开发主要是组织具有旅游吸引力的民俗旅游活动，并不直接涉及自然生态资源。可能产生的生态环境问题也主要是游客游览带来的破坏性较小、易于修复的常规环境问题。而主要需要环境审计机关予以关注的，是对于乡村文化旅游资源中涉及乡村古建筑、古聚落、古老的保护性植物等环节的景观开发。

具有历史文化价值的古建筑、古聚落、古老的保护性植物是乡村历史文化的重要构成部分，许多的古镇、古村都以此作为核心的旅游吸引物。对于这些古建筑、古村落以及古植物的保护，虽然主要是旅游部门以及文化文物保护部门的责任，但是在将其开发成为旅游景观的过程中，以及后续的运营过程中，造成这些历史文物的破坏的往往是环境问题。并且从广义环境审计的视角出发，环境审计机关介入乡村旅游对于历史文化资源开发利用的监督，也是环境审计在广义环境审计视角下进行文化环境审计监督的职能体现。

对于这些历史文化资源的开发，开发过程如果直接涉及有形的历史文化资源，诸如古建筑，就可能造成对这些历史文化资源的直接伤害。同时，这些历史文化资源，还有可能会在开发过程中受到关联性的间接伤害。环境审计机关可以对项目开发的项目审批进行合规性审计，例如有一些历史古建筑具有重要的保护价值，并且自身情况不适宜作为旅游资源进行开发的，就不应该在审计环节得到批准。而在资源开发建设过程中所造成对于乡村历史文化资源的破坏，环境审计机关可以对开发建设部门的过失行为进行责任审计，同时也可以对负有监管责任的文化部门以及旅游主管部门等负有监管责任的相关部门进行责任审计。

6.2 乡村旅游餐饮业的环境审计

在整个乡村旅游业的各个产业环节中，乡村旅游的餐饮服务是游客十分在意的一个旅游环节，根据数据统计，目前旅游餐饮消费在游客旅游过程中的消费总额正呈现出明显的上升趋势，这一趋势在乡村旅游这一特殊的旅游业态中表现得更为突出。考虑到乡村旅游餐饮业当前的发展现状，乡村旅游餐饮产业存在的环境问题在整个乡村旅游的产业链中是较为突出的，这些问题主要集中在餐饮制作过程中的能源浪费、厨余垃圾的处理、污水废气的排放、食用野生动植物等方面。

6.2.1　乡村旅游餐饮业存在的环境问题

6.2.1.1　乡村旅游餐饮业环节中的能源过度消耗

在当前的乡村旅游餐饮企业中，餐饮制作环节中使用的能源主要有三种，一种是化石天然气，一种是电力，还有少部分的餐饮企业还会使用木材作为能源。在这三种能源中，前两者已成为常规能源，而木质燃料主要是一些乡村农家乐仍然使用柴火灶并将其作为一种特色用以招揽吸引游客，实际上，前面两种能源在使用的过程中一般而言都不会产生太大的浪费和过度消耗，但是使用木材作为能源来源的部分旅游餐饮经营主体却不得不面对一个问题，就是木材的能源供给效率和供给质量实际上是远远不如前面两种能源的，并且使用木材作为主要能源来源所产生的环境影响也是最大的。首先是木质燃料的来源问题，在少部分环保意识较为薄弱的乡村地区，乡村旅游餐饮企业获取木质燃料的方式仍然是较为粗犷的砍伐原生植物，而这毫无疑问会对生态环境产生一定的伤害，并且在木质燃料燃烧产生能量的过程中，所产生的诸如一氧化碳等有毒有害废气的规模也要远远超过使用天然气和电能的规模。所以不管是电能还是天然气、燃煤等化石能源的使用，都要尽量节约，不能过度使用，而对于木质燃料的使用要尽量减少，以降低在能源消耗领域旅游餐饮业带给生态环境的不利影响。

6.2.1.2　旅游餐饮业废水、废气以及餐厨垃圾的排放

对于旅游餐饮企业而言，在其生产经营的过程所产生的废物主要是食品制作过程中的油烟排放、餐饮环节中的废水排放以及其他餐厨垃圾的产生。在餐饮制作的过程中，从食材的清洗处理开始就会产生大量的废水，而进入制作环节又会排放出大量的油烟，而餐厨垃圾的产生则贯穿了这个旅游餐饮制作的整个过程。

在当前的乡村旅游餐饮企业中，由于大部分的乡村尤其是南方的乡村基

本上不存在缺水的问题，旅游餐饮企业普遍节水意识薄弱，在生产经营环节不仅存在对水资源的严重浪费，并且由于环保意识的欠缺以及监管的相对不利，在餐饮废水的排放上也极为随意，大量的餐饮废水被排放到了乡村的河流和水塘湖泊内，由于餐饮企业所排放的废水中含有大量的诸如油脂的其他物质，这些废水排放进入河流湖泊内极易造成水体的富营养化，而加上乡村地区河湖本身就体量较小、流动性较差，这些排入的废水会对水体产生严重的危害。

6.2.1.3 乡村旅游餐饮企业油烟废气的排放

同样处于一个相对无序的状态，餐饮制作的过程中所产生的油烟废气含有包括氧化硫、一氧化碳、杂环化合物在内的多种有害物质，这些有害物质由于体积质量小，很容易就通过呼吸系统进入人体对人体产生危害。虽然从体量上看，乡村餐饮企业所排放的废气，跟一般的工业企业相比对整体的大气环境产生的危害较小，但是一些乡村旅游业发展较好的地区，存在餐饮企业在相对较小的空间范围内集中分布且在相同的时间段集中排放废气的情况，在这样的情况下，这些废气对环境和人体所产生的负面影响相对而言就会有一个明显的扩大。

在乡村旅游业所产生的三种形态的环境污染物中，餐厨垃圾的处理目前是各类污染中相对较为规范的一种，这得益于近年来我国在乡村开展的生活垃圾处理建设，投入了大量的人力物力用以处理各类固态的垃圾。在乡村旅游餐饮环节所产生的固体污染物主要是指在餐饮环节所产生的各类固体垃圾，这些垃圾既包括废弃的原材料，也包括在用餐环节中大量丢弃的一次性餐具，以及剩菜剩饭。这些固体垃圾虽然在集中处理的情况下对环境所能产生的破坏较小，但是实际上对于一次性餐具的使用和被大量浪费的食物而言，完全可以在源头上就给予控制，例如减少一次性餐具的使用，提醒顾客按需点餐等。

6.2.1.4 食用野生动物的行为

虽然在目前的乡村旅游餐饮业中，食用野生动物的行为已经大大减少，但是在部分地区的部分餐饮企业中仍然有不法商家违法销售野生动物。对于这种非法食用野生动物的行为，如果在某一地域内较为严重的话，就很容易滋生出一条食用野生动物的非法产业链，导致当地生态系统被破坏。

6.2.2　环境审计对乡村旅游餐饮业的介入与监督

就目前乡村旅游业的发展现状以及未来的发展趋势而言，同时考虑到乡村旅游餐饮企业所造成的环境影响，让环境审计作为当地政府以及环境保护部门之外的另一种环境保护的监管力量介入乡村旅游餐饮企业的发展并对其展开指导和监督是非常有必要的。从乡村旅游餐饮企业本身的角度来看，这是为了让乡村旅游餐饮企业更好地实现可持续发展，避免在发展过程中因为生态环境问题而受到阻碍，而从更宏观的乡村旅游业以及乡村生态环境的视角来看，解决乡村旅游产业当前存在的高污染、高能耗、高浪费问题本质上也是改善乡村以及乡村旅游业自身所依附的良好的生态环境，进而进一步地建设美丽乡村，实现可持续发展的目标。

对于环境审计机构而言，要想直接介入基层的乡村旅游餐饮环节的生态环境监督和管控的话，由于我们目前在环境审计机构上的设置，就必须要与基层政府和当地的环境保护以及旅游主管部门展开合作，借助他们的力量首先把环境审计的职能触角延伸到这些最基层的乡村旅游餐饮企业中，然后再根据实际的环境行为和环境影响，开展专业的环境审计活动。

而在具体的执行上，首先肯定要以区域为单位，在乡村旅游发展较好、乡村旅游餐饮服务企业集中的区域对这些旅游餐饮企业所排放的污染以及具体造成的生态环境破坏做出整体上的一个评估，然后再根据具体的评估情况制定相应的改善措施。

从乡村旅游餐饮的主体即各类乡村餐饮企业的角度来说，根本上是要加强环境保护意识，在旅游餐饮企业内部从管理者到基层员工都需要形成一种减少污染排放保护生态环境的意识。环境审计机关可以为这些旅游餐饮企业展开生态环境保护方面的专门教育和宣传，甚至为他们制定和提供必要的专业环境指导，在提高他们生态环境保护意识的同时，为他们提供更多的实际帮助。

而从监管的层面来说，环境审计机关跟当地的环境保护主管机关以及基层政府之间相互合作，以加强对乡村旅游餐饮服务企业的环境监督是非常有必要的。环境审计作为第三方的专业环境监管力量，不仅可以给予当地的环境保护部门以及基层政府更多的专业指导，同时也可以对环境审计部门以及基层政府的环境保护履职情况进行监督。三者之间互相合作，互相监督，能够带来对于乡村旅游餐饮服务企业环境监管力度和监管实效的有效提升。

而单单地从环境审计机关本身而言，环境审计机关要想行之有效地介入到乡村旅游餐饮环节的监督之中，其自身也还有很多需要完善的地方，无论是制度上的还是专业手段上的。在现行体制之下，环境审计在旅游产业中所发挥的作用有限，还不具备如此大规模深入基层的能力，并且作为一种新的业务形态，参与乡村旅游业对于餐饮服务企业的监管在一些审计方法和审计依据方面也仍然有需要进步和完善的地方。

6.3 乡村旅游住宿业的环境审计

与传统旅游住宿业相比，乡村旅游业的住宿环节中一个突出的特征就是民宿成为乡村旅游住宿业中的一个重要主体。在传统的旅游住宿业中，对于传统酒店宾馆以及度假酒店的环境审计当前已经形成了一套相对成熟的环境审计体系，对于这些传统旅游住宿业主体的环境审计主要以酒店能源审计的方式展开，而对于乡村旅游住宿业而言，对于传统的酒店宾馆仍然可以延续传统的环境审计方式，但是对于大量新兴的民宿，环境审计机关对于它们的审计需要创造新的环境审计方式才能实现更好的环境审计监督实效。

6.3.1 乡村旅游住宿存在的环境问题

6.3.1.1 传统酒店宾馆在建设、能源消耗以及废弃物排放方面的问题

对于在乡村旅游住宿业中的传统酒店和宾馆，由于一般的乡村旅游景点人流量无法与传统的景点相比，所以这些酒店宾馆的体量也一般相对较小，但是这些酒店宾馆为了适应乡村旅游业的产业特征，在建设选址时往往会选择生态环境好、靠近森林河湖的地方进行选址建设，因此在这些地方进行建设就必然会对当地原有的生态环境产生一定的影响。而在其他的能源消耗以及废弃物排放领域，由于环境保护意识相对不足以及乡村环境的排水系统以及垃圾处理系统完善性上的缺失，因此更应该注意能源消耗以及废弃物的排放和处理问题。

6.3.1.2 民宿住宿存在的有关问题

民宿与传统的酒店宾馆相比，后者注重的是在一定标准下的设施和服务，而民宿注重的是差异化和特色化。在前面提到的能耗以及废弃物排放等

方面，民宿与一般的酒店宾馆所存在问题相差并不大，但是在建设上，民宿产业与传统酒店宾馆却存在较大的差异。绝大多数的民宿，都不是新建的，而是在原有民居的基础之上进行改建改造而来，并且在一些古村落，有相当大一部分的民居是在村中古建筑的基础之上改建而来的，而针对这样的改造和建设，环境部门就有必要关注古建筑以及其他文化古迹的保护问题。

6.3.2　环境审计对乡村住宿业的介入与监督

与餐饮业相比，乡村旅游住宿业中的环境问题，主要集中在项目建设和能源消耗以及文化遗产保护领域，与餐饮业所产生的比较外显化的环境影响相比，乡村旅游住宿业所产生的环境影响相对不那么明显，因而环境审计实际介入乡村旅游住宿业环境监管的难度也会有所提升。

首先，环境审计机关要想介入对于乡村旅游住宿业的环境监管，首先要解决的还是职能如何下沉到乡村的问题，在前文分析环境审计机关参与到乡村旅游餐饮业的环境监管中我们已经提出，在目前审计机关机构设置尚未深入乡村一级的情况下，环境审计机关对于乡村旅游住宿业环境监管的介入，在路径上仍然需要与当地的有关机关进行合作，除了当地的环境保护机关和基层政府部门之外，鉴于乡村民宿产业所涉及的环境问题的特殊性，环境审计机关还需要与有关的住房建设主管部门以及文物保护部门有更多的合作和联系。

其次，针对乡村住宿业中存在的具体的环境问题，例如工程建设中对原有生态环境的破坏、住宿业的能源过度消耗与浪费以及废水和垃圾的排放，环境审计部门要联合其他的有关部门，例如与住房建设主管部门展开合作对酒店民宿建设工程中可能产生的环境问题进行监管，在对建设项目进行审批时，住房建设主管部门可以将涉及环境影响的部分交由环境审计机关负责，而在项目建设完成之后，对其产生的环境影响的评估也可以由环境审计机关进行，而对于环境审计机关在评估监管过程中所发现的问题可以交给住房建设主管部门进行处罚和监管。而在这样的模式之下，环境审计机关既发挥了自身的专业能力，在乡村旅住宿的建设项目环节参与了环境影响评估和监督，也由相关的主管部门行使了主管机关的行政处罚及监管职权。

再次，对于酒店能源损耗以及污染物排放和处理的问题，这些贯穿乡村旅游住宿及经营主体日常经营全过程的问题，环境审计部门不可能发挥制度性的日常监管作用，关键还是要依靠有关的环境主管部门和基层政府。但是在这个过程中，环境审计机关仍然可以利用自身的专业能力，根据相关的环境影响项为酒店宾馆制定普适性的环境保护标准，用以指导有关酒店民宿经营主体的日常经营工作，并且对于一些重点的项目，环境审计机关也可以根据实际情况，选择性地采取抽样审计和重点审计的方式，对有关经营主体的环境影响进行具体的环境审计和环境监督。

此外，对于民宿建设过程中涉及古民居古建筑保护问题，环境审计机关需要与相关的文物保护机关和文化主管机关进行合作，环境审计机关可以参与这些民宿建设项目对涉及的古民居古建筑可能产生的环境影响进行评估，给予有关主管机关专业的环境意见，便于其进行监管决策。

6.4 乡村旅游交通的环境审计

乡村旅游业交通环节的审计，是乡村旅游业与一般旅游业中差别最小的一部分，游客在乡村旅游景点旅游过程中因交通而产生的环境影响与一般旅游业游客旅游过程中因交通所产生的环境影响基本相近，基本上都集中在交通设施建设领域对生态环境所产生的环境破坏和交通工具所产生的尾气排放这两个环节。

6.4.1 乡村旅游交通存在的环境问题

6.4.1.1 旅游交通设施建设对环境产生的影响

在乡村旅游交通环节，最突出的环境问题，就是与乡村旅游相关的交通设施例如为乡村旅游景点专门建设的公路、停车场等交通设施，在建设过程中并未将生态环境作为建设规划过程中的一个重要考量因素，进而产生了许多消极的环境影响。在乡村旅游交通设施的建设过程中，主管机关跟建设单位首要考虑的都是建设成本以及施工难度的问题，缺少必要的生态环境保护意识，没有将可能产生的生态环境影响加以考虑，因此在这些乡村旅游交通设施规划和建设的过程中，存在过度破坏森林、填埋河湖湿地生态系统的问题，并且对于施工过程中对生态环境造成的破坏例如开完山体之后不进行必要的复绿、遗留工程垃圾等环境问题。

6.4.1.2　旅游交通工具所产生的环境污染

与传统的旅游相比，自驾游的方式成为主流，是乡村旅游业交通环节的突出特征，对于绝大多数游客而言，在选择乡村旅游景点时，一般都会选择城市近郊或者是本市范围内的一些乡村旅游景点，并且大多都是小规模的以家庭为单位出游，因而自驾就成了乡村旅游中最主要的交通方式。对比传统长距离旅游，游客大都选择搭乘公共交通的方式，乡村旅游交通环节中大部分以自驾为主，虽然减少了传统旅游交通中轨道交通、航空交通以及游轮交通中交通工具所产生的大量污染，但是大规模的自驾车辆在往返的过程中所产生的污染物排放依然会对当地的生态环境尤其是大气环境产生一定的消极影响。

6.4.2　环境审计在旅游交通环节的介入与监管

首先，针对乡村旅游交通设施建设中所造成的环境影响，环境审计机关在进行评估和监督的过程中依旧要借助有关机关的力量，除了当地的环境保护部门以及基层政府之外，与道路交通建设的主管部门同样也需要进行必要的协调与合作。而针对这些旅游交通建设项目中所造成的环境影响，环境审计机关当然可以在道路的规划阶段就对可能产生的环境影响对规划和施工单位给予必要的事前通知，但是更为重要的是环境审计机关需要在这些道路交通设施建成之后对实际产生的环境影响进行具体的评估，这个评估既可以将这些乡村旅游道路交通设施纳入对所有道路交通设施的环境评估中，也可以对其中的重点项目进行单独的环境评估。而在整个环境审计机关介入这些乡村旅游道路交通设施建设过程中时，要想发挥环境审计机关环境评估和环境监督的实际效果，有关的各个主体就必须要具备必要的生态环境保护意识，愿意为了保护生态环境在规划施工的过程中在其他方面做出一定的让步，而要想让相关的责任单位具备这些意识，并且在强制或者自觉的背景下为环境保护做适当的牺牲，需要的不仅仅是环境审计机关的环境评估和审计意见，需要的更是各级政府机关统一思想、提高认识，为实现乡村旅游的可持续发展而重视对生态环境的保护。

其次，对于乡村旅游过程中交通工具的污染排放问题，根据目前我国乡村旅游业的发展现状以及我国城乡居民旅游交通需求的实际情况，对于目前乡村旅游所有交通环节中交通工具所产生的环境污染，由于其自身体量相对有限，且乡村生态环境较好、大气自净能力较强，所以这部分环境污染的危害性并不高，并且要想从环境治理的角度对这部分环境污染进行治理，在路径和现实情况上都存在较大的困难。所以包括环境审计机关以及有关的环境保护机关和基层政府在内，需要做的就是做好本职工作，加强对于生态文明建设以及环境保护工作的宣传普及，让更多普通居民的环境保护意识得到提高，从而在参与旅游的过程中选择更加环保的交通工具。

6.5 乡村旅游购买环节的环境审计

在乡村旅游的购买环节中，与传统旅游相比，乡村旅游在购买环节所能够提供的购买服务在产品数量和重上都有所弱化，乡村旅游经营主体所提供的可供购买的旅游产品一般也不同于传统旅游景区所提供的旅游产品，是由专业的工厂规范化生产而来，一般都是当地的农特产品、土特产或者是一些手工艺品，因此乡村旅游产品购买环节的旅游产品存在明显的自制性、原生性特征。而随着乡村旅游业本身产业规模的不断扩大，以及乡村旅游消费者旅游购买需求的审计，单一的依靠原有的产品供给已经无法满足一些游客的旅游购买需求，因而乡村旅游购买的经营主体也在不断地扩充所能够提供的旅游商品的种类和数量，在销售方式上也不断地进行创新。而在乡村旅游购买需求侧与供给侧共同审计的同时，旅游购买环节的环境问题也不断出现。

6.5.1 乡村旅游购买环节存在的环境问题

乡村旅游购买环节存在的环境问题，集中表现在乡村旅游购买环节中经营主体所提供的产品以及在这些产品制作过程中存在的环境问题。在乡村旅游业发展之初，游客所能购买到的乡村旅游产品本身一般都是环保的农特产品或者手工艺品，其制作也不会对环境产生太大的影响，而现在乡村旅游业本身产业体量不断扩大，游客购买能力的提升与需求多样化，造成了一些不环保的旅游产品出现在了乡村旅游的购买市场中。

乡村旅游业旅游购买环节的环境问题首先表现在大量工业化生产、不环保的旅游产品进入了旅游购买市场。一般而言，游客尤其是城市游客在乡村旅游景点进行旅游活动时，一般都会购买一些旅游产品，例如当地的农特产品或者是一些手工艺品，但是目前在许多的乡村旅游景点所提供的旅游产品中，有相当大的一部分都带有不环保的成分，例如游客所购买的农产品使用了大量的化肥农药，原生态的木制的或者是其他环保材料制作而合成的手工艺品开始大规模的工业生产，原材料也大量地使用塑料、泡沫、油漆等不环保的原材料，或者是在手工艺品的制作过程中大量使用不可再生资源，过度包装，造成了严重的资源浪费。

而为了降低一些旅游产品的成本，在一些乡村旅游发达的地区，存在将工业化生产旅游工艺品的工厂建设在乡村旅游区的情况。对于这些规模化生产乡村旅游产品的小工厂或者小作坊而言，由于环保意识的缺失，这些生产经营普遍存在一定的环境问题，例如大量使用不环保的材料、能源消耗过大、违规排放污染物等问题。

6.5.2　环境审计在乡村购买环节的介入与监督

乡村旅游购买环节存在的环境问题，是一个双向的问题，游客旅游购买需求的转变以及旅游产品供给端的部分经营主体为了追求商业化的利益，导致了越来越多不环保的旅游产品出现在了乡村旅游购买市场中。对于这样一个供给端以及市场端所共同造成的，并且是几乎以不可抗拒的集体自觉的方式所造成的问题，环境审计机关在对乡村旅游购买环节中环境问题的介入与监管，实际上是非常困难的，并且环境审计对于旅游购买环节中的环境问题，环境审计机关只对于出售和制作这些不环保的旅游产品的经营主体有展开审计监督的权力，而对于广大的消费者，更多的还是依赖未来我国居民的环境保护意识能够有一个进一步的提升，进而自发地形成一种拒绝购买那些不环保的旅游产品的觉悟。

而对于那些出售和经营不环保旅游产品的市场主体，环境审计机关在对其进行环境审计时同样存在许多困难，首先对于那些在零售终端出售这些产品的商家，无论是环境审计机关还是市场监管机关，只要它的产品不存在假冒伪劣等具体的违法问题，我国目前的现行法律并不支持有关机关对其进行处罚。同样的对于那些制作这些产品的生产主体，环境审计机关以及环境保护机关只针对它在生产过程中的环境违法以及环境破坏行为有进行评估和处理的权力，对于其选择生产怎样的产品、这个产品是否符合绿色旅游的标准，包括环境审计机关以及其他相关机关在内的监管机关是无权干涉的。

所以环境审计机关要想介入到旅游购买环节中并对这个环节中的环境影

响行为进行监管的话，目前可行的路径还是要与有关的责任机关进行合作，加大生态环境保护知识的宣传力度，逐渐提高旅游购买环境经营主体的环保意识和环保自觉，并且在必要时可以给予这些经营主体在环境影响评估和产品环境标准评定上的标准。

综上所述，对于乡村旅游业来说，每一个具体的产业环节中都现实地存在各种具体的环境问题，这是产业发展带来的现实。乡村旅游业作为以良好的自然生态环境为核心产业支撑的一类产业，环境审计作为第三方专业的环境评估与监督机关，显然能为解决乡村旅游业中的环境问题带来正面的帮助。但是审视我国目前环境审计体制以及乡村旅游业本身的发展现状，环境审计体制要想实际介入到乡村旅游业发展的各个产业环节中并发挥有效的监管作用仍然任重道远。

首先我们的环境审计体制目前存在的一个巨大短板，就是环境审计机关的机构设置并未深入到乡村旅游业发展的第一线——基层乡村，环境审计体制对于最基层乡村的职能覆盖尚未深入，而这也是为什么我在前文中一再强调，在未来环境审计机关要介入到乡村旅游业各个产业环节环境问题的监督中来，必须要与其他例如当地的环境保护部门和基层政府展开深度的合作，因为在目前现行的审计体制和现有的环境审计力量上来看，以环境审计机关作为主要主体，单独开展对乡村旅游业环境问题的环境审计监督并不现实。

其次，目前我国乡村旅游业各个产业环节中所出现的很多环境问题，很大一部分都是因为旅游服务的提供主体和游客双方环境保护意识都相对薄弱造成的，而环境保护意识的提升，并不是环境保护机关一家就能完成的，需要整个社会持续不断的努力并最终带来国民素质的整体提升，只要我们居民整体的环境保护意识都达到了相当的水平，很多现实的环境问题就自然不复存在。

然而虽然有许多困难，但是环境审计机关介入乡村旅游业各个产业环节进行环境问题的监督并不是不可行，环境审计机关仍然可以依靠现有的路径和力量，通过与有关机关展开合作、提供专业的环境意见、制定有关的环境标准，发挥其在乡村旅游业环境问题监督上的作用。而在未来随着我国环境审计制度的不断发展和完善，以及环境审计力量的不断加强，环境审计对乡村旅游业环境监督的职能覆盖一定会越来越深入。

6.6　乡村旅游业各环节的主要环境审计指标

环境审计对乡村旅游主体展开环境审计审查，并得出相关的环境审计结果和环境审计建议，依据的是科学全面的环境审计评估指标体系。针对乡村旅游业的环境审计，就必须考虑到乡村旅游业自身的产业特殊性，将一些体现乡村旅游业环境特点的评价指标，纳入乡村旅游业环境审计评价指标体系中去。

乡村旅游业本身的环境特殊性，主要体现在以下几个方面。首先，乡村旅游业依托乡村资源类型丰富，除水资源、森林资源、大气资源等基础性自然资源之外，根据乡村旅游业景观吸引物开发的需要，还可能涉及文化民俗资源、农业资源、天气气象资源等多种不同的资源。其次，是乡村旅游业自身涉及多个产业环节，并且均可能产生一定的生态环境污染，从旅游资源的开发，再到具体的乡村旅游业运营环节中的旅游餐饮、旅游交通、旅游住宿等各个细分产业均会产生环境影响。再次，是乡村旅游业作为旅游产业的一个细分领域，自然也就具备旅游产业以游客为核心的产业特征，而游客在进行乡村旅游游览和消费过程中所产生的环境负面因素，是乡村旅游业中主要的环境负面因素。而旅游业与一般产业不同的是，其产品的生产与消费过程实际上是同步的，乡村旅游企业在为游客提供服务的过程，既是乡村旅游产品的生产过程，也是乡村旅游产品的消费过程。而对于一般的产业而言，产品的生产和消费环节是分开的，所产生的环境污染也是分开计算的。但是鉴于乡村旅游产业的特殊性，以及游客的流动性，由游客行为产生的环境影响也应当由乡村旅游产业的运营主体承担。而根据以上乡村旅游业本身所具备的一些独特的产业特点，在构建乡村旅游业环境审计指标时，必须做出一些有针对性的应对。

首先，针对乡村旅游业涉及产业资源类型丰富，且具有相当产业专业性的特点。环境审计机关应当在传统大气环境、水环境、土壤环境、生物环境等传统资源环境之外，关注乡村旅游业中诸如农业资源、畜牧资源等资源利用过程中，可能会产生环境问题的环节，构建有针对性的环境评价指标。此外，从广义环境审计的角度出发，乡村旅游业中利用乡村文化资源作为乡村旅游吸引物的旅游活动，同样可以纳入环境审计监督的范围内，因此环境审计机关在开展涉及乡村历史文化资源的环境审计活动时，有必要构建专门历史文化资源保护的评价指标。当然，作为环境审计部门，对于历史文化资源的环境审计，就其指标的选取，可以与相关的文化部门合作，借助专业机关的专业性，构筑更为专业合理的评价指标。

其次，针对乡村旅游业各个具体产业环节各具特征的特点，环境审计审计机关首先需要了解诸如餐饮、交通、购买等环节所产生的环境问题的详细信息。环境审计机关在开展对于乡村旅游业的环境审计时，对乡村旅游产业各个产业环境的审计，要充分考虑到各个产业环节对于环境影响的特殊性。例如餐饮环节污染主要是来自餐厨垃圾和餐厨废水，对于这些环境污染物的环境影响评估，需要环境审计机关根据具体情况构建出更加科学合理的评估指标。

最后，对于乡村旅游在旅游者环节上的特殊性，即在整体上要将旅游者产生的环境负面影响划归入乡村旅游产业的整体进行评估，同时又不能忽视旅游者所造成的负面环境影响的特殊性。环境审计机关在进行以乡村旅游业从业主体为对象的环境审计项目时，如果是进行责任审计，与旅游者相关的环境问题，其环境责任评价指标应当是乡村旅游企业主体的监管和治理责任履职程度指标。同时对于乡村旅游业的整体环境审计，可以采用将旅游者以及由乡村旅游企业造成的环境问题采用不同的指标体系予以评价。

第7章　乡村旅游业发展给环境审计带来的挑战

一方面，乡村旅游业发展与环境审计都要为乡村振兴战略服务，从某种程度上看，它们都是乡村振兴战略大系统中的子系统，因此，要处理好它们各自与乡村振兴战略的关系；另一方面，两个子系统之间的关系如何，也将影响整个系统的功能，因此，又要处理好乡村旅游业发展与环境审计的关系，才能更好地实现乡村振兴战略。

乡村振兴战略需要发展乡村旅游业作为乡村产业兴旺的产业支撑，而乡村旅游业的发展对环境审计又产生了新的挑战。从大的层面上而言，是环境审计一直以来存在的制度性问题至今没有得到妥善解决，在目前乡村旅游业快速发展、环境保护形势日益严峻的形势下表现得越发明显。主要体现在四个方面，一是环境审计机构职能延伸到乡村的问题；二是长久以来困扰着环境审计的环境审计依据不足，无法获得制度和法律层面强有力的依据和支撑问题；三是由于乡村生态环境问题与城市环境问题存在较大差异，尤其是乡村旅游所造成的生态环境问题存在其自身的特殊性，对环境审计的审计技术和审计方法都提出了新的挑战；四是由于我国乡村面积广大，环境问题复杂多样，在环境保护和专业环境人才本就不足的情况下，乡村旅游业发展对乡村环境审计的人才建设提出了更高的要求。

除了大的层面上的制度性挑战之外，乡村旅游业的发展对乡村环境审计提出了更多更加具体的挑战，主要体现在乡村旅游各个环节存在的具体环境问题。主要体现在以下几个方面：一是旅游餐饮业环境审计，利用环境审计手段对旅游餐饮业所产生的能耗与环境影响进行检测与控制，是环境审计在旅游餐饮业上所需要完成的任务；二是旅游住宿业环境审计，酒店住宿行业是旅游环节中资源消耗和污染问题最严重的领域，如何利用环境审计制度在不影响酒店住宿业经营发展的前提之下，控制其不消耗过多的资源，不产生更多的不良环境影响是环境审计制度在乡村旅游业酒店住宿环节中所面临的难题；三是旅游交通审计，交通服务是旅游活动中最重要最不可或缺的重要一环，但是由于各类机动车辆尾气排放所造成的严重大气污染问题，让旅游交通成为旅游环境审计不得不重视的一个重要领域；四是旅游购买环境审计，旅游活动是游客在旅游地购买的所有产品和服务的总和，为了确保旅游者能够获得质量更好、更加环保的产品和服务，审计旅游产品供应链的各个环节就显得十分有必要。

无论是从更高的制度层面自上而下地分析环境审计目前所存在的制度性缺失，还是从更小、更加具体的乡村旅游各个环节所存在的具体问题入手分析当前我国环境审计工作在乡村旅游领域处理具体问题的不足，我们会发现由于之前我国环境审计在制度层面上的建设滞后，加上目前乡村旅游业发展所带来的各个环节的具体问题，目前环境审计在乡村的发展需要解决的问题有许多。为了更好地解决目前乡村环境审计制度所存在的问题，同时更好地应对新形势下所面对的各种新挑战，有必要对目前乡村环境审计在乡村旅游业发展的大背景之下所面临的各类问题和挑战进行具体而深入的分析，对形成原因、具体表现、不利影响进行一定的分析和判断，而这种对乡村环境审计所存在的问题和面对的挑战所进行的科学合理的分析和判断，是得到解决问题和战胜挑战的必要前提。

7.1 环境审计所面对的制度层面的挑战

乡村旅游业发展对环境审计机构的挑战，主要表现在环境审计机构的设置上，以及环境审计机构与其他机构的关系上。

7.1.1 乡村环境审计的机构设置

环境审计机构需要解决的第一个问题，也是最重要的一个问题，就是乡村地区没有设置环境审计机构，环境审计机构的职能影响力无法深入乡村。我国目前的环境审计机构主要是审计署、各省（直辖市）审计厅、设区的市审计局以及县级审计机关。相对于城市旅游业来说，乡村旅游业发展带来的环境问题分布在地广人稀、交通不便、环境污染面源分布分散的广大乡村甚至山区，而中央和地方的审计机关办公地点在城市，这给审计机关如何审计乡村旅游业发展带来的环境问题提出挑战。不只是我国的审计机构，还有很多的职能机构在最末一级的机构设置上都是以县区一级为单位，并未在乡镇乃至乡村地区设立有关的职能机构。这样的机构设置，先天性地就造成了一种“供需”上的矛盾，区县一级的职能机关所产生的职能辐射或是说服务范围并不能有效覆盖整个区域。以环境审计机构和环境保护机构为例，鉴于目前乡村存在的严重生态环境问题，以及国家将乡村生态文明建设工作提升至极高的战略高度，这两个职能机关都在乡村地区有比较重的职能任务，但是这二者都存在同样的问题，就是机构设置上没有直达乡镇一级，职能作用辐射半径过长，无法直接地开展有关工作。

各级审计机关除了在垂直方向上的机构设置存在问题以外，在审计机构内部横向的环境审计机构设置上也存在一些问题。各级审计机构在各级审计机关内部有关环境的机构设置上，负责乡村环境审计的有关机构存在名称不统一、既存在职能交叉和重叠又存在职能缺位的问题。例如，审计署下面有农业审计司、资源环境审计司。某省审计厅下设有农业审计处、资源环保审计处。农业与环境（环保）审计机构都和乡村环境审计有关，但这两个机构对乡村环境审计的职能和边界尚不清晰。除此之外，有些地方还没有建立专门的环保审计部门，例如，重庆市万州区审计局设有农业审计科，没有设环保审计科，这可能会造成乡村环境审计的缺位问题。审计机构内部机构设置所存在的问题，既有审计机构内部机构设置存在职能不明确的原因，也有环境问题自身是一个综合性问题的现实原因。以审计署内部的农业审计司和资源环境审计司为例，按照职能分工，农业审计司应当专门负责农业领域的审计，资源环境审计司应当专门负责自然资源和生态环境审计，但是现实情况是农业领域是乡村环境问题的重灾区，而农业领域环境问题的审计到底是由资源环境审计司负责还是由农业审计司自己负责？这样的职权界线问题或许不是由机构设置本身的不合适而引起的，但是当现实问题对不同职能部门的职权界线做出挑战之后，不同职能部门之间能否协调好之间的职能关系，就成了能否解决好问题的关键，倘若存在的问题已经不能靠不同职能部门之间的协调解决，调整内部的职能机构设置又是否有效？这些都是环境保护机构内部在当前严峻的环境审计工作形势下所必须面对的问题。

7.1.2 环境审计机构与关联部门的协作问题

而除了环境审计机构内部机构设置上的矛盾之外，乡村环境审计工作还需要面对的一个问题就是如何处理与其他各有关单位的关系问题。一般而言，审计机关都是独立于其他各个单位进行审计监督工作的，从审计署到省市一级的审计厅和审计局，其与同级别的政府以及其他有关部门的关系相对独立，各项需要配合协作的工作也都能得到各有关单位的积极配合。而由于机构设置以及乡村政治体制的原因，环境审计机构在乡村开展环境审计工作时所需要协调的关系与在城市开展环境审计工作时存在许多差异，需要环境审计机构在开展自身工作的同时，妥善处理好各方关系。

审计机构在乡村地区进行环境审计工作时主要需要协调的是与基层政府、环境保护机关以及乡村居民之间的关系。保护本区域的生态环境既是基层政府的职能也是环境审计机构的职能，但不同的是环境审计机关作为审计监督机构履行保护生态环境的职能并不是通过直接参与生态环境保护的一线工作，而是利用审计手段监督各个主体行为的生态影响以及有关单位生态环境保护职能的履行情况，而基层政府作为乡村生态环境保护的第一责任主体，乡村环境审计工作最重要的一部分就是对基层政府履责情况以及环境行为影响的监督，并且通过这样的监督和环境审计所得出的反馈结果促进乡村生态环境的保护。所以审计机关与基层政府之间虽然相互独立，但实际上存在一种监督关系——环境审计机关监督基层政府的环境保护工作。与此同时，由于环境审计机构在乡村地区没有设立垂直的审计机构，审计机关在乡村开展环境审计工作必然需要得到当地基层政府的协助才能更好地开展。环境审计机构在乡村开展环境审计工作时，一方面是要尽量让基层政府配合相关工作开展，另一方面又不能因此受基层政府的掣肘，影响自身开展有关工作，损害环境审计监督的独立性和权威性，所以，如何在与基层政府的合作中保持自身工作的独立性和科学有效性是审计机关在乡村开展环境审计工作所需要解决的一大难题。

审计机关与环境保护机关之间的关系与审计机关与基层政府之间的关系存在一定的相似之处，同时也存在一定的差异。相似之处是环境保护机构与基层政府一样，作为基层生态环境保护的责任主体，环境保护机关履责情况以及行为环境影响同样地要接受环境审计机构的监督。但与基层政府不同的是，作为专职的环境保护部门，更需要的是与环境审计机构之间进行合作，利用环境审计监督的各项反馈更好地履行环境保护职能。所以环境审计机构需要和环境保护机关之间建立起更加科学紧密的协作体制，与此同时环境审计机构要确保自身环境审计监督工作的实效性，为环境保护机关提供更多、更可靠的支持，如何实现这两点，需要环境审计机构在未来的环境审计工作中不断摸索、不断实践，找到最好的解决办法。

7.2　环境审计的最大困境

环境审计的最大困境是审计依据的不足。目前限制我国环境审计发展的最大难题就是当前我国环境审计在审计依据上所面临的不足，而当前乡村旅游业和乡村生态文明建设的进一步发展，让环境审计在审计依据的不足上将面对更大的挑战。

7.2.1　环境审计的法律依据

我国现行的环境审计依据主要是有关环境保护的法律、法规和规章制度。我国有关环境保护的各项法律由上至下，大致有《宪法》的第 9 条第 2 款、第 10 条第 5 款、第 22 条第 2 款和第 26 条；《森林法》《渔业法》《水法》《矿产资源法》《水污染防治法》《大气污染防治法》《中华人民共和国环境保护法》《中华人民共和国审计法》《中办国办〈领导干部自然资源资产离任审计规定（试行）〉》《审计署〈关于加强资源环境审计工作的意见〉》；除了这些法律条文之外，还有由国务院或者其他有关部门或省市自治区根据自身环境情况出台的行政法规，比如：《水土保持工作条例》《森林法实施细则》《北京市防治大气污染管理暂行办法》等，除了以上提到的这些有关环境保护的法律法规之外，环境审计依据还有包括地方性环境法规和规章——即由县以上地方人民代表大会、人民政府制定或颁布的有关环境方面的规范性文件；而扩展到更大的层面，一些国际公约中的环境保护规范也可以作为我国环境审计的审计依据。自 20 世纪以来我国先后加入了一批保护资源和环境的一般性国际公约、协定和议定书，这些有关环境保护的公约和国际组织也可以看作是环境审计依据的一种。主要有：《联合国海洋公约》《生物多样性公约》《气候变化框架公约》《保护臭氧层维也纳公约》《国际热带木材协定》等。这些国际公约虽然不能直接应用于我国的环境审计实践中，但其内容、参数体系却很有参考价值。

这些审计依据，难以满足乡村旅游业发展相关的环境审计需求。例如，根据《中华人民共和国环境保护法》第 19 条规定："编制有关开发利用规划，建设对环境有影响的项目，应当依法进行环境影响评价。未依法进行环境影响评价的开发利用规划，不得组织实施；未依法进行环境影响评价的建设项目，不得开工建设。"由此可见，乡村旅游发展规划和乡村旅游项目在实施前应当进行环评，但这一条文并没有规定国家审计机构具有环评的权力，这使国家审计机构对乡村旅游发展进行事前环境审计没有依据。乡村旅游业分布在广大的乡村，乡镇领导干部对乡村旅游业产生的环境问题负有直接责任。《领导干部自然资源资产离任审计规定（试行)》规定的审计对象是地方各级党政主要领导干部、承担自然资源资产管理和生态环境保护工作部门（单位）的主要领导干部。这里主要领导干部是否包括乡镇级干部没有明确规定，导致对乡镇领导干部环境保护责任审计也缺乏明确的依据。而地方上的行政性法规首先是各个地方的标准并不统一，其次是地方行政法规的效力尚存在疑问，对于广大的乡村地区极其复杂的环境问题而言，地方性的行政法规显然不适合作为环境审计的主要审计依据。而国际公约、协定和议定书，主要是针对国家层面的环境问题，衡量和评价我国在环境保护方面履行国际公约和议定书情况的依据，对于具体到村镇一级的乡村环境问题的审计而言同样不适合作为其审计依据。

通过以上对我国目前现行的各级、各类环境审计依据的分析不难看出，目前我国虽然出台了一系列有关环境保护的法律法规以及各项有关规定，但实际上针对目前的乡村环境审计问题多少都存在一些适应性的问题。无论是对于传统审计还是环境审计而言，审计依据都是其开展审计工作的基础性支撑，缺少可靠的审计依据就意味着无法正常地进行有效的审计工作，这对于环境审计工作而言是极大的困难和挑战。

7.2.2 环境审计的技术依据

而除了缺少法律法规方面的支撑外，我国至今没有出台官方的统一环境审计准则，使得环境审计工作很难形成统一的规范和指导。由于环境审计尤其是对于乡村的环境审计，内容涵盖范围广，使用的对象和方法也多，需要制定统一的环境审计准则或指南来指导环境审计工作的开展。目前我国环境审计工作缺少权威专业的审计准则的现状对于我国的环境审计发展造成了极大的阻碍。没有统一的环境审计准则不仅会影响环境审计结果的权威性，还不利于环境审计事业的规模化发展，因为标准的不统一往往就无法进行规模化的推广，考虑到目前我国广大乡村地区环境保护工作对于专业环境审计的需求，在全国规模化地推行环境审计体制对于我国的生态环境保护事业而言意义重大，但是由于缺少有关法律法规的支持以及官方权威的审计准则的缺失，这样的推广需要克服极大的阻力。

7.3　审计技术以及审计方法

由于乡村生态环境问题，尤其是由乡村旅游引起的环境问题自身的特殊性，传统的审计方法并不能很好适应当前环境保护工作的要求。而随着相关环境保护科技的不断进步，环境审计也需要与时俱进地采用更多更加先进的技术方法，在提高自身的审计效率的同时，进一步增强环境审计工作的科学性，但在环保科技和环境审计的结合上，我国的环境审计还有很长的一段路要走。

传统的审计方法包括审查会计凭证、核对账簿和财务报表以及盘点法等。乡村旅游业发展所引起的大气、水资源污染等问题的会计主体的边界很难界定，同时，由于环境会计的确认和计量还不够成熟，环境会计报表的编制是个难题。因此，仅仅靠审查证、账和表的方法，很难有效实行乡村环境审计。同时，乡村旅游业产生的环境问题具有散、变的特点，例如，由于游客消费带来的广泛分散于不同乡村村落的垃圾以及污染的大气和水流动的变化问题，这使证实客观事物的方法——盘点法，很难适用。另外，乡村旅游业既是农业、工业、金融业、服务业等多个产业相融合，又是旅游企业、乡村旅游合作社、农民个体经营者等多个主体相交叉，这样使乡村环境审计的对象扩大化和复杂化，依靠传统的审计技术和方法很难确定审计对象。

与一般的审计相比，当前我国环境审计的重点应当是对环境责任落实情况和环境履责成效进行审计监督，这既是我国政府环境审计制度的重点，也是我国环境审计制度的生命力所在。而要想达到这样的目标，必须找到与目标相适应的审计方法，虽然学界目前普遍认为环境审计应当以环境绩效审计为中心，但是如何具体地实施环境绩效审计仍然没有系统成熟的体系。考虑到环境问题不仅范围广，其自身的产生和存在周期都相对较长，环境审计在进行环境审计监督时，需要建立起长效的跟踪监督机制，这种体制如何建立？是否科学有效？都是目前环境审计制度在审计方法和审计技术上所需要解决的问题。

7.4 环境审计专业人员困境

环境审计对于环境审计人员的挑战集中体现在三个方面，第一是目前我国环境审计人才数量偏少；第二是审计专业人才的综合素质不足；第三是环境审计专业人才的培养体制尚未形成。

伴随着目前对环境保护工作重视程度的提高，对于环境审计人才的需求也呈现出增加的趋势。一方面是严峻的环境保护形势催生出更多的环境审计专业人才的需求，在另一方面却是目前我国专业环境人才极度缺乏的窘境，尤其是乡村旅游业发展所带来的环境问题对环境审计人员提出了更加严峻的挑战。由于我国乡村面积广大，本身的基数就十分庞大，能够满足我国环境审计所需的专业人才基数是一个十分庞大的数字。而另一方面，由于乡村旅游业发展产生的垃圾、污水、化学残留物等散落在乡村角落、田间地沟、丛林野壑，需要审计人员现场调查和取证，这可能要增加大量的审计人员，这是由乡村旅游所产生的环境问题的特点对审计人员数量的挑战。

另一方面，乡村旅游业发展涉及的环境审计问题需要审计人员具有多学科知识，包括经济学、社会学、建筑学、气象学、信息学、化学、物理学、管理学、文化学、法学、政治学、历史学等。例如，审计部门对县级以上人民政府环保主管部门下的某一乡村旅游项目环境评估的结论进行再审计，就需要物理学、化学、气象学等知识。又如，审计部门对某村某一知名历史古建筑旅游项目进行环境审计，就需要建筑学、文化学、社会学、历史学等知识。再如，乡村旅游业产生的环境问题还需要通过大气监测的手段加以分析，这需要审计人员具有气象学知识。从目前我国环境审计人才队伍的现状来看，我国的审计人才往往只能掌握单一的审计知识，需要涉及其他学科领域的知识时往往需要借助其他部门的帮助，这样的现状不仅增加了环境审计过程中的工作量，也极大地增加了环境审计工作的开展难度。乡村旅游业所涉及的环境问题的特殊性，决定了环境审计工作需要涉及领域的众多，这也倒逼环境审计人才需要掌握更多学科领域的知识。有部分学者认为可以在环境审计机构内部增加机构设置来应对这一问题，但考虑到实际情况，实际执行的可行性并不高，因为增加机构设置不仅意味着审计机构内部需要自上而下都要进行相应的调整，还要考虑到机构臃肿以及与其他机构之间专业人才功能重叠的问题。所以环境审计的综合性问题，还是要从人才建设入手，只有建立起一支真正专业化的综合性人才队伍，才能更好地应对目前乡村环境审计中所出现的种种问题。

以上提到的人才数量和人才质量的问题，最根本的解决办法是要建立起相关的专业人才培养机制，重点是高等教育对于环境专业人才的培养。当前环境人才队伍在数量和质量上都面临困境的原因，首先是长久以来我国对于环境审计的重视程度不够，其次是我们缺少一套培养专业环境审计人才的机制，当前环境审计队伍中很多人才都是在环境审计过程中为了解决某一个专业问题中途转行到环境审计领域来的。我国的审计高等教育长久以来都更加重视对传统审计人才的培养，对于环境审计人才的培养并不重视，大部分高校审计类专业的毕业生实际上并没有系统的环境审计知识和相关技能，尤其是有关于生态环境领域的相关知识。而那些由其他领域转型到环境设计领域的如环境、物理、气象、计算机技术等的专业人才由于没有系统接触审计专业知识，其转型到环境审计领域后，往往无法独立地承担环境审计工作，这样不仅不能更好地解决有关环境审计领域的问题，反而造成了人才的浪费。

第 8 章　环境审计的应对策略

根据公共受托责任理论，国家审计部门承担公共环境受托监督责任。公共环境的变化，引起受托责任的变化。乡村旅游业发展产生的环境问题对国家审计提出了新挑战，也即产生了对国家审计部门受托环境审计的新需求。为了满足这一新需求，缩小审计期望差，环境审计必须进行供给侧改革，具体包括以下 4 个方面：

8.1　构建审计体系

8.1.1　多元合作、责权明确的环境审计体系

目前我国的环境审计主要由国家审计机构负责，这种单一的审计机构很难满足广、散、杂的乡村环境审计需求，为了更好应对目前乡村复杂多样的环境审计需求，必须构建起既多元合作又权责明确的环境审计体系。

多元合作且责权明确的审计体系，关键是环境审计机构的设置和调整，以及捋顺各审计主体之间的关系。目前我国的环境审计主体以单一的公共审计部门为主，这样单一的主体审计不仅无法适应当前复杂的环境审计需求，在审计内容范围上也呈现出与复杂环境问题相矛盾的狭窄趋势。当前我国亟须建立起以国家审计为主导、社会审计和内部审计为补充的多元合作的环境审计体系。目前以国家审计为主的审计体系在职能覆盖和第三方参与上存在严重的不足。乡村旅游业目前已经发展成为一个规模庞大的产业，所产生的环境问题也日益复杂，单纯地依靠外部单一的公共审计部门进行审计监督显然是不合理的。

8.1.2　环境审计体系中的职能划分

在以国家审计为主导、社会审计和内部审计为补充的多元合作审计体系

中，各个审计主体能够形成明确的职能分工，发挥各自的职能优势。首先国家审计应当主要负责从部门利益和行业监管的角度对旅游行政主管当局和基层政府的环境行为进行审计，自上而下的由审计署再到地方各级审计机关对同级别的政府和旅游主管单位进行同级审计监督，形成垂直完整的审计监督体系。而具体到旅游企业内部的环境管理和环境审计监督应当更多由旅游企业内部审计部门负责。在大中型乡村旅游企业内部设立的环境审计机构，对企业内部的各个旅游项目、旅游线路、旅游消费品的环保法规遵循情况进行事前预警、事中控制和事后评估。建立内部审计体制不仅能大大减轻审计机关的工作量，更重要的是企业内部审计能够以自身力量监督乡村旅游企业，用全面的企业内部审计代替审计机关抽查式的公共部门审计。

与此同时，考虑到国家审计和企业内部审计的工作缺少第三方的监督，同时还有一些国家审计机关和企业内部审计机构无法涉及的审计领域，社会审计的存在就非常有必要。一方面社会审计组织可以接受政府或其他审计机构的委托，对国家审计和企业内部环境审计的工作成效进行监督，尤其是对旅游企业内部审计工作的监督。社会审计机构可以接受国家审计机构的委托，对乡村旅游业中那些国家审计职能辐射不到但同时又不属于企业内部审计责权范围内的环境问题进行审计，这样一来就能更加全面地覆盖乡村环境审计的各个方面，即分工明确，相互之间交叉的同时又不会留下职能辐射不到的死角。

而除了社会审计组织监督国家审计机构和企业内部审计部门之外，国家审计机构也可以对社会审计机构的审计进行抽查、再监督，三者之间形成有机的监督体制互相监督各自的工作。与此同时，国家审计不仅要切实履行自身的审计职能，还要注重理顺国家审计内部机构的权责关系，例如，农业审计处和资源环保审计处之间的关系。另外，国家审计机构还需要探索如何充实基层审计机构，尤其是审计机构内部的环境审计部门。由于我国审计机构只设立到县一级，在目前环境审计需求日益增长的情况下，县一级的审计机构职能很难覆盖整个县域，所以充实地方审计机构内部的资源环保审计部门，避免环保审计的缺位是十分有必要的。

环境审计体系建设除了要明确各级环境审计机构的设置及职能以外，还要明确环境审计的对象和内容，尤其是针对乡村旅游业所带来的环境问题。

环境审计的审计内容应当包括但不局限于会计账簿以及合规性审计，需要更加重视绩效审计尤其是要注重拓宽环境绩效的审计对象。国家审计机关应当对出台的有关环境保护的法律法规和环保政策进行审计，通过环境审计评估使得各项环境保护法规政策的规范性、科学性和可操作性得到提升。而除了法律法规层面的审计外，国家审计还应当关注目前的环境保护体系建设及其工作成效；各个环境保护主体的环境保护履责情况；以及基层政府的环境负债状况等。

而有关乡村旅游企业内部的环境审计从对象到内容都需要进行进一步的明确和扩展。以往企业内部环境审计的审计对象主要是包括企业全体员工在内的企业自身，而这仅仅是针对企业内部的审计，对于乡村旅游业所带来的环境问题而言是远远不够的。企业内部审计的对象应当从企业内部人员扩大到包括旅游者、导游、旅游开发商、旅游地社区居民等在内的所有乡村旅游相关者。在环境审计内容上除了传统的会计账簿审计、合规性审计和绩效审计之外，旅游企业内部审计应当包括乡村旅游业产业内部吃、住、行、游、购、娱等各个产业环节的具体审计，主要是审计各个产业环节对环境产生的影响。

社会环境审计作为政府环境审计机构和企业内部审计之外的第三方独立审计机构，在审计对象和审计内容上往往比较自由，主要根据其受托责任来开展具体的环境审计工作。实际上，政府审计机构和企业内部的环境审计机构可以将一部分环境审计工作委托给社会审计组织来完成，一方面社会环境审计组织是作为第三方的独立审计组织，其开展审计工作更加客观独立；另一方面也能够更加充分地发挥社会环境审计组织的作用，不浪费其职能。

以上提到的各个环境审计主体在审计对象和审计内容上的扩展，应当与环境审计机构设置和体系建设相一致。环境审计对象和审计内容的扩展，意味着环境审计职能的扩展，而要想在原有基础上扩展自身职能，机构设置和体系建设是基础。以社会审计为例，要想让社会审计组织承担更多更丰富的环境审计的前提是要有成熟的环境审计机构设置和与之适应的体系建设，而在以往我们并不重视社会审计在整个审计工作中的作用。所以环境审计的体系建设和其审计对象以及审计内容的扩展，本质上是环境审计机构设置和体系建设的发展，二者之间更多的是一种互相促进的关系。

8.2 健全审计依据

环境审计依据是环境审计工作的准绳，要从以下4个方面健全完善环境审计依据：

8.2.1 国家审计机关事前环境审计的权力依据

一是赋予国家审计机关事前环境审计的权力。由于生态环境本身的特殊性，一旦遭受破坏就很难恢复，即便能够恢复也需要很长的恢复周期且需要投入大量的人力物力，所以对生态环境保护而言，预防环境破坏就是最好的保护。事前环境审计具有防患于未然的效果，对环境产生重大影响的乡村旅游规划和项目，在实施前必须经过国家审计机关的审计评估，由环境审计机关评估其所产生的环境影响，从源头上对环境破坏进行把控。目前我国并没有相关的法律法规规定乡村旅游项目的开发需经审计机关批准，开发一个乡村旅游项目往往只需要当地政府批准，而基层政府在评估乡村旅游项目的开发时考虑的生态环境因素相对较少而更加重视旅游项目开发所带来的经济效益。为了能够更好地利用环境审计制度保护乡村生态环境，建议修改环保法和审计法相关条款，或者由国务院出台其他相关规定，赋予审计机关事前审计的职权。

8.2.2 完善领导干部自然资源资产离任审计

二是把乡村环境问题纳入乡镇领导干部自然资源资产离任审计。《领导干部自然资源资产离任审计规定（试行）》（以下简称《规定》）只规定了县一级的主要领导干部要对本区域的自然资源和生态环境负有相关责任，并以此作为考察领导干部的重要依据，但是对于处于乡村环境保护一线的乡镇领导干部，《规定》中并没有做出明确的职责规定，相比较于目前乡村严峻的环境保护形势而言，这无疑是一种“错位”。虽然县一级的主要领导干部会以其他的形式将《规定》所要求的环境保护职责传达至乡镇领导一级，但是这样行政式的传达实际上并不能起到太大作用。鉴于目前《规定》还处于试行阶段，所以建议修改《规定》，重点要明确乡镇领导干部的相关环境保护责任，提升乡村环境保护工作在基层政府工作中的地位，让基层领导干部更加重视乡村的环境保护工作。

8.2.3 环境审计技术依据

三是制定环境审计准则，为环境审计提供操作指南，以提高环境审计质量。在对于环境审计的相关研究中，环境审计准则一直以来都是重点的研究对象，国内外绝大多数的学者都认为基于环境审计工作的复杂性，应当制定环境审计准则或专业指南用以指导环境审计工作。2014 年召开的全国环境保护工作会议指出，要“研究推行环境审计制度，尤其是溯源审计，落实排污者责任”，第一次将开展环境审计工作列为环境保护工作的重点，与此同时，环境审计研究者们也将目光对准了环境审计准则的研究。“在生态环境部的大力支持下，环境规划院联合中国环境与发展国际合作委员会、中国人民大学、南京大学等研究机构，先后编制完成了《环境审计试点技术指南》及《企业环境核算技术指南》，完成《政府环境审计制度框架研究》《环境审计评价指标体系的建立和应用》《国际环境审计制度经验和案例研究》等多份研究报告。①”这些环境审计技术指南和相关研究报告的完成，为我国制定环境审计准则奠定了坚实的基础。

四是进一步完善其他环境相关法规。乡村环境问题，尤其是乡村旅游业发展所带来的环境问题是特殊的综合性环境问题，与城市环境问题存在一定的差异。以往出台的相关环境法规大部分都是以城市环境问题为主要对象，缺少对于乡村环境问题的关注。由于乡村环境问题的特殊性，需要出台更多更加适应目前乡村环境现状的法律，例如，乡村水污染排放标准、乡村大气污染物排放标准等专门针对乡村环境问题的、比较具体的法律法规。这些法律法规能与其他的诸如《环境保护法》《大气污染防治法》等法律规定共同构成我国环境保护的法律体系，在为乡村环境审计提供更多更有力的审计依据的同时，也为我国乡村地区的环境保护工作奠定了坚实的法律基础。

① 中国环境报．积极推动建立政府环境审计制度［N］．2014 年 4 月 14 日：第二版。

8.3　利用科学手段完善审计技术方法

工欲善其事，必先利其器。科学的审计方法能使审计工作事半功倍。乡村环境问题的复杂性，决定了仅仅依靠传统的审计方法不能实现环境审计的目的，为此，必须运用大数据、高科技等科学手段，用以搜索和收集环境审计证据和资料，用更加科学的手段为环境审计提供更科学可靠的相关数据和审计资料。

8.3.1　无人机、遥感与地理信息系统

一是运用无人机、遥感技术、地理信息系统实时动态监测乡村环境质量，变传统的事后环境审计为实时环境审计。由于乡村地区面积广大，乡村污染源呈现出分布广、不集中等特点，加上乡村生态环境相对脆弱，容易在短时间内发生多种变化，且乡村居民的环保意识普遍相对薄弱，很难依靠传统的人力普查或抽样调查的方法对生态环境状况进行实时的监督。依靠无人机、遥感以及地理信息系统等科技手段，能够远程对大面积的环境区域进行实时环境监控，能够第一时间获得区域内的环境状况，并预测未来的环境发展趋势。利用这些科技手段能够在投入人力物力资源相对较小的情况下，获得更加科学准确的实时环境状况，通过利用这种实时的监督，预测区域内的环境发展趋势，将实时环境审计与环境事前预警相结合，能够极大地提升环境审计部门的工作效率。

8.3.2　大数据分析

二是运用大数据分析各类游客数据与景区生态环境之间的关系，利用大数据的分析得出环境承载能力的临界值等一系列科学的数据，为乡村环境保护提供更加可靠准确的数据依据。例如通过分析旅客数量与乡村旅游景点废弃物排放量（包括固体废物、废水、有害气体排放等污染源）之间的关系，以确定某一时期某一地方旅游景点的最大环境容纳量，为环境预警提供依据。大数据是在大量真实数据的基础上得出的具有参考和指向价值的科学数据，利用大数据分析能够获得可靠的环境保护数据支持，有利于环境审计机构更高效、更科学的开展环境审计工作。而除了分析与游客相关的各项数据

之外，还可以利用大数据分析各类环境污染指标数据，用以分析和判断区域内的现实环境状况，得出对现实环境状况客观真实的判断。

8.3.3 信息资源共享

三是运用信息和电子技术，构建资源环境信息共享平台，为环境审计提供气象、化学、物理、人文等数据和支撑材料，以减少审计成本。环境审计是一项综合性工作，涉及多个学科领域的多种专业知识，以往在信息交流相对不是那么便利的时候，环境审计工作在涉及其他领域的专业知识时，由于信息交流的不畅，往往需要付出更多的人力物力资源，反之当其他领域的工作涉及有关环境保护的相关知识时也会面临同样的困境，由此可见信息共享的重要性。通过资源信息共享平台，能大大提升环境审计工作的效率和专业性，能为环境审计工作带来极大的便利和帮助。

8.4 借鉴国外先进环境经验

与我国相比，国外例如美国、德国以及印度等国家都在20世纪七八十年代就已经开始了对于环境审计制度的探索和实践，而我国对于环境审计制度体制的建设和重视直到21世纪初才逐步开始。相比较而言，国外的环境审计制度在经过了较长时间的发展之后，已经积累相当的实践经验，无论是在环境审计的制度建设还是实际操作层面，都有许多的经验值得我们借鉴。

8.4.1 美国的环境审计经验及其借鉴

美国的环境审计制度大致起源于20世纪70年代，伴随着美国20世纪五六十年代工业的快速发展，工业和城市化发展带来的环境问题得到了美国政府以及普通民众的重视。为了保护环境，重塑政府以及企业主体的环境保护责任，美国政府在1969年成立了新的环境保护机构——环境质量委员会，在1970年颁布了环境保护领域的高级别法律——《国家环境政策法》，同年，美国总统尼克松签发了总统令，将原来分散在美国大气污染控制委员会、原子能委员会、联邦水质委员会等各个政府部门的环境保护职能从原有的政府部门中剥离，将所有的环境保护职能都集中在了新设立的美国环境保护署，该机构成为美国政府实质上的最高环境保护机构。在这一系列的政策措施出台之后，美国的国家环境保护开始进入了一个新的历史阶段，而这些政策措施的出台，为其后环境审计体制的产生和发展奠定了良好的基础。

1977 年，美国产生了世界上第一次正式的被文字记录的环境审计案例。由于美国的联合化学公司上市时，未能将潜在的环境负面影响以及连带的环境负债和环境责任告知公司的相关股东，因此美国证券交易委员会（SEC）要求联合化学公司接受定期审查。自此之后，包括此前的美国证券交易委员会以及 1978 年新成立的美国审计总署自然资源和环境保护司以及一些私人的审计机构逐渐开始进行一些覆盖面更加广泛也更加深入的常规性环境审计。环境审计这一新兴的环境保护制度在自身逐渐发展的同时，也逐渐被美国社会所普遍接受和认可，环境审计也逐渐成为美国环境保护政策中的重要组成部分。

由于美国联邦制的国家体制，美国政府与各个州之间，就环境审计而言还存在许多沟通和协调上的问题。一般意义上来说，美国的最高环境审计机关是美国审计总署下的自然资源和环境保护审计司，是美国环境审计制度的第一主体，同时其他审计主体还包括各州政府下辖的环境审计机关以及一些社会审计机构和企业的内部审计机关，这些机构构成了美国环境审计体制的主体框架。由于体制原因，各个主体之间的职责和关系也较为复杂，首先美国国家审计总署作为美国的最高审计机关，其隶属于美国国会旗下，职责是支持国会履行宪法所赋予的法定责任、改善成效和确保联邦政府履行其对于美国人民所应承担的责任和使命①，而国家审计署下设的自然资源和环境保护司实际上是在执行层面的最高审计机关，自然资源和环境保护司在日常工作中，虽然不参与各州的实际环境审计活动，但是在美国国会对一些与环境保护有重要关联的事项或者是制度进行表决时，自然资源和环境保护司还是发挥了重要的支持作用，而美国国家审计署在出台相关的环境保护政策时，专业层面的问题仍然需要自然资源和环境保护司参与，也就是说虽然自然资源和环境保护司不参与到环境审计活动中来，但是在更高的制度和政策层面，实际上自然资源和环境保护司在整个环境审计体制中还是发挥了非常重要的作用。而对于社会审计机构和企业内部的审计部门而言，这两者的职能实际上都是类似的，只不过是从属关系略有不同，一个是属于企业本身，在

① 美国审计总署（GAO），http：//www.gao.gov/about/index.html.

企业内部开展对于自身的环境审计业务，另一个是受雇用为各类主体提供环境审计服务。

在这些环境审计主体之外，还有另外一个不得不提的重要机关就是美国环境保护署，也就是美国的国家最高环境保护机关。美国环境保护署成立于1970年，是美国政府专门成立的用以应对环境问题负责国家整体环境治理的政府部门，与国家审计总署一样也隶属于美国国会。虽然在环境保护署的机构设置中，并没有设置专门的负责环境审计的职能部门，环境保护署所开展的环境监督行为也并不是环境审计行为，但是环境保护署仍然在政策层面，对自然资源和环境保护司以及各州环境审计机关的环境审计活动产生了重大的影响。由于国家审计署和环境保护署都在不同的层面负有一定的环境保护责任，因此二者在履行环境保护责任过程中的相互协调与合作就显得十分有必要。

美国环境保护署认为，审计机关所开展的环境审计行为是对环境政策、实务和控制而展开的一项评价活动，而环境保护署本身所开展的环境保护行为无论是在内涵还是在外延上都要比环境审计机关所开展的环境审计活动更加广泛和深入，环境审计机关所开展的环境审计活动也要以环境保护署的环境保护和环境保护标准为依据。而环境保护署及其下属部门在开展环境保护活动时，虽然不会直接利用审计手段，但是环境保护署也认为与环境保护署对政府机关和企业所进行的各类环境检查和环境执法行为相比，通过环境审计手段的事前审计来自我发现和自我报告以及自我纠正的方式能够大幅减轻环境保护署的环境保护工作量，并且这种主体自愿的方式与环境保护机关强制的方式相比，在成本上更加经济，且实际的环境保护效果相差无几，基于此，美国国家环境保护署也出台了许多的政策和协议激励各个环境责任主体以环境审计的方式自我发现、自我报告自身的环境违规行为，并对其进行纠正。环境保护署的主要职能是执行由美国国会出台的各项与环境保护相关的法律，并制定相应的环境保护政策。对于环境责任对象，环境保护署有对其环境行为进行调查、监测和处罚的权力，而环境审计署则有对环境保护署履行这些职责的行为进行监督的权力。

美国的环境审计机关开展具体环境审计的过程，主要包括审计环境责任对象的环境预算和环境支出是否合规、环境保护项目的绩效分析、审计美国在各项国际交往的过程中是否遵守了相关的环境保护准则、评估有关环境保护政策和法规的潜在影响等。除此之外，自然资源和环境保护司还需要负责为美国全国的环境审计机关制定相关的环境审计标准和可供参考的环境审计方法。

美国自然资源与环境保护司虽然没有对环境责任主体的直接执法权和处罚权，但是自然资源和环境保护司以及其各州的官方的环境审计机关都有权通过审计报告的方式向各州政府环境保护机构提出相应的建议，并且可以直接向美国国会报告当前的环境保护活动存在怎样的问题，必要时甚至可以向美国国会直接提出立法建议的方式来达到履行其环境保护职能的目标。

在一般的环境审计项目结束之后，审计机关会及时地生成相应的审计报告，并将审计报告以书面的形式发送给被审计单位和有关的责任机关，被审计单位和有关的责任机关则必须在接到环境审计报告后的一定时间内，对审计机关的环境审计报告做出反馈，被审计单位和有关主体有权对审计机关所出具的审计报告提出异议，但更为重要的是被审计机关有根据审计报告所反映的问题进行整改的责任。除了将审计报告反馈给被审计机关和有关的责任机关之外，对于重大环境审计项目的审计报告，审计机关还需要将其呈报给美国国会相对应的委员会，以及其他的利益相关组织，同时这些审计报告也会通过政府网站、新闻媒体以及报纸杂志等渠道进行公开，每一个普通的美国群众都可以通过各种渠道去了解到这些环境审计项目的基本情况，而除了通过了解环境审计报告的方式之外，美国民众还可以通过选举代表参加环境审计机关举行的听证会来进一步了解相关情况。而在一般性的环境审计程序结束、审计机关出具了环境审计报告之后，审计机关还可以根据被审计对象的具体情况进行持续性的跟踪审计，跟踪审计的主要目的是为了确认被审计对象对于环境审计报告所指出的相关问题的整改情况，这样的跟踪审计主要以与被审计机关的主管责任人员进行接触的方式实施。

在美国的政府体制下，由于公共的环境保护机关和环境审计机关不隶属于同一个系统，而且环境审计机关还没有直接的执法权和处罚权，这就更需要两个系统之间加强协调沟通，还需要在其他相关的制度中为环境审计机关提供更为完善的体制性保障。美国政府所建设的环境审计保障体系主要包含体制、立法和人力资源保障这三个方面。

首先在体制层面，美国作为一个典型的联邦制的三权分立国家，各项公共权力的归属有明显的边界划分，在美国建国之初，审计机关是国家财政机关所下辖的一个职能部门，审计机关的职能也主要集中在对于财政收支过程中会计账簿的审计，而伴随着美国国家经济的不断发展，这种缺乏独立性的行政监督模式适用性也不断下降，美国也对国家的审计体制进行了大刀阔斧的改革，美国的审计机关不再隶属于任何的行政部门，而是直接隶属于美国国会。在经历了这样的改革之后，一直到今天审计机关独立于政府行政部门而直属于美国国会的体制一直沿用至今，而这样的体制毫无疑问地提升了审计机关的独立性和权威性，在政府的组织架构上为审计机关开展环境审计活动提供了坚实的体制性保障。

其次是在立法上的保障，由于环境审计是与环境保护息息相关的一种政府治理工具，环境审计的立法保障不仅仅包括与环境审计直接相关的有关立法，实际上其他的不与环境审计直接相关但是与环境保护直接相关的立法都是环境审计的立法保障，而美国在这两个方面的立法都取得了数量可观效果显著的成果。美国的环境保护立法自从《国家环境政策法》颁布之后，就进入了一个全新的纪元，自 1970 年起，先后颁布了《清洁空气法》《清洁水法》《核废料政策法》等一系列环保法规，并且随着现实环境保护情况的变化，美国国会也对这些环保法规进行了相应的修订和改变。在专业的环境审计立法方面，美国国家审计署审计权力最基本的立法保障来源于 1921 年的《预算和会计法案》，该法案规定了美国审计机关所拥有的全部职责和权限，而具体的环境审计立法内容则在各个版本的《美国政府审计准则》以及美国政府制定的审计《国家标准》中均有涉及。

最后是审计机关获得的专业审计人才和经费获得的保障。美国国家审计总署高度重视自身人才队伍的建设，认为高质量的人才队伍是审计机关实现自身审计目标的重要保障，自然资源和环境保护司作为美国审计总署的重要机关，其人员构成专业化明显，除了专业的会计师之外，还有环保领域的科学家、计算机专家以及专门的公共政策专家，这些专家是环境审计部门的主要专业力量。除了环境审计机关本身的体制内的专业人员外，在环境审计机关工作的实际开展过程中，还会根据实际的需要外聘其他相关领域的专家，以保证相关工作能够在有专业人员参与的情况下进行。在经费方面，由于美国国家审计总署直接隶属于美国国会，并且由于整个美国社会上下对于环境保护事业的重视，环境审计机关基本上每年都能获得相对充裕的财政经费保障。

总的来说，美国作为世界上最早开展环境审计活动的几个国家之一，其环境审计制度在经过了接近四十年时间的发展之后，已经步入了一个相对成熟的发展阶段，制度的完善性和所积累的经验都是当前世界上所有建立了环境审计体制国家中的翘楚。而美国的环境审计制度和经验对于我们国家当前环境审计制度发展的借鉴意义，我认为主要体现在以下几个方面：

首先，国家应当在体制和立法上为环境审计提供根本的制度性的保障。当然，考虑到中美两国在政治体制和具体国情上的巨大差异，美国在联邦制国家下所采取的一些制度和措施我们虽然无法借鉴，但是这当中的精神是值得我们学习的。任何一项制度想要发挥其效力，法律和体制都是最根本的保障。而相对于我国当前的环境审计的实际发展情况以及当前我国现实生态环境保护情况而言，我们在体制和立法上对环境审计制度所提供的保障还相对不足。我们的审计机关由于接受审计署和地方政府的双重领导，并且在人员编制和财政经费都会受到地方政府影响的情况下，开展审计活动的独立性难免受到影响。我们应改为由审计署直接垂直领导各级审计机关的方式或者是采取其他的体制改革措施，以期为审计机关开展审计活动提供更多的体制性保障。而在立法方面，虽然随着这几年党和国家对于生态环境保护重视程度的日益提高，我国的生态环境保护法律法规体系已经日益完善，不断地对有关的环境保护法规进行修订和立法，但是于我国目前的生态环境保护现状而言还是不够的，尤其是具体到环境审计领域，当前并没有出台专门的环境审计法规，而更为棘手的是我国目前也没有出台统一的环境审计准则和标准，这对于我国目前环境审计事业的发展而言毫无疑问是不利的。所以在体制机制改革和立法方面，美国的环境审计体制和立法还是有值得我们学习的地方，我们要在优化环境审计体制机制的同时加强针对环境保护和环境审计方面的立法工作，以期通过环境审计的手段来更好地服务我国的环境保护工作。

其次，美国的环境审计体制十分注重对于环境审计项目审计实效的管控和提升。为了控制各类环境审计项目的质量和实效，美国建立了完善的环境审计质量控制体系，采取了包括明确领导责任、确保审计独立性、管理和公开审计报告、邀请第三方参与独立审核等措施在内的多种方式以确保最终的环境审计实效。我认为这些都是值得我们学习和借鉴的，尤其是在管理和公开审计报告以及邀请独立第三方进行审计质量评估这两个方面，都是当前我们国内的环境审计相对欠缺的。在环境审计报告的管理和公开方面，我们目前虽然已经有了很大的进步，但是仍然存在报告管理不规范，公开不彻底，对于公众质疑的答复不及时不深入等问题，而引入第三方的审计机构对审计质量进行评估的方式目前在我国的环境审计质量管理体系中还是相对欠缺的，当然这也与目前我国社会中市场上独立的第三方环境审计机构较少有关，并且对于政府机关的环境审计结果，被审计人即使有异议，一般也只是向审计机关直接反映，而很少去寻求独立第三方审计机构的帮助。对于审计机关而言，不管是环境审计还是其他领域的审计，审计质量和审计实效都是生命线，而当前我国的审计质量和审计实效的管理和控制体系尚处于一个建设和完善阶段，为了能够更好地发挥环境审计在生态文明建设中的作用，我国应该加快完善环境审计质量控制体系。

最后，应当给予环境审计机关更加有力的专业力量保障和经费支持。在美国环境审计机关的人员构成中，除了会计审计人员之外相当一部分的工作人员是诸如化学、环境保护、公共政策、计算机等领域的专业技术人员，这些专业技术人员是美国环境保护机关在开展环境审计项目过程中主要的专业性和权威性力量。在当前我国审计机关的专业人员构成中，基本上还是以会计、审计的专业人员为主，但对于其他诸如环境保护、数据分析领域的专业人才的储备则相对不足，在当前的环境审计活动中，如果需要其他领域的专业人才介入，目前一般都是采取与其他职能部门合作或者采取临时与第三方的其他机构或个人合作的方式来进行。虽然目前这样的方式也能满足环境审计需求，但是长期来看，环境审计机关建立起一支自己的能够满足多种专业化需求的人才队伍是非常有必要的。而在经费方面，目前各级的审计机构都隶属于同级的政府，其经费也都来自同级政府的财政经费，虽然目前基本上都能够满足各级环境审计机关的经费要求，但是如果能够获得国家直接的财政拨款或者是各级政府在对环境机关进行拨款时能给予适当的倾斜，则能使环境审计机关获得更加充分的经费保障。

8.4.2 德国的环境审计经验极其借鉴

相比较于美国的环境审计，德国的环境审计制度起步相对较晚，直到20世纪90年代专业的审计机关——德国联邦审计院环境审计处才成立。该环境审计处的成立直接推动了德国环境审计事业的快速发展，在这个专门的环境审计机关成立之前，德国虽然也已经开展了一些环境审计活动，但是因为职能归属不清，缺少专业的环境审计人员等原因，德国的环境审计只能每三年开展一次，并且是采取抽样调查的手段，只针对一些大型的项目，环境审计的覆盖能力和审计结果的质量都无法得到保障。

德国与美国虽然都是联邦制的国家，但是在政治体制上却有明显的差异，美国是典型的总统共和制国家而德国是联邦制下的议会共和制国家，美国中央政府对于其下各个联邦州的控制和管理程度也要远低于德国政府对于其下各州的管理和控制，而这些差异也造成了美国和德国这两个联邦制国家的环境审计体制存在许多差异。

在德国的政治体制中，《德意志联邦共和国宪法》是其国家的根本大法，而在该部根本大法中，规定了德国的最高审计机关联邦审计院是德国的最高审计机关，拥有最高级别的审计权限和审计职责，并且该法律还规定德国联邦审计院不隶属于德国的任何国家机关，只对法律负责，这是德国审计体制的一个独特之处，这种审计机构的隶属关系确保了德国联邦审计院以及各州审计机关的审计独立性，是审计机关开展环境审计活动的根本性保障。

德国联邦审计院作为德国的最高审计机关，是德国环境审计的主体。在德国联邦审计院下设专门的环境审计处负责具体的环境审计事项，德国各州审计院也下设专门的环境审计机关负责各州的环境审计事务，其他的环境审计主体还包括一些独立的社会审计机构。当涉及跨国的环境审计项目时，由于欧洲联盟的存在，则一般以欧洲联盟审计院为审计主体。

在具体的环境审计方式方面，在传统的事前审计和事后审计的基础之上，德国的环境审计机关还非常重视环境咨询工作的开展。对于一般的政府部门和有关企业而言，在进行工程项目的建设以及企业生产之前针对可能产生的环境问题都会向德国的环境审计部门进行环境咨询，这个咨询包括合规性、可能产生的环境影响、应当采取的环境措施以及后期环境审计机关介入等多个方面。这样的咨询业务在当前德国的环境审计工作中已经成为环境审计机关的一项重要业务构成，可以最大限度地在事前给予被审计机关专业的环境指导，以降低后期可能产生的环境影响。

除了先导性的咨询业务之外，德国环境审计机关在开展实际的环境审计工作时，具体的环境审计内容以及所采取的环境审计措施也是非常多样化的。除了常规的事前审计和事后审计两种审计方式之外，德国环境审计机关还根据环境审计工作的实际需求，采取包括项目审计、抽样审计、重点审计、横向审计、定向审计、跟踪审计、措施审计等多样化的审计方式。这些多样化的环境审计方式为德国环境审计机关开展环境审计工作提供了更加多样化的工作方式和解决办法，而这些审计方式在针对复杂审计事务时还由环境审计机关根据实际情况选择一种或多种审计方式来完成审计任务，这样的方式大大提升了审计机关工作效率，同时也能够保障最终审计结果的质量，为德国的环境审计机关扩展职能覆盖和履职能力提供了很好的保障。

从 20 世纪 90 年代建立起系统的环境审计制度至今，德国已经建立起了一套系统完备、职能完善的环境审计体制。这种只对法律审计负责的审计体制从根本上为德国的环境审计制度奠定了独立性和客观性的基础，而多样化的审计方式和注重咨询事务的发展是德国环境审计体制的优势所在，这些都是我们今天的环境审计体制所需要学习的。

在当前形势下，我们目前的审计体制在环境审计工作方面发挥了应有的作用，大体上与我们当前的经济社会发展形势和环境保护工作需求是相适应的，但是为了更好的应对未来的环境保护和生态文明建设工作，我们依然有必要对我们的环境审计体制进行改革和优化，无论是从体制上还是立法上。同时审计机关作为监督机关，独立与客观无疑是其监督质量的关键保障，因此，在审计体制的改革以及立法中，在这两个方面要给予更多的重视。

而在其他更加具体和细节的方面，德国多样化的环境审计方式和对环境咨询业务的重视也是值得我们学习和借鉴的，对于我们这样一个国土面积巨大的国家而言，开展环境审计的体量和复杂性相对于德国而言都是要更高的。更加多样的环境审计方式能够在解决复杂环境审计问题时提供更加丰富有效的环境审计渠道，有利于提高环境审计机关执行环境审计任务的效率性，进而进一步在更大覆盖范围下发挥环境审计的作用。而环境咨询业务这样一种目前看来非常行之有效的方式在我国的开展相对而言还是相对薄弱的，大多数的被监督对象并不具备这样一种咨询的意识，并且即便是希望得到专业的环境保护指导，大部分的主体也更加倾向于向我们的环保机关而不是环境审计机关寻求专业指导。我们当前的环境审计仍然是以事后审计的方式为主，此时对于环境的破坏往往已经产生。如是环境审计机关能对事前性的咨询业务有更多的重视和实际投入的话，环境审计机关的专业指导必然能够起到规避或者减轻潜在的环境影响的效果。

8.5　环境审计专业人才培养

建立一支数量充足又质量过硬的环境审计人才队伍，是破解当前环境审计工作困局的关键举措。人才对于任何领域而言都是极为重要的，有人才才能有发展。对于乡村环境审计而言，一方面要加强自身的体制机制建设，而另一方面就是人才培养一定不能落后，要与自身的体制机制建设相匹配。

乡村环境审计的产生大大增加了对环境审计人员的需求数量，为此，一方面要适当增加各级审计机构审计人员的数量，以缓解目前各级审计机构环境审计人才不足的局面；另一方面，要充分发挥人民群众的作用，调动他们参与乡村环境监督的积极性。此前由于对乡村环境保护工作整体上的重视不够，连带着也就造成了乡村居民普遍环保意识薄弱的现状，当然这其中也有其他因素的作用，但是目前乡村居民环保意识的不足已成为困扰乡村环境保护的一个共识性问题。所以乡村环境审计机构和基层政府以及有关环境保护机关不仅要重视实际环境问题的监管，也要重视对乡村居民环境保护意识的培养。乡村旅游业产生的环境问题有时候单靠高科技也无法监测，而农民群众的眼睛是雪亮的，因此，审计机构应该设立乡村环境举报信箱和热线等，鼓励农民提供环境审计线索和证据，这样可以使审计工作有的放矢，提高审计效率。

乡村环境审计需要审计人员具有多学科的知识，对于复合型人才的需求极大。目前我国的高等教育培养体制都是以培养“专才”为主要模式，在一定的学习阶段内都是以学习某一专业的知识为主，所以在不改变高等教育对于专业审计人才培养模式的前提下，高等教育只能为环境审计提供审计或者其他领域的专业人才，依靠高等教育培养复合型专业环境审计人才目前来看并不现实。为此，一是可以从社会上聘请一些工程师、气象专家、环保专家和技术人员作为审计顾问；二是可以从每年的公务员招考中选择那些既有审计知识又有多学科背景的人才；三是对现有的审计人员进行多学科基础知识的培训和教育。通过三管齐下，造就复合型、高质量的环境审计人才队伍。通过这三种方式能够在短时间内获得一定数量的高质量人才，能够一定程度上弥补目前环境审计对于高质量人才的需求缺口，但是长久来看，以这样的方式培养出来的环境审计人才其无论是数量还是质量都无法从根本上满足当前以及未来环境审计领域对于高质量的专业环境审计人才的需求。所以要想彻底解决这个问题，还是需要从教育入手，改变目前高等学校培养专业审计人才的培养模式，在高校设立专门培养环境审计人才的相关专业，通过教育体制来培养更多更加高质量的环境审计专业人才。

结 束 语

乡村振兴战略是事关我国未来发展的重大方针战略，而在乡村振兴战略的推进实施过程中，乡村旅游业是推进乡村产业发展的重要抓手，而发展乡村旅游业所带来的环境问题又对我们政府的治理手段和治理能力提出了新的要求。乡村旅游业与环境审计的协同发展，既是乡村振兴战略“五位一体”总要求的体现，也是对科学发展观、习近平新时代社会主义思想的一次具体实践。环境审计作为重要的政府治理手段，应当在促进乡村旅游业发展、助力乡村振兴以及促进我国的生态文明建设上发挥更加积极的作用。

在乡村旅游振兴战略的大背景之下，乡村旅游业与环境审计作为其下的两个重要子系统，应当引起学术界更多的重视，需要有更多的学者参与到二者的研究中来。近年来有越来越多像笔者这样的人开展了对乡村旅游业以及环境审计的相关研究。有关的研究理论越来越多，研究的范围越来越广泛，涉及的面也越来越广，内容也越来越深入。日益发展的有关学术研究为笔者的研究提供了许多可供参考的资料，而更重要的是这样的研究能够对未来我国乡村旅游业以及环境审计事业的发展起到极大的促进作用。但是与此同时，我们依旧要看到目前我国乡村旅游业以及环境审计事业发展进程中的许多实际问题还未得到解决，学术研究也存在诸多的问题，最突出的就是环境审计的理论研究还不够系统，难以用来指导环境审计实践。所以我们未来的发展依旧任重道远，还有许多的问题在等待着我们去解决。

本书是在文献研究以及对部分乡村旅游业发展较好的地区进行调查研究的基础上，解读乡村振兴战略在我国未来进程中的重要地位，总结目前乡村旅游业以及环境审计的发展现状、存在怎样的问题以及未来的一些发展趋势，对乡村旅游业与环境审计的交叉部分进行了重点的讨论，提出了相应的建议和对策，用以解决目前我国乡村旅游业以及环境审计事业发展所存在的问题。未来，我们依然会密切关注乡村旅游业以及环境审计研究方面的最新进展，进一步深化研究，为我国乡村旅游业以及环境审计事业的发展贡献一份属于自己的力量。

参考文献

蔡春，1993. 审计理论结构研究［M］. 成都：西南财经大学出版社 .

曹颖，张象枢，刘昕，2006. 云南省环境绩效评估指标体系构建［J］. 环境保护（2）：61－63.

陈伟，局江宁，2018. 基于大数据可视化技术的审计线索特征挖掘方法研究［J］. 审计研究（1）：16－21.

程亭，2015. 环境审计技术方法的优化与开发［J］. 财会月刊（1）：79－82.

慈建华，2018. 生态旅游与环境绩效审计问责的探索与分析［J］. 财政监督（3）：91－94.

崔亚虹，2010. 生态文明建设与民族地区环境保护问题研究［J］. 商业时代（6）：97－99.

第十二届全国人民代表大会常务委员会第八次会议 . 中华人民共和国环境保护法［EB/OL］. http：//zfs. mee. gov. cn/fl/201404/t20140425 _ 271040. shtml.

杜江，2021. 国家审计视角下旅游业高质量发展路径演进［J］. 中国产经（3）：25－26.

段军辉，2020. 基于 GIS 的资源环境审计技术方法应用探讨［J］. 财会通讯（3）：140－143.

范宏坤，2014. 资源环境审计的方式方法［J］. 中国审计（12）：43－44.

范洲衡，邓华，陈海林，等，2019. 乡村景观生态资源升级保护与合理开发［M］. 北京：中国林业出版社 .

费孝通，1948. 乡土中国［M］. 北京：生活，读书，新知三联书店 .

冯俊峰，2018. 乡村振兴与中国乡村治理［M］. 成都：西南财经政法大学出版社 .

冯颖，冯均科，2019. 基于 UndesirableSBM 模型的环境绩效审计评价研究［J］. 理工学荆楚院学报（2）：29－34.

葛世龙，李晗，2020. 农村环境治理绩效审计的作用机制与实施路径［J］. 环境经济研究（1）：114－129.

耿建新，牛红军，2007. 关于制定我国政府环境审计准则的建议和设想［J］. 审计研究（4）：8－14.

苟文峰，2019. 乡村振兴的理论、政策与实践研究——中国三农发展迈入新时代［M］.

北京：中国经济出版社.
顾朝林，2016. 县域乡村规划编制手册［M］. 北京：清华大学出版社.
桂林市审计局课题组，2007. 论农业与资源环保效益审计的若干问题［J］. 审计研究（4）：20-23.
国家发展改革委宏观经济研究院、国家发展改革委农村经济司课题组，2016. 产业融合：中国农村经济新增长点［M］. 北京：经济科学出版社.
国家统计局，2014. 甘孜统计年鉴（2010—2014）［M］. 北京：中国统计出版社.
韩伟宏，李建军，2018. 美丽乡村建设背景下新型乡村旅游发展机制研究［J］. 农业经济（12）：46-48.
韩元军，吴普，林坦，2015. 基于碳排放的代表性省份旅游产业效率测算与比较分析［J］. 地理研究（10）：1957-1970.
郝栋，2019. 生态文明建设视域下乡村振兴战略研究［J］. 行政与法（3）：61-69.
何瑞铧，廖金锋，朱灵通，2020. 乡村振兴视角下环境审计的治理价值研究［J］. 会计之友（10）：143-148.
何瑞铧，朱灵通，2019. 乡村振兴战略下的乡村旅游业发展与环境审计［J］. 宜春学院学报（5）：52-56.
何秀芝，李朝旗，丁志，2020. 开源 GIS 软件和空间数据库在资源环境审计中的应用路径［J］. 审计研究（2）：22-28.
贺雪峰，2017. 论村级治理中的复杂制度［J］. 学海（4）：12-17.
贺雪峰，2017. 乡村治理与农业发展［M］. 武汉：华中科技大学出版社.
胡耘通，何佳楠，2019. 基于 PSR 模型的大气环境绩效审计评价指标体系设计［J］. 决策参考（15）：61-64.
湖北省乡村振兴研究院，2018. 乡村振兴之路——实施乡村振兴战略 建设现代美好家园［M］. 武汉：湖北科学技术出版社.
黄道国，2009. 关于深化资源环境审计工作的思考［J］. 中国审计（4）：159-160.
黄光宇，陈勇，2002. 生态理论与规划设计方法［M］. 北京：科学出版社.
黄凯，2016. 休闲农业与乡村旅游［M］. 北京：中国财富出版社.
姜长云. 推进农村一二三产业融合发展新题应有新解法［J］. 中国发展观察（2）：18-22.
李伯华，2014. 农户空间行为变迁与乡村人居环境优化研究［M］. 北京：科学出版社.
李建发，1998. 政府会计论［M］. 厦门：厦门大学出版社.
李菊香，2011. 关于环境审计主客体要素的研究［J］. 生产力研究（7）：192-194.
李璐，2014. 水环境审计的实施主体探析［J］. 审计月刊（5）：6-9.
李璐，2020. 水环境审计研究［M］. 北京：经济科学出版社.

李璐，张龙平，2012. WGEA的全球性环境审计调查结果：分析与借鉴［J］. 审计研究（1）：33－39.
李明辉，刘笑霞，2012. 我国环境审计研究回顾与展望［J］. 学海（1）：55－62.
李雪，2019. 环境审计研究［M］. 上海：立信会计出版社.
李雪，石玉，王纪瑞，2011. 对环境审计目标的再认识［J］. 财会月刊（6）：70－80.
李雪，杨智慧，王健姝，2002. 环境审计研究：回顾与评价［J］. 审计研究（4）：53－57.
李永臣，2006. 环境审计理论与实务［M］. 北京：化学工业出版社.
李蕴洁，2010. 浅析资源环境审计查证方法［J］. 云南财经大学学报：社会科学版（3）：104－107.
厉国威，2005. 关于政府绩效审计产生和发展基础的探讨［J］. 财会月刊（29）：39－41.
林峰，等.2019. 乡村振兴战略规划与实施［M］. 北京：中国农业出版社.
林毅夫，2005. 制度、技术与中国农业发展［M］. 上海：上海人民出版社.
刘长翠，张宏亮，陈婷婷，2014. 资源环境审计的环境：结构、影响与优化［J］. 审计研究（10）：75－76.
刘佳，陈兴鹏，张子龙，2017. 中国旅游业碳排放特征及其因素分解［J］. 资源与产业（3）：67－75.
刘家义，2010. 认真履行审计监督职责促进经济发展方式转变［J］. 审计研究（5）：3－5.
刘瑛，2013. 美国联邦审计署的运行机制和审计组织方法［J］. 中国审计（2）：75－76.
路军伟，李建发，2006. 政府会计改革的公共受托责任视角解析［J］. 会计研究（12）：14－19.
栾志红，2004. 印度宪法中的环境保护原则［J］. 河北法学（9）：134－136.
罗芬，王怀採，钟永德，2014. 旅游者交通碳足迹空间分布研究［J］. 中国人口资源与环境（2）：38－46.
骆高远，2009. 休闲农业与乡村旅游［M］. 杭州：浙江大学出版社.
骆建华，2000. 美国的环境立法与执法［J］. 世界环境（3）：17－19.
毛洪涛，张正勇，2009. 我国环境审计目标研究：评估与展望［J］. 财会通讯（33）：86－89.
孟秋莉，任斐，2018. 我国旅游生态环境审计面临的问题与对策分析［J］. 绿色财会（12）：17－20.
沈航，刘安民，2018. 低碳背景下环境审计理论研究［M］. 北京：中国纺织出版社.
沈文辉，2010. 三位一体——美国环境管理体系的构建及启示［J］. 北京理工大学学报：社会科学版（8）：78－83.

审计署国际合作司，2013. 中国审计大步走向世界 [J]. 中国审计 (21)：84-85.
审计署外事司，1996.《各国环境审计论文选集》[M]. 北京：中国审计出版社.
生态环境部脱贫攻坚领导小组办公室，2020. 生态环保助推乡村振兴典型案例汇编 [M]. 北京：中国环境出版社.
盛晓白，1999. 德国环境审计的特点及其借鉴意义 [J]. 审计研究 (4)：46-49.
孙德鹏，2019. 基于SBM模型的企业环境绩效审计分析 [J]. 会计之友 (11)：131-137.
孙晗，2015. 美国水环境审计的发展历程及启示 [J]. 财会月刊 (7)：60-64.
谭凤云，2019. 旅游环境审计问题与优化路径研究 [J]. 财会通讯 (18)：157-158.
谭诗赞，2018. 乡村振兴进程中的分利秩序挑战与治理路径 [J]. 探索 (3)：155-162.
汤孟飞，2011. 环境绩效审计应用方法研究 [J]. 财会研究 (7)：75-77.
特伦斯，农贝贝，2012. 最高审计机关的目标及实现 [J]. 南京审计学院学报 (1)：1-3.
天津市审计学会课题组，2000. 关于环境审计基本理论探讨 [J]. 审计理论与实践 (1)：4-7.
王淡浓，2011. 加强政府资源环境审计促进转变经济发展方式 [J]. 审计研究 (5)：18-23.
王金南，2015. 政府环境审计还需破几层冰 [J]. 环境经济 (3)：8-9.
王平安，杨可，2020. 新时代乡村旅游业与乡村振兴融合发展途径研究 [J]. 重庆社会科学 (12)：99-107.
魏后凯，2017. 中国农村发展报告以全面深化改革激发农村发展新动能 [M]. 北京：中国社会科学出版社.
温俊锋，2017. 乡村振兴与中国乡村治理 [M] 成都：西南财经大学出版社.
温素彬，张建霞，2016. 管理会计工具及应用案例——ISO14031 环境绩效评价工具及应用 [J]. 会计之友 (13)：133-136.
温铁军，等，2018. 解码乡村振兴 [M]. 北京：中国农业出版社.
温铁军，张俊娜，罗士轩，2016. 时空变换背景下的中国农业发展 [J]. 中共浙江省委党校学报 (6)：5-12.
吴国琴，2015. 旅游发展应加强环境审计 [J]. 中国内部审计 (6)：97-99.
吴海洋，2010. 加快推进政府环境审计保障体系建设 [J]. 审计月刊 (9)：34-35.
吴平，2018. 共建美丽中国：新时代生态文明理念政策与实践 [M]. 北京：商务印书馆.
吴蓉，施国庆，2019. 乡村旅游发展过程中乡村秩序的演化与重构策略——以W州X村为例 [J]. 云南民族大学学报 (哲学社会科学版) (2)：66-72.
吴勋，武月，2017. 政府环境审计实施现状与改进建议——基于2004—2015年审计结果公告 [J]. 会计之友 (9)：120-123.

吴战波，2007. 环境审计与 EEGECOST 模型 [J]. 求索（12）：39－40.
伍中信，张薇，周红霞，2019. 环境产权会计与审计研究 [M]. 北京：经济科学出版社.
武迎春，2012. 循环经济视角下环境审计研究 [J]. 财会通讯（3）：31－33.
肖芬，2020. 大气环境绩效审计评价研究——基于 DPSIR 模型和灰色关联分析法 [J]. 国家审计（9）：78－84.
肖建红，于爱芬，王敏，2011. 旅游过程碳足迹评估——以舟山群岛为例 [J]. 旅游科学（4）：58－66.
肖淑贞，2019. 生态乡村 [M]. 石家庄：河北人民出版社.
谢芳，2017. 旅游环境审计研究 [M]. 北京：经济管理出版社.
辛金国，李青，2000. 环境审计准则研究 [J]. 审计与经济研究（12）：13－16.
辛金国，邢小玲，2002. 试论环境报告的审计 [J]. 审计与经济研究（4）：16－19.
邢剑锋，2012. 亚洲审计组织环境审计第四次言谈会综述 [J]. 审计研究，2013（3）：11－15.
胥晓风，2013. 资源环境审计技术方法分析 [J]. 中国审计（20）：36－37.
徐泓，1999. 环境会计的理论与实务 [M]. 北京：中国人民大学出版社.
徐松，曲站，2012. 自然资源绩效审计的评价目标、评价内容和评价指标体系初探 [J]. 审计研究（2）：23－27.
徐薇，陈鑫，2018. 生态文明建设战略背景下的政府环境审计发展路径研究 [J]. 审计研究（6）：3－9.
徐祥临，2019. 乡村振兴的基础理论与应用 [M]. 北京：中国建筑工业出版社.
徐秀美，多吉次仁，2014. 西藏乡村旅游生态足迹模型构建 [J]. 西藏大学学报（1）：64－70.
闫菲，2009. 各国审计方法的比较研究 [J]. 现代审计与经济（12）：8－10.
严伟，2013. 资源环境审计方法研究综述 [J]. 商业时代（18）：79－81.
颜京松，王松如，2004. 城市生态建设内涵、目的和评价目标 [J]. 现代城市研究（3）：33－38.
杨肃昌，芦海燕，周一虹，2013. 区域性环境审计研究：文献综述与建议 [J]. 审计研究（2）：34－39.
姚元福，逯昀，2015. 休闲农业与乡村旅游 [M]. 北京：中国农业科学出版社.
叶文晖，刘国常，2017. 对信息化审计人才培养的思考 [J]. 财会通讯（6）：95－100.
游春晖，张龙平，2014. 美国环境审计制度变迁及其启示 [J]. 财会月刊（8）：91－94.
于法稳. 实施乡村振兴战略的几点思考 [J]. 国家治理（3）：3－6.
曾昌礼，李江涛，2018. 政府环境审计与环境绩效改善 [J]. 审计研究（4）：44－52.
张红霞，苏勤，陶玉国，2017. 住宿业节能减碳研究进展及启示 [J]. 地理科学进展

(6)：774－783.

张莉，邵俭福，2019. 精准扶贫视角下发展乡村旅游的意义、困境及路径探究［J］. 农业经济（3）：30－32.

张丽君，范晓林，孟鑫，2010. 西部民族地区生态城市评价体系探究［J］. 井冈山大学学报：社会科学版（2）：61－70.

张孝德，2021. 乡村振兴专家深度解读［M］. 北京：东方出版社.

张孝德，余连祥，2020. 新时代乡村生态文明十讲——从美丽乡村到美丽中国［M］. 北京：红旗出版社.

张以宽，2003. 论可持续发展战略与中国环境审计制度——实施环境审计是贯彻以德治国方针的重要举措［J］. 审计研究（1）：3－7.

章锦河，2008. 旅游废弃物生态影响评价——以九寨沟、黄山风景区为例［J］. 生态学报（6）：2764－2773.

章轲，张冬霁，等，2018. 大数据审计中要做到的“三个把握”［J］. 审计研究（5）：30－34.

赵晶晶，2010. 兹于生态足迹分析的义乌生态承载力评价［J］. 城市规划（10）：40－46.

赵琳，2004. 环境审计准则体系建设初探［J］. 财会月刊（11）：42－43.

赵艳坤，傅化，李贵宝，2009. 绿色环球 21 可持续旅游标准体系简介［J］. 中国标准化（10）：75－76.

郑石桥，2016. 行为审计理论框架：基于系统论视角的理论要素及相互关系［J］. 会计之友（6）：88－92.

中共中央、国务院. 关于实施乡村振兴战略的意见［EB/OL］. https://baijiahao.baidu.com/s?id=1591477702040114928&wfr=spider&for=pc.

中共中央、国务院. 乡村振兴战略规划（2018—2022 年）［EB/OL］. http://politics.people.com.cn/n1/2018/0926/c1001－30315263.html.

中国认证机构国家认可委员会，2011. 有机产品生产和加工认证规范［M］. 北京：中国农业出版社.

中国审计署环境审计与可持续发展课题组，2011. 环境审计与可持续发展［M］. 北京：中国时代经济出版社.

中华人民共和国资源环境审计读本编写组，2017. 资源环境审计读本［M］. 北京：中国时代经济出版社.

周红霞，2016. 基于环境产权行为的环境审计模式再造［M］. 南京：东南大学出版社.

朱军，2009. 德国环境资源审计概况［J］. 中国审计（12）：50－51.

诸葛仁，2005. 绿色环球 21：规范生态旅游的国际标准［J］. 旅游科学（1）：63－66.

宗锦耀，2016. 农村一二三产业融合发展理论与实践［M］. 北京：中国农业出版社.

Addy, C. L., Wilson, D. K., Kirtland, K. A., Ainsworth, B. E., Sharpe, P., Kimsey, D., 2004. Associations of perceived social and physical environmental supports with physicalactivity and walking behavior. Am. J. Public Health 94 (3), 440 - 443.

Bai, H., Wilhelm Stanis, S. A., Kaczynski, A. T., Besenyi, G. M., 2013. Perceptions ofneighborhood park quality: associations with physical activity and body mass index. Ann. Behav. Med. 45 (Suppl. 1), S39 - S48.

Chiang, C. and Northcott, D., 2012. "Financial auditors and environmental matters: drivers of change to current practices", Journal of Accounting & Organizational Change, Vol. 8 No. 3, 340 - 363.

Darnalla N, etc, 2009. Perceived stakeholder influences and or - ganizations use of environmental audits [J]. Accounting, Organizations and Society (4): 170 - 187.

Earthcheck: http: //www. earthcheck. org/.

GG21 China, greenglobe21@yahoo. com. cn.

Glimour G, Caplan A. Who Cares ? [J]. Accountancy, 2001 (128): 44 - 45.

INTOSAl Working Group on Environmental Auditing. 2003. Results of the Forth Survey on Environmental Auditing.

INTOSAI Working Group on Environmental Auditing. 2009. Results of the Sixth Survey on Environmental Auditing.

Josephine Maltby, 1995. Environmen talaudit: theoryan dpractices. Managerial Auditing Journal: 15 - 26.

Margaret Lightbody, 2000. Environmental auditing; the audit theory gap. Accounting Forum. Vol. 24.

Marlies Alberts, 2004. Knut Aarhus, Alfred Martinovits. Curent trends in environmental auditing: waste and water management. International Journal of Government Auditing: 20 - 22.

Moor P D, Beelde I D., 2005. Environmental auditing and the role of the accountancy profession: a literature review. Environmental Management.

Oliveira, J., Rodrigues, L. L., Craig, R., 2011. Risk related disclosures by non finance, companies: Portoguese practices and disclosure characteristics. Manag. Audit. J. 26, 817 - 839.

Patriarca, R., Di Gravio, G., Costantino, F., Tronci, M., 2017d. The Functional Resonance Analysis Method for a systemic risk based environmental auditing in a sinter plant: A semi - quantitative approach. Environ. Impact Assess. Rev. 63, 72 - 86.

P E Davies, J H Harris, etc, 2010. The Sustainable Rivers Audit: assessing river ecosystem health in the Murray - Darling Basin, Australia [J]. Marine and Freshwater

Research (7): 764 - 777.

Power, M. K., 2003. Auditing and the production of legitimacy. Organ. Soc. 28, 379 - 394.

R. B. Huang, 2011. Application of Environmental Audit on Carbon Reduction: Case Study and Revelation, Journal of Central University of Finance & Economics 30 (8): 86 - 89.

R. B. Huang, Q. Zhao. The realization mechanism and path in novation for Taihu Lakewater pollution governance by means of environmental auditing. China Soft Science 2010, 66 - 73.

R. D. Banker, A. Charnes, W. W, 1984. Cooper, Some models for estimating technical and scale inefficiencies in data envelopment analysis, ManagementScience 30 (9): 1078.

Roussey R S, 1992. Auditing Environmental Liabilities [J]. Auding: A Journal of Practice & Theory (11): 47 - 57.

Sawaragi, T., Horiguchi, Y., Hina, A., 2006. Safety Analysis of Systemic Accidents Triggered by Performance Deviation, in: 2006 SICE - ICASE International Joint Conference. IEEE, 1778 - 1781.

Scott, J. A., Beckenham, T. & M. Watt, 2004. Travel and Tourism Industry Benchmarking Methodologies [Rl. Gold Coast: Cooperative Research Centre for Sustainable Tourism Research Report Series] .

U. S. EPA., 1986. Environmental Auditing Policy Statement.

Vinten G, 1996. The Objectives of the Environmental Audit [J]. Environmental Management and Health (7): 12 - 21.

W. Jiang. The research on China's environmental auditing. Da Lian: Dongbei University of Finance and Economics.

后　记

乡村振兴战略不仅是指导我国未来数十年发展方向的纲领性发展战略，乡村振兴战略能否顺利推进实施，更是关乎我国广大乡村地区6亿居民生活福祉的关键所在。乡村旅游业是推动乡村振兴战略深入实施的一个重要抓手，而环境审计又是一个应对当前环境问题，尤其是针对乡村旅游业发展所带来的环境问题的有效治理工具。在乡村振兴战略的统驭下，乡村旅游和环境审计二者之间是怎样一种关系？二者又如何更好地发挥各自的作用，助力乡村振兴？本书的写作正是对这两个问题的思考和探索。全书由宜春学院何瑞铧负责整体框架设计与构思、内容质量把关和最后修订，并撰写了第一、四、五、七、八章，浙江科技学院朱灵通撰写了第二、三章，宜春学院廖金锋撰写了第六章。感谢宜春学院为本书相关环境审计和乡村旅游等问题研究提供的资助！感谢中国农业出版社为本书最终出版给予的大力支持！感谢编辑们的辛勤劳动和付出！鉴于作者水平有限，本书尚多有不足之处，敬请广大读者批评指正。

作　者

2022年5月

图书在版编目（CIP）数据

乡村振兴背景下环境审计与乡村旅游协同发展研究 / 何瑞铧，朱灵通，廖金锋著. —北京：中国农业出版社，2022.10

ISBN 978-7-109-29695-4

Ⅰ.①乡… Ⅱ.①何… ②朱… ③廖… Ⅲ.①乡村旅游—关系—环境管理—审计—协调发展—研究—中国 Ⅳ.①F592.3

中国版本图书馆 CIP 数据核字（2022）第 120423 号

中国农业出版社出版

地址：北京市朝阳区麦子店街 18 号楼

邮编：100125

责任编辑：王秀田　　文字编辑：张楚翘

版式设计：杜　然　　责任校对：吴丽婷

印刷：北京中兴印刷有限公司

版次：2022 年 10 月第 1 版

印次：2022 年 10 月北京第 1 次印刷

发行：新华书店北京发行所

开本：700mm×1000mm　1/16

印张：13.25

字数：230 千字

定价：78.00 元

版权所有 · 侵权必究

凡购买本社图书，如有印装质量问题，我社负责调换。

服务电话：010－59195115　010－59194918